Mentaltraining im Sport

Herausgeber: Oliver Stoll & Heiko Ziemainz ISSN 1866-3346

Band 5

Heiko Ziemainz & Wolfgang Rentschler

Mentaltraining im Triathlon

Ein Handbuch für Praktiker

2. Auflage

FELDHAUS
EDITION CZWALINA

ISBN 978-3-88020-692-2

FELDHAUS VERLAG GmbH & Co. KG
Postfach 73 02 40
22122 Hamburg
Telefon +49 40 679430-0
Fax +49 40 67943030
post@feldhaus-verlag.de
www.feldhaus-verlag.de

Druck und Verarbeitung: WERTDRUCK, Hamburg

Bibliografische Information der Deutschen Nationalbibliothek
Die Deutsche Nationalbibliothek verzeichnet diese Publikation in der Deutschen Nationalbibliografie; detaillierte bibliografische Daten sind im Internet über http://dnb.d-nb.de abrufbar.

Inhalt

Vorwort von Anja Ippach (ehem. Beranek)

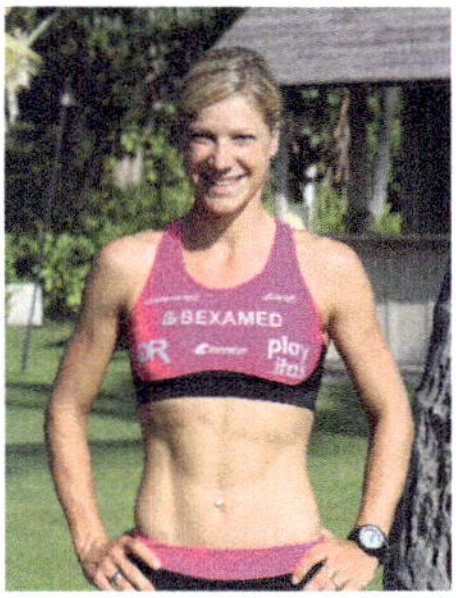

Sportart: Langdistanz- Triathlon
Erfolge: IRONMAN Champion Switzerland
Europameisterin 70.3 IRONMAN
Vize-Europameisterin IRONMAN
Beruf: Profi-Triathletin
Ausbildung: Diplom-Kauffrau
Alter: 28 Jahre

IRONMAN – Das heißt Langdistanz-Triathlon und ist mehr als 3,8 km Schwimmen, 180 km Radfahren und 42,1 km Laufen.
Es ist eine Sportart, bei der man an seine Grenzen kommt. Es ist eine Sportart, bei der man stundenlang Höchstleistung vollbringt. Es ist eine Sportart, die extreme körperliche Fähigkeiten voraussetzt und mentale Fertigkeiten erfordert.
Es ist eine Sportart, bei der man sehr lange alleine ist, mit sich, mit seinen Gedanken, Ängsten und Zweifeln.

EIN SIEGER ZWEIFELT NICHT UND EINER, DER ZWEIFELT SIEGT NICHT!

In einem Langdistanztriathlon hat man viel Zeit zum Nachdenken und auch viel Zeit zum Zweifeln. Diese Zweifel haben alle Athleten, die Frage oder das Geheimnis ist, wie jeder mit ihnen umgeht.
Hier kommt das mentale Training ins Spiel oder in den Wettkampf. Man muss sich vorher dieser Situation bewusstwerden und Strategien, sowie konkrete Maßnahmen entwickeln, wie man auf Selbstzweifel und negative Gedanken reagiert.
In der Zusammenarbeit mit Heiko Ziemainz habe ich gelernt, welche persönlichen Stärken ich besitze und wie ich diese in schwierigen Phasen des Rennens einsetzen kann. Ich habe gelernt, das Zweifeln dazu gehört, aber das ich sie bekämpfen und besiegen kann.

HINFALLEN – AUFSTEHEN – KRONE RICHTEN – WEITERMACHEN!

Im Sport liegen Sieg und Niederlage sehr nah zusammen. Deshalb gehört es dazu, dass man hinfällt. Ich bin in meiner sportlichen Karriere sehr oft hingefallen und falle immer noch, aber bisher bin ich immer wieder aufgestanden.
Dank des mentalen Trainings habe ich gelernt nicht nur schneller und besser aufzustehen, sondern auch, dass ich eine Krone trage. Die Krone habe ich oft beim Hinfallen vergessen. Ich habe an allem gezweifelt, vor allem an mir selbst. Ich habe vergessen, was ich schon alles geschafft habe und was ich noch alles schaffen kann. Durch mentales Training habe ich gelernt meine Stärken zu definieren und diese im Sport erfolgreich einzusetzen. Ich habe gelernt meine Krone zu richten und weniger

nach links und rechts zusehen. Ich sehe nun dorthin, wo es wirklich wichtig ist – nämlich zu mir und konzentriere mich auf mich.
Ich habe gelernt weiterzumachen, weil eines Tages der Moment kommt von dem wir Sportler alle träumen, für den wir leben und für den wir jeden Tag aufstehen und hart trainieren. Es ist der Moment, in dem unsere Träume wahr werden.

Vorwort der Autoren

Ein Buch zu schreiben, welches den Anforderungen von Sportlern gerecht wird, war für die Autoren ein großes Anliegen. Dies hat sich zunächst als ein sehr schwieriges Unterfangen dargestellt. Es existieren eine ganze Reihe sportpsychologisch orientierter Bücher, denen jedoch meist die Sportartspezifik fehlt. Diese Lücke wollen die Autoren, zumindest für den Bereich des Triathlons, mit dem vorliegenden Werk schließen.
Wenn man als Sportwissenschaftler bzw. als sportwissenschaftlich Interessierter tagtäglich mit sehr komplexen Theorien und Modellen, Untersuchungsdesigns und komplexen statistischen Analysetechniken umgehen muss, ist die Gefahr groß, dass man schnell den Bezug zur Praxis verliert. Die Autoren sind jedoch auch Triathleten, sowie als Triathlontrainer tätig und somit eng mit der „Praxis" verbunden.
Das vorliegende Buch entstand in mehreren Abschnitten. Den Grundstock legte der Erstautor (Heiko Ziemainz) im Kontext zum bereits 1999 erstmals erschienenen Buch zu „Mentalen Trainingsformen im Langstreckenlauf", in dem Bemühen, das Wissen und die Ergebnisse seiner Dissertation „Handlungskontrolle und Stressintervention im Triathlon" auch für den nicht wissenschaftlich arbeitenden, aber dennoch sportinteressierten Triathleten transparent zu machen. In dieser Arbeit überprüfte der Erstautor die Wirksamkeit eines Psychologischen Trainingsprogramms an leistungsorientierten Triathleten, dieses Trainingsprogramm wird im Übrigen in dieser Publikation als das „Leipziger Stressbewältigungsprogramm" vorgestellt. Die Erfahrungen aus den Trainingssitzungen mit den Athleten gaben uns wichtige und interessante Hinweise für unser Vorhaben „Mentale Trainingsformen im Triathlon". In mehreren Diskussionen mit seinem Kollegen und erfahrenen Triathlontrainer Wolfgang Rentschler änderte sich das Manuskript immer mehr und ging sehr schnell über die Thematik Angst und Stress hinaus und man war sich schnell einig, das mit diesem Buch ein möglichst umfassendes und anwenderorientiertes Buch entstehen sollte, welches es dem Trainer und/oder Athleten ermöglicht zumindest in weiten Teilen sich auch autodidaktisch entsprechendes psychologisches Rüstzeug anzueignen.
Unsere sportwissenschaftlichen Kollegen können uns mit Recht vorwerfen, dass wir an manchen Stellen zu oberflächlich geblieben sind oder an anderen Stellen prinzipiell sehr komplexe Vorgänge zu sehr vereinfacht haben. Diese Gefahr sind wir zugunsten der Praxisnähe bewusst eingegangen. Und das war es auch, warum uns das Schreiben dieses Buches so schwergefallen ist.
Sehr geholfen haben uns letztendlich der Mut und der Ideenreichtum von Prof. Dr. Hans Eberspächer, der das Buch „Mentale Trainingsformen in der Praxis" geschrieben und veröffentlicht hat. Unserer Meinung nach ist dieses Werk ein hervorragendes Beispiel für die Verbindung von seriöser Wissenschaft und Themen der angewandten Sportpsychologie. Die Bücher von Peter Terry und Jim Loehr gaben uns ebenso hervorragende Ideen und ermutigen uns zu dieser Publikation.

Erlangen im Juli 2002, Heiko Ziemainz & Wolfgang Rentschler

Vorwort zur 2. überarbeiteten Auflage

Wiederum sind sieben ereignisreiche Triathlonjahre vergangen und wir haben uns dazu entschlossen das Buch einer erneuten Überarbeitung zu unterziehen. Vor allem auf der Langdistanz ist die Dominanz deutscher Athleten gerade beim Ironman auf Hawaii fast schon beängstigend. Gab es doch seit 2014 im Männerbereich nur 1. Plätze für Sebastian Kienle, Jan Frodeno oder Patrick Lange. Im Jahr 2019 ist dieses Kunststück Anne Haug im Damenbereich gelungen.
Nicht nur in der absoluten Weltspitze auch insgesamt ist die Leistungsdichte sowohl im Langdistanz- als auch im Kurzdistanzbereich immer größer geworden. Darüber hinaus haben sich neuere Formate etabliert und sind, wie das Mixed-Team-Relay, erstmals 2020 ins olympische Programm aufgenommen worden.
Neben diesen Entwicklungen hat sich in puncto Professionalisierung einiges getan. Fast jeder Profiathlet hat mittlerweile ein Team u. a. aus Trainer, Physio, Ernährungsberater, Manager und zum Teil auch Mentaltrainer/Sportpsychologe, um sich optimal in allen Bereich auf seine Wettkämpfe vorbereiten zu können. Speziell im Bereich Mentaler Trainingsformen hat sich auch einiges getan! Neben neuen bzw. aktuellen wissenschaftlichen Publikationen ist eine Reihe von anwendungsorientierten Büchern zum Thema erschienen! Vor allem dem Thema Achtsamkeit wird in den letzten Jahren deutlich mehr Bedeutung beigemessen. So dass uns eine Überarbeitung unseres Buches in diesen Bereichen als sinnvoll und lohnenswert erscheint.
Wir wünschen nach wie vor viel Spaß und Freude beim Lesen und hoffen, dass Sie, liebe Leserinnen und Leser, viele Anregungen und Tipps für Ihren Sport und vielleicht auch darüber hinausfinden.

Erlangen im April 2020

Heiko Ziemainz & Wolfgang Rentschler

Einführung

Dies ist nicht das erste Buch über „Mentale Trainingsformen“ im Sport und es wird sicherlich auch nicht das Letzte sein. Über die Bedeutung der psychischen Komponente, vor allem im Spitzensport, werden sich Athleten[1], Trainer, Funktionäre und Sportwissenschaftler immer mehr bewusst. Die physischen Möglichkeiten im Bereich des Spitzensports sind weitestgehend ausgereizt. Trainer, Sportwissenschaftler und Athleten spüren, dass sie bezüglich der Optimierung von physiologischen Anpassungsvorgängen durch Training an ihre Grenzen stoßen. Auch wenn es gerade in Ausdauersportarten wie dem Triathlon eine „Materialkomponente“ (und auch diese hat ihre rein psychologische Komponente) gibt, rücken die psychischen, mentalen Prozesse immer mehr in den Vordergrund sportwissenschaftlicher Betrachtungen. Fragen Sie einen Weltklasse-Triathleten wie z. B. Mark Allen, Andreas Raelert, Jan Frodeno, oder Patrick Lange ob Psychologie für seine Wettkämpfe wichtig ist, wird die Antwort sicherlich „ja“ lauten. In diesem Grenzbereich des Hochleistungssports, praktisch auf der qualitativ höchsten Stufe, wird die Psychologie zum entscheidenden Faktor über Sieg oder Niederlage.
Aber nicht nur im Hochleistungsbereich, also da wo es um Gold-, Silber- oder Bronzemedaillen geht, spielen die psychischen Leistungsvoraussetzungen eine entscheidende Rolle. Ähnliches gilt für die sogenannten wettkampforientierten Breitensportler – und das wird die Mehrzahl aller Triathleten sein, die dieses Buch in den Händen halten – also die Triathleten, die den Ironman zwischen 10:00 h und 14:00 h finishen können oder wollen. Auch oder gerade diese Triathleten können von psychologischen Trainingsmaßnahmen profitieren. Jeder Triathlet kennt die Problematik. Eine monatelange Vorbereitung auf den Tag X. „Einmal einen Ironman finishen oder unter 10 h finishen wollen!“ Jede Menge Literatur wird gewälzt und die Pläne und Einheiten der Zeitschrift „Triathlon“ fast auswendig gelernt. Man trainiert seit 2 Jahren und hat zurzeit einen Trainingsumfang von mindestens 10-15 h pro Woche und ist schon zweimal ganz nahe dran gewesen. Einmal eine 10:04 h und einmal eine 10:05 h. Das Training und die Vorbereitung auf den Tag X laufen ausgezeichnet, und dann klappt es wieder nicht. Der Einbruch bei km 25 beim abschließenden Marathon, von einem 4:45er auf einen 5:30er-Schnitt und wieder 2 min. drüber. Was war passiert? Wie konnte es bei dieser Vorbereitung dazu kommen? Was lief im Wettkampf falsch? Wie soll's jetzt weitergehen?
Wir haben es hier zum großen Teil mit einem rein psychologischen Problem zu tun. Dabei spielen Faktoren wie Einstellungen zu sich selbst und zum Wettkampf, Angst vor Misserfolg, Umgang mit Enttäuschungen, Bewältigung von im Wettkampf auftretenden kritischen Situationen und Konzentrationsverluste im entscheidenden Augenblick eine große Rolle. Das wiederum kann zu Selbstwertverlusten und Motivationsproblemen führen, was sich wieder negativ auf den Trainingsprozess auswirkt. Wir

1 Anmerkung zum Sprachgebrauch: Im Folgenden wird aus Gründen der Lesbarkeit i. d. R. nur noch die männliche Form verwendet, die jedoch weibliche und diverse Personen mit einschließt.

sprechen hier von einer „Negativspirale“ und die gilt es mit Hilfe geeigneter Methoden zu durchbrechen bzw. diese „Negativspirale“ in eine „Positivspirale“ umzuwandeln. Viele Sportler verstehen nicht, inwieweit ihre geistige Einstellung auch ihre Leistung beeinflussen kann. Diese Sportler verfügen oft nicht über das notwendige psychische Rüstzeug, um die für sie wichtigen Ziele zu erreichen. Mit diesem Buch sollen Sie mit dem „psychischen Rüstzeug“ vertraut gemacht werden, um eine mögliche Optimierung Ihrer Leistungsfähigkeit zu erreichen. Wir möchten jedoch davor warnen, die mentalen Trainingsformen als eine Art „Wundermittel“ anzusehen. Sie werden sich sicherlich nicht über Nacht in einen Sebastian Kienle oder in eine Anne Haug verwandeln. Die Ausführungen in diesem Buch sollen vielmehr helfen, dass Sie bewusst mit Schwierigkeiten im Wettkampf umgehen lernen, Ihr Selbstbewusstsein stärken und eventuell Ihren „Angstgegner“ besiegen. Kurz gesagt, dieses Buch soll seinen Teil dazu beitragen, dass Sie Ihre bestmögliche Leistung im Triathlon erbringen.

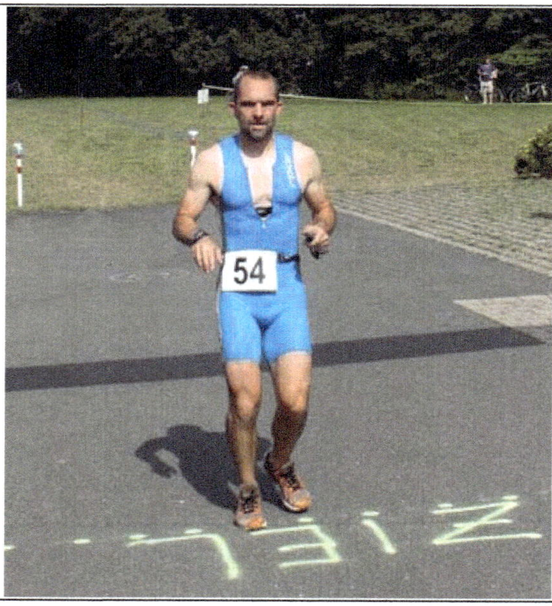

Bild 1. Endlich am Ziel (© Heiko Ziemainz).

Diese Einführung möchten wir mit dem Hinweis schließen, dass wir nur auf psychologische Verfahren zurückgreifen, die (abgesehen von Autogenem Training) relativ einfach zu verstehen und zu erlernen sind.

1 Das Anforderungsprofil im Triathlon unter besonderer Berücksichtigung sportpsychologischer Aspekte

Zwei wichtige Tage für den Triathleten im September 2000 sind zwar schon Geschichte, aber dennoch bleibt das Datum der Olympischen Spiele, bei dem der Triathlonwettkampf erstmalig auf olympischer Ebene ausgetragen wurde, dem begeisterten Triathleten im Gedächtnis.
Einen Athleten dürfte dies besonders betreffen, den Holländer Rob Barel, welcher zum dortigen Zeitpunkt seine fast 20-jährige internationale Triathlonkarriere beendete. In der Endabrechnung war er unter den letzten, die ins Ziel kamen. In einer Wertung war er aber stets der Schnellste: im Disziplinwechsel. So nahm er im direkten Vergleich dem besten bundesdeutschen Vertreter Stephan Vuckovic bei beiden Wechseln zusammen ca. zehn Sekunden ab. Bei einem angenommenen Laufschnitt von drei Minuten auf den Kilometer ergäben dies ungefähr 50 Meter! 50 Meter, die im Hochleistungsbereich siegentscheidend sein können – natürlich unter der Voraussetzung, dass die anderen leistungsbestimmenden Faktoren ebenfalls optimal ausgeprägt sind. Diese 30, 50 und vielleicht noch mehr Meter, können durch ein optimiertes Wechselverhalten eingespart bzw. gewonnen werden. Ein optimierter Wechsel bedarf einer „Automatisierung" und variabler Abrufbereitschaft – was durch Training auf konditioneller und vor allem mentaler Seite ermöglicht wird.
Doch nun ein, zwei Schritte zurück. Das momentane Anforderungsprofil im Triathlon der olympischen Distanz (vgl. Abb. 1) ist das Resultat, der Entwicklungen seit der Aufnahme in das Olympische Programm, wobei v. a. folgende zwei Punkte besonders herausragen:

- Weitere Professionalisierung der Athleten, u. a. auch deshalb, weil der Triathlonsport lukrativer wurde;
- Änderung der Windschattenregel in der Teildisziplin Rad dahingehend, dass Windschattenfahren auf internationalem und nationalem Niveau erlaubt wurde. Auf Länderebene setzte sich diese Entwicklung fort.

Daher ist einerseits die Leistungsdichte enorm angewachsen und andererseits bedingt die Regeländerung, dass die Schwimmleistung darüber entscheidet, ob der Anschluss an die vordere Radgruppe hergestellt oder gar in der ersten Gruppe mitgefahren werden kann. Denn nur eine Ausgangssituation in der ersten oder zweiten Radgruppe vor dem Laufwechsel erlaubt in der Regel noch eine reelle Siegeschance.
Die Teildisziplin Rad, die nach wie vor den größten zeitlichen Anteil an der Gesamtwettkampfdauer mit ca. 50 Prozent in Anspruch nimmt, lebt heutzutage mit vom taktischen Verhalten im Wettkampf. Früher konnten Mängel in der ersten Disziplin noch mit herausragenden Teilleistungen in den anderen Disziplinen übertüncht wer-

den. Aufgrund der Windschattenregelung zählen nun nicht mehr die Ausdauerleistung auf hohem Niveau allein, sondern andere Komponenten wie z. B. taktische Kenntnisse und technische Fertigkeiten. Neben dem physischen Durchsetzungsvermögen ist aber auch eine große psychische Stabilität, bspw. In der Radgruppe, in der es öfters zu Körperkontakt kommen kann, unabdingbar. Nur wer im Training mit der Gruppe Ellbogenchecks, Hinterradtouchieren und ähnliches geübt hat, weiß um die Höhe des Adrenalinspiegels, der bei Anfängern und Ungeübten sowie von Hause aus Ängstlichen bei solchen Situationen entstehen kann. Dieser psychische Druck ist im Wettkampf auf Grund der hohen Geschwindigkeiten und der konditionellen Belastung natürlich ungleich höher als im Training.

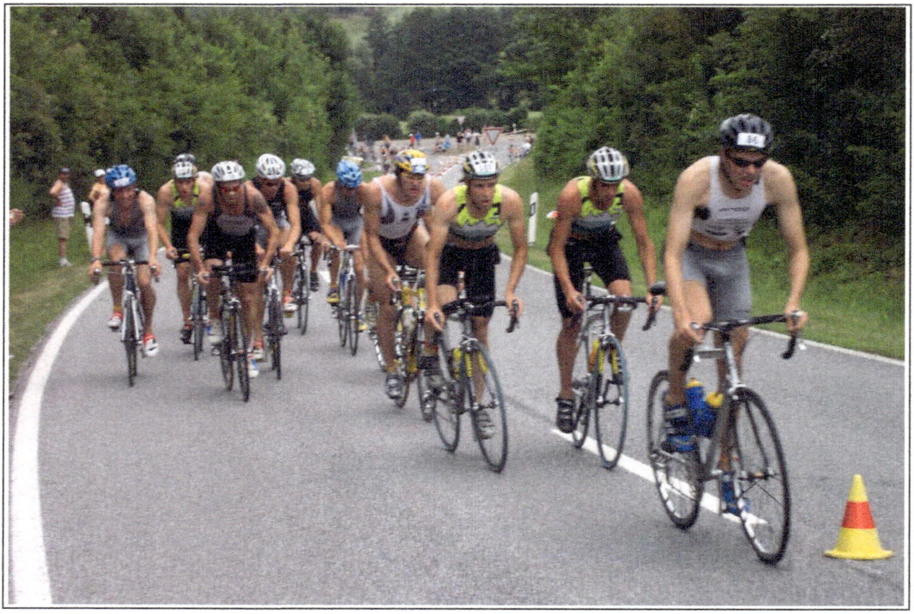

Bild. 2. Triathlon-Bundesliga (© Wolfgang Rentschler).

Ähnliches kann für die Teildisziplin Lauf gesagt werden. Hier zeigt sich die psychische Komponente aber eher in einem hohen Maß an Selbstvertrauen, nämlich den Rückstand noch aufholen zu wollen, oder auch im Breitensportbereich in Selbstbekräftigungsritualen, dass man die Laufstrecke noch gut übersteht.
Das Wettkampfresultat setzt sich daher nicht nur aus den Disziplinergebnissen und dem Wechselverhalten zusammen, sondern wird auch noch von unterschiedlichen psychischen Komponenten als Leistungsvoraussetzungen beeinflusst.
Einige Parameter des aktuellen Anforderungsprofils der olympischen Sportart Triathlon:

Schwimmen

- Maximale Anfangsgeschwindigkeit (Einfinden in der Spitzengruppe)
- Hohe Durchschnittsgeschwindigkeit unter energiesparendem Aspekt
- Durchsetzungsvermögen (physisch und psychisch)
- Optimale Orientierungsfähigkeit

Rad

- Erhöhte taktische Kenntnisse
- Kurzzeitige maximale Beanspruchung mit fast maximaler Laktatbildung/-toleranz
- Hohes Geschwindigkeitsniveau nach kurzzeitiger maximaler Beanspruchung halten können
- „Gesunde Härte" im Radpulk (physisch und psychisch)

Lauf

- (Fast) Maximale Anfangsgeschwindigkeit nach dem Wechsel und unter Vorbelastung
- Zwischenspurtvermögen unter konditionellen und taktischen Aspekten
- Endspurtvermögen nach hoher Vorbelastung

Wechselverhalten

- Schneller Lauf zum Radwechselplatz nach dem Schwimmen
- Automatisiertes Handeln am Radplatz
- Schneller Lauf unter taktischer Orientierung zum Ausgang der Wechselzone
- Schon auf dem Rad eine optimale Ausgangsposition für den Eingang der Wechselzone schaffen
- Wiederum automatisiertes Handeln am Wechselplatz mit Gegnerorientierung

Psychische Leistungsvoraussetzungen

- Aufmerksamkeits-/Konzentrationsfähigkeit (bspw. beim Start)
- Stressresistenz (bspw. Wechselverhalten in einer Großgruppe, viele Zuschauer...)
- Psychisches Durchsetzungsvermögen, bspw. im Radpulk
- Realistische Einschätzung der eigenen Leistungsfähigkeit (Zielerreichung)
- Willensstärke („den inneren Schweinehund überwinden")
- Selbstgesprächsregulation („den packe ich auch noch...")

Abb. 1. Anforderungsprofil Triathlon (vgl. Ziemainz & Rentschler, 2002; DTU, 2003).

Das Anforderungsprofil des Triathleten für die klassische Kurzdistanz, d. h. unter Beachtung des Windschattenfahrverbots, wird eher vom Charakter des Einzelzeitfahrens geprägt. Hier spielen die o. g. Parameter des Schwimmens zwar dieselbe Rolle – gerade unter dem Aspekt des Massenstarts ist hier wiederum die psychische Durchsetzungskomponente hoch zu bewerten.

Beim Radfahren ist aber nicht das Hinterradfahren gefragt, sondern es müssen alle Register des Einzelkämpferverhaltens gezogen werden. Neben einer hohen Ausdauerleistung und Tempohärte ist auch die Fähigkeit der Aufmerksamkeitslenkung ein wichtiger Faktor. Während der gesamten Radstrecke sollte der Athlet sich „keinen Hänger" erlauben – weder in konditioneller noch in psychischer Hinsicht. Die stetige Konzentration auf Tretzyklus und Krafteinsatz, Straßenverlauf und Mitkämpfer, und dies mehr als eine Stunde lang, erfordert ein hohes Maß an mentaler Bereitschaft und positivem psychischen Reservoir.

Unter leistungssportlichen Aspekten muss sowohl bei der olympischen Distanz als auch im klassischen Kurztriathlon der abschließende Lauf unter maximalem Leistungsabruf erfolgen. Spielen bei der olympischen Distanz taktische Geplänkel in der Führungsgruppe eine nicht zu unterschätzende Rolle, so fragt man sich wie groß der psychische Druck auf den Führenden bei der klassischen Distanz sein muss, der sich

seiner Laufschwäche bewusst ist. Konzentriert dieser sich auf die Flucht nach vorne, d. h. er ist zielorientiert und lenkt seine Aufmerksamkeit auf das Hier und Jetzt und denkt nicht nach was kommen wird, so ist er mit dieser Variante wahrlich besser bedient, als der Athlet, der sich immer wieder fragt „schaff ich es, oder werde ich eingeholt?“ und damit kein Selbstvertrauen zeigt und keine Überzeugung von sich selbst demonstriert.
Doch was macht den psychisch stabilen und belastbaren Athleten aus? Hier hat neben den Personen- und Umweltfaktoren auch eine eventuelle Trainer/Gruppe-Athlet-Kommunikation einen bestimmten Einfluss. Bei den Personenfaktoren spielen die – wenig veränderbaren – Persönlichkeitseigenschaften genauso eine Rolle wie die psychischen Fähigkeiten, die teilweise veränderbar sind. Als dritter Parameter der Personenfaktoren müssen die mentalen Fertigkeiten genannt werden, die durch Visualisierung, Gedankenkontrolle, Aktivierung und Entspannung usw. trainierbar sind. Im System Trainer-Athlet bzw. Gruppe-Athlet kommt es auf eine vertrauensvolle und respektvolle Beziehung an. Der ehrliche und möglichst eindeutige Umgang miteinander schafft eine stabile Ausgangsposition für wiederum einen belastbaren Athleten. Auch die gegenseitige Wertschätzung bzw. das Lob des Trainers schafft ein fundiertes Selbstbewusstsein in die eigenen Fähigkeiten und Fertigkeiten. Wendet der Trainer Übungen zur Erlernung von mentalen Fertigkeiten an, so muss der Athlet in den Entstehungsprozess von Anfang an miteinbezogen werden, denn nur dann wird die individuelle Zielsetzung zum Handlungsmotiv.
Selbstverständlich muss der Sportler auch seine eigene „Komfortzone“ im Alltag und Training verlassen, um erfolgreich zu sein. Der Einzelne kann sein Verhalten nur dann erfolgreich steuern, wenn er sein Ziel sieht, davon selbst überzeugt ist und „so tut als ob“, d. h. die Situation vor dem inneren Auge durchspielt. Denn nur derjenige, der sich mit der Zielstellung geistig auseinandersetzt, kann dann den zur praktischen Umsetzung finden.
Zum Abschluss der Diskussion des Anforderungsprofils von klassischer und olympischer Distanz sei noch das Wechselverhalten angesprochen. Die Komponenten im Wechselverhalten unterscheiden sich bei beiden Varianten im Wesentlichen nicht. Die Wichtigkeit eines guten Wechsels unter dem Aspekt der Zeitersparnis sei an einer kleinen Anekdote erläutert, die auch den Unterschied im Anspruchsniveau des Einzelnen dokumentiert – will heißen auf welchem Level der Athlet sich bewegt.
Seinen ersten Triathlonwettkampf absolvierte der Zweitautor im Jahre 1984 – Triathlon war damals in Deutschland gerade mal zwei Jahre alt. Mit einem Freund und Mitstreiter war das Auto gepackt und am Vortag zur Wettkampfstätte gefahren worden. Die Besichtigung der Strecken war schon damals „Pflicht“ – lagen Start und Ziel doch immerhin 50 Kilometer auseinander, was gerade der Radstrecke entsprach. Sie übernachteten ca. 100 Meter vom See entfernt am Waldesrand im Zelt und durften die Einstimmung einiger anderer Teilnehmer mittels lautstarken Gesangs bis tief in die Nacht miterleben. Morgens um 7:00 Uhr in einen See mit ungefähr 14°C zu springen um munter zu werden ist das eine, aber darin bei diesen Temperaturen und

um diese Uhrzeit noch einen Kilometer schwimmen zu müssen das andere – noch dazu ohne einen Kälteschutzanzug. Daher war der Autor auch genötigt nach dem Schwimmen keinen schnellen Wechsel zu vollziehen, was übrigens auch gar nicht möglich gewesen wäre, sondern sich in der Wechselzone mit der Thermoskanne und einem heißen Kakao aufzuwärmen. Die Körperrestwärme wurde dann wieder beim Radfahren erlangt, um dann in der Mittagshitze beim abschließenden 12 Kilometerlauf endlich ins Schwitzen zu geraten. Einigermaßen erschöpft – kein Wunder, betrug die Vorbereitung doch gerade einmal etwas mehr als zwei Monate – aber zufrieden mit dem Resultat, war der Grundstein für die weitere Triathlonkarriere gelegt.
Vier Jahre später, mit fundierterem Training und an etlichen Erfahrungen reicher, kam es zu einem persönlichen Vergleichswettkampf mit einem Vereinskollegen innerhalb eines Wettbewerbes des „Deutschland Cups“. Da die Wettkampfstätte geradewegs vor der Haustür lag, waren damit auch entsprechende Verpflichtungen als regionaler Lokalmatador verbunden und was viel wesentlicher war, nicht nur die Wettkampfstrecken waren bekannt, nein auch die Struktur der Wechselzone konnte sehr früh verinnerlicht werden. Diese befand sich nach einem relativ kurzen Laufweg in einem riesigen Zelt, welches mit Biertischen und -bänken bestückt war. So hatte jeder der ungefähr 300 Teilnehmer seinen eigenen Wechselplatz, der aber vom anderen durch einen Tisch getrennt war, d. h. derjenige, der in eine falsche Reihe gelang, verlor jede Menge Zeit. Bald gelang es sich vor dem geistigen Auge einen Film mit sich selbst als Hauptperson vorzustellen, die nach dem Schwimmen einen exakten und damit schnellen Wechsel vollzieht. Der Tag X kam und endlich ging es los. Schon beim Schwimmen gelang es den Kontakt mit dem Vereinskollegen herzustellen und gleichauf aus dem Wasser zu kommen. Ja, aber wie es dann weiterging, entzieht sich dem Kenntnisstand des Autors. Erst auf dem Rad wurde wieder bewusst, dass der Kollege nicht mehr da war – es war ein superschneller Wechsel gewesen!
Nun aber einen großen Schwenk – hin zum Langtriathlon! Kurz gesagt, zeichnet sich der konditionelle Anforderungsbereich durch eine hohe Ausdauerleistungsfähigkeit aus. Mit einer sehr guten Schwimmleistung wird kein Langtriathlon gewonnen, aber mit einer schlechten kann er verloren werden! Beim Radpart, der mehr als die Hälfte der Gesamtzeit ausmacht, kann natürlicherweise am meisten Zeit gut gemacht werden. Früher reichte zwar in manchen Fällen ein gewisses Zeitpolster nach dem Rad aus, um einen Langtriathlon gewinnen zu können, heute ist – ähnlich wie beim Kurztriathlon – der abschließende Lauf meist Sieg entscheidend.
Aber, die Langdistanz dokumentiert wohl am ehesten den Satz „Wer aufgibt, gibt zuerst im Kopf auf!“. Je nach Leistungsbereich mal etwas weniger, mal etwas mehr als eine Stunde zu schwimmen, das ist eine Zeitspanne, die „denkbar“ ist. Aber auf dem Rad – wie es die Regeln eigentlich vorschreiben – allein sein Rennen zu fahren, und das im Breitensportbereich teilweise über sechs, sieben Stunden, das stellt ein

hohes Maß an die Macht der Gedanken. Gilt es hier die Monotonie des Bewegungsablaufs ab und an zu durchbrechen, gilt es dort mit zunehmender Wettkampfdauer die schweren Beine, ja die Schmerzen, zu tolerieren, zu negieren.
Wie in anderen Sportarten auch entscheidet heutzutage auf Weltklasseniveau immer mehr das psychische Durchsetzungsvermögen und nicht mehr die körperliche Leistungsfähigkeit alleine über Sieg oder Niederlage. Man denke beispielsweise nur an die „psychischen Spielchen", welche Chris „Macca" McCormack sich mit seinen Kontrahenten lieferte. So zum Beispiel bei seinem Hawaiisieg gegen Andreas Raelert. Welche Gedanken mögen beiden während der gemeinsam zurückgelegten Kilometer durch den Kopf gegangen sein, Schulter an Schulter laufend und somit unter stetiger gegenseitiger Beobachtung stehend.
Auch die erste deutsche Hawaiisiegerin Anne Haug musste nach dem Radfahren einen enormen Rückstand auf Lucy Charles-Barcley aufholen. In Ihrem Falle kam noch die Ungewissheit hinzu, ob die Zeit, nach ihrer aufgrund von Verletzung sehr spät erfolgte Hawaii-Qualifikation beim Ironman in Kopenhagen, ausreicht sich hinreichend zu regenerieren und in einer guten Form an der Startlinie in Hawaii zu stehen. Wenn sie es nicht geschafft hätte, vor allem Ihr Rennen zu machen und auf ihre Laufstärke zu vertrauen, wer weiß wie das Rennen dann ausgegangen wäre.
Oder wer – und da gehen wir in der Geschichte etwas weiter zurück – erinnert sich nicht an den Ausdruck auf Thomas Hellriegels Gesicht als dieser von Mark Allen auf den letzten Laufkilometern eingeholt wurde – und dies gleich zweimal in aufeinanderfolgenden Jahren an der annähernd gleichen Stelle. Hatte Hellriegel beim zweiten Mal schon eine Vorahnung.
Fast entscheidender aber war in diesem Duell die Psyche von Mark Allen. Auf Weltklasseniveau einen viertelstündigen Rückstand nach dem Radsplit hinterher zu jagen und dabei den Glauben an sich selbst, an seine eigene Leistungsfähigkeit nicht zu verlieren, das demonstriert Selbstüberzeugung und Siegeswillen in höchstem Maße.
Alle Beispiele belegen, wie wichtig auf jeder Leistungsebene psychische Faktoren wie Durchhaltevermögen und Willensstärke, realistische Selbsteinschätzung und Selbstüberzeugung, eine gewisse Kaltschnäuzigkeit und Stresstoleranz, die Möglichkeit sich selbst zu motivieren sowie sich entspannen und sich konzentrieren zu können, sind.
Im nachstehenden authentischen Erlebnisbericht einer Athletin lassen sich viele der angesprochenen Faktoren wiederfinden. Der interessierte Leser kann dabei leicht die erlebten Emotionen nachvollziehen.

Die vier Tage vor dem Wettkampf, die ich zur Anpassung früher angereist war, brachte ich gut hinter mich. Bei den einzelnen Trainingseinheiten, die ich noch absolvierte, fühlte ich mich auf der einen Seite leicht und locker und dennoch kraftvoll. Nur am zweiten Tag vor dem Wettkampf hatte ich leichtes Kopfweh. Am Vortag fühlte ich mich aber wieder gut und war gut konzentriert.

In der Nacht vor dem Wettkampf habe ich unregelmäßig geschlafen und bin um 4:00 Uhr aufgestanden. Zum Frühstück aß ich ein und ein halbes Brötchen mit zwei Bananen. Hunger hatte ich nicht, aber der Magen braucht etwas vor dem Wettkampf. Um 5:00 Uhr fuhren wir mit unserem Leihauto zum Start-/Ziel-bereich. Da alles schon am Vortag eingecheckt werden musste, brauchte ich nur noch meine Radflaschen auffüllen und die Powerbars auf mein Rad kleben.

Die Wechselzone und auch das ganze Drumherum waren wirklich perfekt organisiert. Die Räder der Pro-Athleten standen ganz vorne am Ausgang der Wechselzone und alle Athleten oder auch Zuschauer schauten dort besonders hin. Es war schon ein tolles Gefühl, dass auch mein Rad dort stand. Außerdem hatte ich wieder eine Schnapszahl als Startnummer! Schon bei einer früheren erfolgreichen internationalen Meisterschaft hatte ich eine Schnapszahl, also konnte das nur von Vorteil sein. Nachdem ich alles für den Wechsel optimal gerichtet hatte (Gummi an den Radschuhen zum Fixieren, Essen und Trinken, Helm schön auf den Lenker gelegt, da nichts auf dem Boden neben dem Rad liegen durfte), ging ich noch ein paar Mal aufs Klo, bevor ich mich dann zehn Minuten läuferisch aktivierte, eine kleine Steigerung zum Abschluss und zuvor noch etwas Laufschule. Bevor ich den Neoprenanzug anzog, wollte ich nochmals aufs Klo. Das Problem war nur, dass ca. 200 andere Athleten diese Idee zum selben Zeitpunkt auch hatten. Zum Glück gab es viele Klos, doch die Warteschlangen waren lang und ich brauchte mehr Zeit dafür, als mir eigentlich lieb war. Doch es war gut und notwendig.

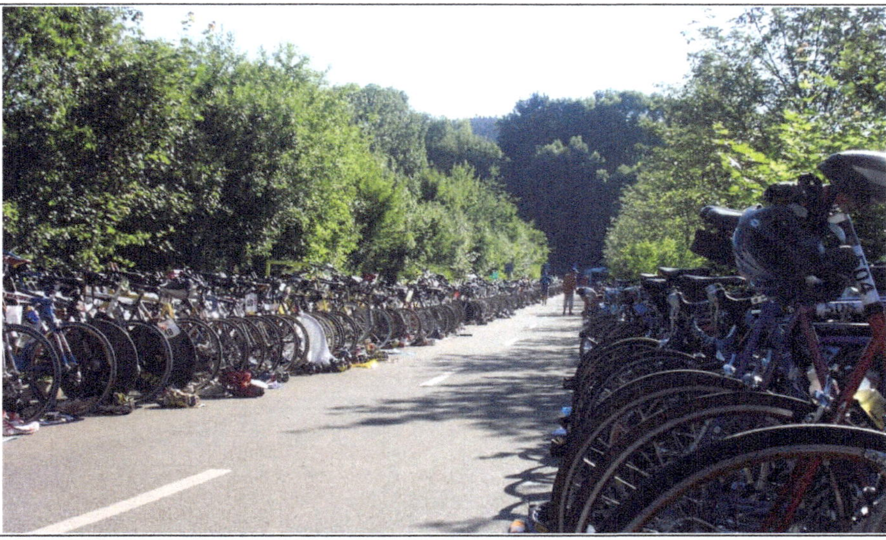

Bild 3. Wechselzone – Radpark (© Wolfgang Rentschler).

Danach zog ich mir den Neo an und ließ mir von meinem Freund den Hals mit Vaseline eincremen. Anschließend lief ich zum Meer, wo ich mich eigentlich gut einschwimmen wollte, doch mittlerweile war es schon 6:45 Uhr. Als ich ein Stück rausschwamm, winkte ein Helfer auf seinem Surfbrett zurück und ich dachte, dass man raus müsse und schwamm zurück zum Ufer. Mittlerweile standen schon sehr viele Athleten am Strand. Also schwamm ich ein zweites Mal nur ein kleines Stück raus und wollte mir dann lieber eine gute Startposition verschaffen. Zum Schwimmen hatten alle Männer orangenfarbige und alle Frauen gelbe Bademützen auf. Dann ging es zur Startaufstellung. Die Startlinie war 20 Meter lang, was bei ungefähr 800 Athleten wirklich sehr kurz ist.

Da die erste Boje bereits nach 160 Meter kam, hatte mich jeder vor der brutalen Schlägerei an der ersten Boje gewarnt. Also stellte ich mich ganz rechts außen hin. Das bedeutete zwar, dass ich einige Meter mehr schwimmen musste, doch das war mir ganz egal, denn ich wollte auf keinen Fall in eine Prügelei verwickelt werden. Davor hatte ich wirklich Angst. Als ich mich dann in die erste Reihe gestellt hatte wurden wenig später alle Age-Group-Athleten in den Startbereich vorgelassen. Obwohl die Helfer immer wieder betonten, dass rechts nur die Frauen zu stehen hätten, hat keiner ihre Anweisungen befolgt und überall hinter mir und plötzlich auch neben mir standen Männer.

Ich habe mir immer wieder bewusst gemacht, dass ich hellwach sein muss und schön flott loslegen muss, damit mich die Masse von hinten nicht überschwimmt.

Links von mir stand ein Helfer, der mir sagte, dass gleich der Startschuss kommen würde. Plötzlich, keine zehn Sekunden später rannten einige Athleten los. Dadurch, dass morgens Ebbe war, konnte man relativ weit rennen. Sofort habe ich reagiert und bin mitgerannt.

Ich glaube ich war eine der Ersten, die los sind. Doch, mein Start war wirklich super! Ich habe mich relativ weit rechts gehalten und bin dann erst 20 bis 30 Meter vor der Boje scharf nach links gezogen und kam in keine Schlägerei. Danach habe ich immer wieder geeignete Füße gesucht, habe aber immer versucht, mich dabei nach vorne zu orientieren, um nicht in einen Trott zu kommen oder zu langsam zu werden. Das hat auch wirklich sehr gut funktioniert. Während dem Schwimmen habe ich mich wirklich sehr gut gefühlt und habe auch bemerkt, dass, wenn ich mich auf meinen Abdruck konzentrierte, auch gut wegkam. Dies war beispielsweise nützlich um an wild um sich schlagenden Schwimmern vorbei zu kommen. So habe ich mich auch immer mehr nach vorne gearbeitet. Der kurze Landgang, um in die zweite Runde zu gelangen hat auch prima geklappt und ich hatte keine Mühe gleich wieder meinen Rhythmus zu finden. Außerdem hat mir mein Freund meine aktuelle Platzierung zugerufen, und diese Position hat mich zusätzlich motiviert.

Die zweite Schwimmrunde war dann deutlich härter. Mehrmals kam ich in ein Gerangel von einigen Männern und wurde weggestoßen, runtergedrückt, und einmal bekam ich einen brutalen Tritt auf das linke Auge. Das war schon ganz schön schmerzhaft. Ich schwamm zwei, drei Züge Brust, setzte mir meine Brille wieder richtig auf und schwamm weiter. Von den Wellen her war's ganz okay. Nur die zweite Gerade des zu schwimmenden Rechtecks war relativ wellig.

Da es um 7:00 Uhr noch nicht ganz hell war, entschied ich mich für eine Schwimmbrille mit hellen, durchsichtigen Gläsern, und nicht für die verspiegelte, was sich als gute Wahl herausstellte.

Beim Wasserausstieg machte ich die letzten Meter Delphinsprünge, um mich besser orientieren zu können. Da der Transponder am Fuß war, musste ich mich nicht um die Zeitmessung sorgen, da überall Matten lagen, wo wir drüber laufen mussten.

Der Weg zur Wechselzone führte schräg über den Strand und war mit einem ca. einen Meter breiten Teppich ausgelegt. D. h. es war unmöglich auf dieser Strecke zu überholen, da links und rechts lauter Gitter waren. Also rannte ich den Männern hinterher. Kurz vor den Stufen, die zur Wechselzone hinaufführten, waren die Duschen angebracht. Wie mit meinem Trainer abgesprochen zog ich meinen Neopren unter der Dusche aus, um dabei automatisch das Salz von meiner Haut zu spülen. Doch das Ausziehen des Neoprens klappte nicht gut. Ich glaube das lag an dem Transponder, dass sich der Neo nicht wie gewohnt von den Füßen abstreifen ließ. Also musste ich mit den Händen nachhelfen. Na ja, so viel Zeit habe ich auch wieder nicht verloren, dachte ich mir und rannte mit meinem Neo unter dem Arm vollends in die Wechselzone.

Da schnappte ich mir meinen Beutel, der ganz links außen am dritten Schild lag und rannte weiter ins Zelt, wo man sich umziehen musste. Dort zog ich mein Radtrikot an, setzte meine Sonnenbrille auf und stopfte den Neo zur Hälfte in den Beutel sowie die Badekappe und die Schwimmbrille. Dann rannte ich die ca. 150 Meter durch die Wechselzone zu meinem Rad. Unterwegs wurde ich öfters behindert, da einige Athleten zu weit gerannt waren und wieder zurückmussten, d. h. mir entgegenkamen. Mein Rad fand ich sofort. Dort setzte ich meinen Helm auf, schob mein Rad ein Stück und hob es dann über den Wechselbalken.

Als ich aufs Rad stieg, verlor ich den rechten Schuh. Also stellte ich mein Rad an die Absperrung, lief zurück und zog den Schuh im Stehen an. Warum der Radschuh weggefallen war, weiß ich auch nicht, denn er war eingeklinkt wie immer und auch noch mit einem Gummi befestigt.

Während dem Rennen habe ich mir gedacht, dass ich mir über die Dinge, die nicht geklappt haben, keine Gedanken mehr machen darf, sondern mich voll auf das Positive und den weiteren Rennverlauf konzentriere muss.

Beim Radfahren habe ich mich von Anfang an nicht sonderlich kraftvoll und gut gefühlt. Doch da habe ich mir erst mal keine Sorgen gemacht, da es oftmals so ist, dass man auf dem Rad eine Weile braucht, bis man seinen Rhythmus findet. Doch mich haben die erste halbe Stunde so viele Männer überholt, die so viel schneller waren wie ich, dass ich nicht mal ein Stück mitfahren konnte.

Echt komisch, wie ich mich beim Schwimmen doch so wohl gefühlt hatte und auch in der Wechselzone habe ich meiner Mutter zugerufen, dass alles super liefe.

Das Radfahren war dann vor allem am Anfang sehr zäh. Es hat ewig gedauert bis ich erst mal 30 Kilometer hatte. Unterwegs habe ich mir vorgenommen nur positiv zu denken, doch plötzlich kamen mir die 180 Kilometer so lang vor und ich hatte das Gefühl, dass ich mir meine Kräfte sehr gut einteilen musste, wenn ich das schaffen wollte.

Am Anfang waren auch sehr viele Kampfrichter um mich herum und weil ich auf gar keinen Fall disqualifiziert werden wollte fuhr ich total korrekt.

Immer mehr Frauen fuhren an mir vorbei und ich konnte einfach nicht mitfahren. Ich konnte nicht mal den Blickkontakt halten.

Bei Tinajo standen mein Freund und Mama. Bis dahin hatte ich schon ca. 12 Minuten auf die Spitze verloren und war von Rang sechs auf zehn zurückgefallen. Mein Freund rief mir zu, ich solle es auch für ihn, meine Eltern und den Trainer versuchen, soll hart zu mir selbst sein, doch ich war so kraftlos. Selbst im Wiegetritt, wo ich sonst immer gut beschleunigen und mitfahren kann, ging nichts! Aber ich wollte nicht verzweifeln. Bei der Abfahrt zum Club La Santa nahm ich all meinen Mut zusammen, um nicht auch noch bergab das zu verlieren, was ich schon aufwärts verlor. Bei dieser Abfahrt gelang mir das auch ganz gut.

Das erste Mal so richtig gut habe ich mich von Soo bis zur Hauptstraße, die nach Teguise führt, gefühlt. Dort war voll Rückenwind und ich merkte, wie ich am Berg endlich mal gut vorwärtskam und einen nach dem anderen einholte. Am steilsten Punkt standen dann auch mein Freund und Mama, die mich anfeuerten und gute Infos gaben.

Umso mehr ich in den Norden der Insel kam, umso stärker wurde der Wind. Ganz brutal war es dann am Mirador del Haria. Dort wo die vielen Windräder stehen, die Straße kerzengerade ist und es immer steiler wird, da kam der Wind direkt von vorne.

Das war das Härteste vom ganzen Rennen. Ich habe echt gedacht, dass ich absteigen und laufen muss, was natürlich mit den Radschuhen auch total doof gewesen wäre. Im Sitzen konnte ich seit der Kurve nicht mehr fahren, da ich den Gang schon gar nicht mehr drücken konnte und der Berg nahm und nahm kein Ende.

Meine Waden, ach ich glaub es war die gesamte Beinmuskulatur, war total sauer. Alles tat weh und ich dachte ich kipp gleich um.

Irgendwie habe ich mich doch noch hochgerettet, doch sonderlich schnell war ich mit Sicherheit nicht. Das war echt so ein richtiger Überlebenskampf, ein Kampf ums Durchkommen, ums finishen. Da ging es nicht um eine Top-Platzierung, sondern einzig und allein darum, ob ich es überhaupt schaffe. Doch erst mal die Abfahrt nach Haria. Durch die vielen Serpentinen kam der Wind ständig von woanders, total stark und böenartig. Ich hatte total Angst und außerdem habe ich total gefroren. Ich habe runterzus gebetet, dass nichts passiert. Obwohl ich mir fest vorgenommen hatte, nicht zu vorsichtig zu fahren, habe ich doch immer wieder gebremst, aus Sorge, dass der Wind mich umbläst.

Von Haria nach Mirador del Rio war der Wind genauso stark. Es hat mich wirklich sehr, sehr viel Kraft gekostet, dass ich das geschafft habe. Jetzt weiß ich auch, weshalb der Ironman Lanzarote der härteste der Welt sein soll – er ist es wirklich!

Die Abfahrt vom Mirador del Rio bis Arietta war sehr, sehr windig. Hier habe ich wahrscheinlich am meisten Zeit verloren. Was auch noch dazukam, dass ziemlich oben kurz vor mir ein sehr schwerer Sturz war. Dabei hatte ein Athlet wahrscheinlich nicht mehr die Kurve bekommen und war gegen den Felsen geprallt. Eventuell war ja auch der starke Wind mit Schuld am Unfall. Auf jeden Fall war überall Blut und der Mann lag regungslos auf dem Asphalt. Da bekam ich noch mehr Respekt vor dem Wind.

Unten angekommen war ich dann schon irgendwie etwas schneller und erholter. Da jetzt der Wind, bis fast ins Ziel, immer von hinten kam wollte ich nochmals alles geben und richtig schnell sein. Jetzt lief es viel besser als am Anfang. Ich holte so nach und nach wieder all die Männer ein, die mich auf der Abfahrt überholt hatten.

Natürlich habe ich ständig versucht zu trinken und da war das Jet-Stream vorne im Lenker wirklich eine große Hilfe, denn so konnte ich durch den Strohhalm trinken, ohne bei dem starken Wind die Hände vom Lenker nehmen zu müssen.

Die letzten 20 Kilometer vergingen relativ rasch, da ich mich schon innerlich auf die nächste Disziplin vorbereitete. Dann war es soweit: der Wechsel.

Da meine Bein- und Rückenmuskulatur sehr verspannt war, bin ich lieber nicht wie bei der Kurzdistanz vom Rad gestiegen, aus Angst einen Krampf zu bekommen, sondern eher wie eine Oma, aber ich wollte nichts riskieren.

Die ersten 50 Meter bis zu meinem Wechselbeutel waren die Hölle. Mein Rücken war total krumm und ich konnte mich kaum aufrecht halten. Mein Rad wurde mir von Helfern abgenommen und nachdem ich mir meinen Beutel geholt hatte, lief ich ins Wechselzelt.

Dort standen viele Helfer, die einen mit Sonnencreme eincremten, wenn man es wollte.

Ich zog zuerst meine Radhose und mein Radtrikot aus, bevor ich eine Helferin rief, die mich etwas eincremte. Dann zog ich Strümpfe sowie meine schnellen Laufschuhe an und schnallte meinen Powerbargürtel um. Nun stopfte ich meinen Helm, die Brille, die Hose und das Trikot in den Beutel und lief los.

Erstaunlicherweise ging das Laufen jetzt hervorragend. Ich hatte das Gefühl, dass der Gürtel meinen Rücken wie ein Korsett stabilisierte, was wirklich total super war.

Beim Laufen fühlte ich mich plötzlich wieder total kraftvoll. Alles ging ganz leicht und ich musste mich bis Kilometer 30 echt nicht quälen.

Auf der Wendepunktstrecke von fünf Kilometern Länge sah ich immer wieder meine Konkurrenz und registrierte, dass ich immer näherkam. Alle anderthalb Kilometer gab es eine aid station die ich ausgiebig nutzte. Vor den Verpflegungsstationen nahm ich immer ein Schluck Powergel aus meinem Gürtel.

Was besonders schön war, war das irgendwie alle Leute wussten, wie ich heiße. So viele Leute haben mich mit meinem Namen angefeuert, das war echt toll.

Dreimal war der Wendepunkt direkt vor dem Ziel. Dort waren riesige Tribünen aufgebaut und der Sprecher und die Leute jubelten mir zu und die Musik spielte tolle Lieder. Da bekam ich eine richtige Gänsehaut und war richtig glücklich.

Beim Laufen habe ich immer versucht schön locker zu bleiben und abwärts den Schritt schön laufen zu lassen, denn die Strecke war relativ wellig für eine Strandpromenade.

Vier Runden hatte ich zu laufen. Pro Runde gab es ein Bändchen zum Umhängen und in der vierten Runde ging es ins Ziel. Die Vorjahressiegerin ging zwei Minuten nach mir auf die Laufstrecke. Sie sah auch sehr locker aus und vor allem am Anfang kam sie etwas näher an mich ran, dann lief ich wieder etwas weg, dann blieb es etwa zwei Stunden relativ gleich.

Das war eine reine Kopfsache. Doch ich habe mir immer gesagt, wenn jemand genauso schnell ist wie ich, dass ich dann dieses Duell gewinnen muss! An meine Konkurrentin einen Platz vor mir kam ich immer näher ran. Doch die letzten fünf Kilometer bekam ich so ein Zucken in der Muskulatur. Nur ab und zu, doch ich spürte, dass ich jetzt vorsichtig sein musste, um keinen Krampf zu bekommen.

Also lief ich einfach meinen Rhythmus durch und dachte, wenn ich sie noch kriege ist es gut, doch ich darf nicht riskieren, dass ich einen Krampf bekomme und nur noch gehen kann und die beiden Konkurrentinnen von hinten auflaufen können. Trotzdem kam ich meiner Vorderfrau immer näher und im Ziel war es nur noch eine Minute.

Schade eigentlich – aber für das, dass ich unterwegs beim Rad mal nur noch ans finishen gedacht habe, ist eine Top-Ten-Platzierung wirklich toll.

Der letzte Kilometer war der Schönste! So viele Leute! Und alle feuerten mich an. Ich schlug alle Hände ab, die sich mir entgegenstreckten. Ich war wirklich happy!

Im Ziel gratulierte mir der Racedirector und danach war ich wirklich total am Ende. Ich konnte nicht mehr alleine laufen. Ein Helfer brachte mich zur Massage, wo ich erst mal auf eine Liege gelegt wurde. Dann merkte ich, dass ich immer noch so schnaufen musste, als ob ich immer noch rennen würde. Mein Puls ging gar nicht mehr runter. Dann fing ich plötzlich zu frieren an. Durst hatte ich gar keinen, doch alle sagten mir immerzu, dass ich so viel wie möglich trinken solle, da ich total dehydriert wäre, obwohl ich doch bei jeder aid station getrunken hatte.

Es dauerte ungefähr eine Stunde, in der mich drei Leute behandelten, bis es mir wieder besser ging. Es war wirklich fantastisch, wie sich die Leute um mich gekümmert haben.

2 Psychische Faktoren im Triathlon

Eine gute Leistung, dies dürfte durch das vorangegangene Kapitel bereits deutlich geworden sein, in einem Wettkampf hängt nicht nur davon ab, wieviel Stunden Sie pro Woche trainiert haben oder wieviel „schnelle“ Trainingseinheiten absolviert wurden. Sie hängt auch nicht alleine von einer guten Saisonplanung bzw. einem bis ins Detail geplanten Trainings ab. An Ihrer *gesamten* Leistungsfähigkeit sind mehrere Faktoren beteiligt. Bisher wurde in der Trainingswissenschaft zumeist sehr viel Wert auf physiologische und biochemische Anpassungsprozesse im Trainingsprozess gelegt. Diese Faktoren sind nach wie vor nicht zu vernachlässigen. Jedoch existieren noch andere Faktoren, die zu berücksichtigen sind, und die jeweils Stärken und Schwächen eines Triathleten ausmachen.
Wir sprechen hier von den drei *leistungsbedingenden Faktoren*, wie sie Peter Terry in seinem Buch „Mental zum Sieg“ schon 1989 beschrieben hat. Hierzu gehört der *Grad ihrer Fertigkeit*, Ihre *physische Vorbereitung* auf die Wettkämpfe sowie die *psychologische Wettkampfbereitschaft*, sich dieser Herausforderung stellen zu wollen (Abb. 2).
Zwei dieser Elemente haben von Sportart zu Sportart eine unterschiedliche Gewichtung. So legt ein Golfspieler sehr viel Wert auf den Fertigkeitsgrad, welcher eine exakte und eine möglichst hochautomatisierte Bewegungsausführung bedingt. Ein Marathonläufer hingegen wird der physischen Vorbereitung auf einen Wettkampf sehr viel mehr Bedeutung beimessen, da die Bewegungsausführung des Laufens eine weniger hochkomplexe Angelegenheit ist, wie etwa das Putten im Golf, welches eine ständige Übung benötigt, um die punktgenaue Geschicklichkeit beibehalten zu können. Damit kann ein Golfspieler, trotz eventueller Mängel in konditioneller Hinsicht, gute Leistungen erbringen. Ein Marathonläufer mit einer grazilen Lauftechnik, jedoch ohne Grundlagenausdauer, wird sehr schnell nach Luft schnappen wie ein Fisch auf dem Trockenen.
Was jedoch alle Sportarten in gleichem Maße benötigen, ist die psychologische Bereitschaft, sich der Herausforderung eines Wettkampfes und somit anderen Sportlern zu stellen. Damit verbunden ist „Hoffnung auf Erfolg“ oder auch „Angst vor Misserfolg“. Ohne diese Komponente ist kein Sportler für einen Wettkampf optimal ausgebildet. Würden Sie nur einen Bruchteil der gesamten Trainingszeit für die psychologische Vorbereitung verwenden, so könnten Sie sich sicherlich eine Chance geben, Misserfolge und Unzufriedenheit wegen unbeständiger Leistungen zu vermeiden.

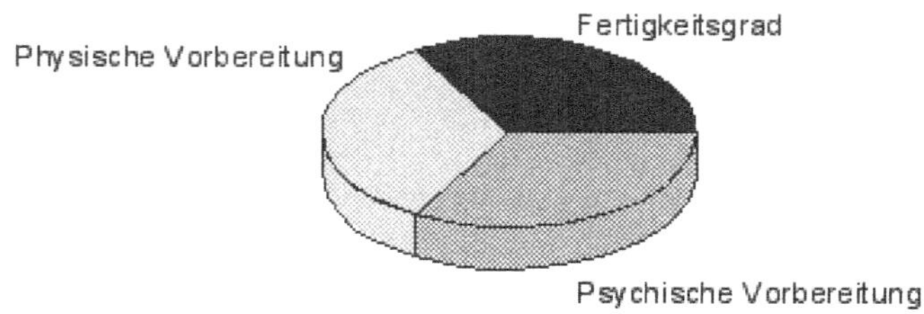

Abb. 2. Die drei leistungsbestimmenden Faktoren nach Terry (1989).

In diesem Buch möchten wir Ihnen zeigen, inwiefern Ihre persönliche Leistung im Triathlon von Ihrer Einstellung zu Ihrer Sportart, z. B. im Hinblick auf Ihre Gegner, abhängig ist und inwiefern Sie diese Komponenten im Rahmen eines psychologischen Trainingsprogramms lernen und üben können. Dazu ist es notwendig, sich mit Ihren inneren Stärken und Schwächen, Ihren Erwartungen und Hoffnungen auseinanderzusetzen, vor allem Ihre Stärken zu erkennen und Ihre mentalen Fertigkeiten gemeinsam mit Ihren physischen Leistungsvoraussetzungen zu verbessern.

2.1 Fertigkeiten und Fähigkeiten

In der Sportwissenschaft existieren viele verwirrende Begriffe wie „Technik", „Taktik", „Fähigkeit", „Talent" oder „Fertigkeit". Oft werden die Begriffe synonym verwendet, bzw. oft in einem Atemzug mit dem Begriff des „sportlichen Leistungsniveaus" genannt. Dabei ist es für den Praktiker gar nicht so wichtig, diese Begriffe definieren zu können, sondern sich vielmehr über ihre Bedeutung und ihre Zusammenhänge bewusst zu werden. Den Begriff der Fertigkeit umschreibt der Sportpsychologe Peter Terry (1989) als eine Fähigkeit, ein angestrebtes Ziel beständig zu verfolgen. Dies benötigt viel Zeit und Einsatz, um eine entsprechende Effizienz zu erzielen. Fertigkeiten können also entwickelt werden und stehen im krassen Gegensatz zu dem, was Sportjournalisten oft und gerne behaupten: dass Können und Fertigkeit den erfolgreichen Athleten oft in die Wiege gelegt sei. Fertigkeit ist keine reine Sache der Erbanlagen, sondern sie wird zu einem großen Anteil erworben. Sie ist mitunter das Ergebnis von hartem, stundenlangem und aufopferungsvollem Training. Auch ein Lothar Leder schwang sich nicht aus dem Schoße seiner Mutter hervor, um als erster Athlet den Ironman unter 8h zu finishen. Bis dahin war es ein langer Weg, beginnend mit dem Erlernen der relativ simplen Fertigkeit des Gehens bis hin zur Koordination von Armschwung und Schrittfrequenz beim Laufen oder der Zuglänge und Frequenz beim Kraulschwimmen oder dem runden Tritt beim Radfahren, dem Erlernen der Variabilität des Tempos und der korrekten Einschätzung der physischen Reserven.

Fähigkeiten hingegen können schon eher im Zusammenhang mit Erbanlagen genannt werden. Man kann sie schon relativ früh erkennen und beeinflussen. Dabei handelt es sich um Faktoren wie z. B. Beweglichkeit und Flexibilität, einem guten Gedächtnis oder einem scharfen Blick. Die Fähigkeiten bilden den Grundbaustein, auf dem sich Fertigkeiten entwickeln können. Fertigkeitstraining beinhaltet das Formen und die Weiterentwicklung der Fähigkeit, um eine bestimmte Aktivität ausführen zu können (Terry, 1989). Das gelingt natürlich umso einfacher, wenn diese Leistungsvoraussetzungen schon präsent sind, dennoch ist dies, was man im Übrigen am besten mit „Talent“ umschreibt, noch lange keine hinreichende Bedingung, um einen Spitzenathleten hervorzubringen.

Wie kann man solche Fertigkeiten entwickeln? Um diese Frage zu beantworten, ist es wichtig zu verstehen, dass es nicht so sehr darauf ankommt, dass man über möglichst viele physiologische und psychische Qualitäten verfügt, sondern dass man sich genau darüber im Klaren ist, was man gerne erreichen möchte und welche physischen Voraussetzungen notwendig sind, um das angestrebte Ziel zu erreichen.

Erinnern Sie sich beispielsweise einmal daran, wie Sie mit dem Triathlon oder einer Teildisziplin begonnen haben. Zunächst einmal war alles nur anstrengend, weil die körperlichen Voraussetzungen noch nicht vorhanden waren. Nach einigen Wochen Training im Lauftreff oder mit Freunden waren Sie in der Lage, auf bestimmte Bewegungsausführungen und Körperpositionen zu achten. Der Arm während der Überwasserphase beim Schwimmen, die bis dahin verkrampft war, konnte bewusst locker nach vorne ins Wasser gebracht werden. Sie erlernten sehr schnell die Schrittlänge beim Laufen oder die Trittfrequenz beim Radfahren zu variieren, je nachdem welches Tempo angesagt war. Sie waren plötzlich in der Lage, auf Teilstücken die Atmung bewusst zu beruhigen. Einige Triathleten, die aufgrund ihrer beruflichen Situation vornehmlich spät abends trainierten, berichteten uns, dass ihre Füße beim Laufen gelernt haben zu sehen, so dass sie trotz Dunkelheit nicht über Wurzeln stolperten. Andere wiederum waren nach mühevollen Einheiten im Wasser in der Lage das Wasser zu fühlen und so einen optimalen Vortrieb zu erzielen. Während dieser Prozesse spielten ihre Sinne eine zentrale Rolle. So meldeten Ihre Augen z. B. beim Laufen Informationen über die Beschaffenheit des Weges, ihr Tastsinn in den Füßen sagte ihnen, obwohl sie Schuhe trugen, wie sich der Untergrund anfühlte und welche Schrittlänge sie wählen mussten. Sie lernten sehr schnell, Schrittlänge, Schrittfrequenz und Tempo den gegebenen äußeren Bedingungen anzupassen, sie spürten sozusagen, was sich richtig und was sich falsch anfühlte. Manchmal benötigten sie auch noch das Auge und die Erfahrenheit von Trainern oder anderen Triathleten, die ihnen Tipps gaben.

2.2 Psychische Wettkampfbereitschaft

Wie wir soeben gesehen haben, erfordert die Entwicklung physiologischer Voraussetzungen ein zielgerichtetes und systematisches Vorgehen. Eine 10 km-Laufbestzeit von 32 min oder eine 1500 m Schwimmbestzeit von 19 min kommt nicht einfach so zustande, sondern ist zumeist das Ergebnis eines langen und mühseligen Trainingsprozesses, der zielgerichtet durchgeführt wurde. Unsere sportlichen Leistungsvoraussetzungen setzen sich zunächst aus den konditionellen (z. B. Kraft, Ausdauer) und technisch-koordinativen Voraussetzungen (z. B. koordinative Fähigkeiten), aus Merkmalen unserer Persönlichkeit, aus konstitutionellen Merkmalen (z. B. Körperbau) sowie der Taktik (z. B. Antizipationsfähigkeit) zusammen. Dies bedeutet jedoch noch nicht, dass wir diese „Qualitäten" jedes Mal 100%ig einsetzen können. Verantwortlich dafür können u.a. unzureichend entwickelte psychologische Fertigkeiten sein. Als mögliche Störgrößen, die das psychologische Fertigkeitsniveau beeinflussen, können Konzentrationsverlust, Angst und Stress, ein zu geringes Selbstbewusstsein, Unter- bzw. Überaktivierungszustände, Selbstzweifel oder auch Motivationsverlust einwirken. Sind psychologische Fertigkeiten nicht weit genug entwickelt, kann es zu deutlichen Beeinflussungen unserer aktuellen sportlichen Leistung kommen (siehe Abb. 3).

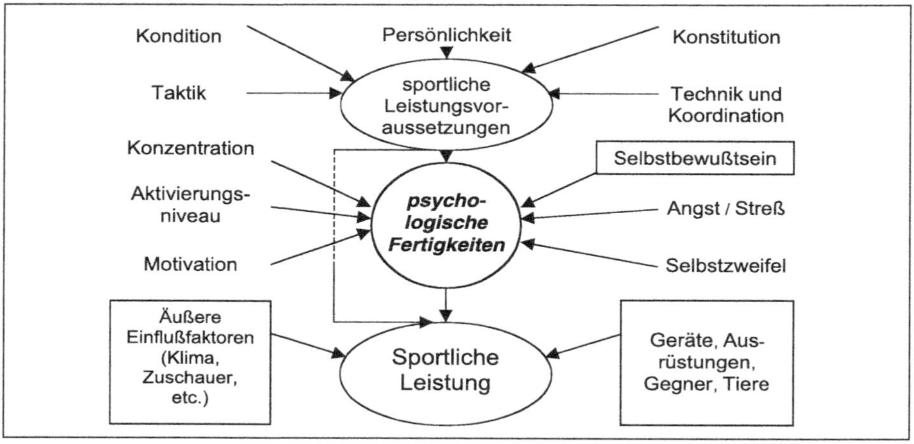

Abb. 3. Einfluss sportlicher Leistungsvoraussetzungen und psychologischer Fertigkeiten auf die sportliche Leistung.

Diese psychologischen Fertigkeiten sind keineswegs ererbt, sondern können erlernt und trainiert werden. Mentale Stärke wird uns nicht in die Wiege gelegt, wie etwa unsere Hautfarbe, sondern ist ein Ergebnis ähnlich harten Trainings wie unsere physiologische Form.

2.3 Dimensionen psychischer Fähigkeiten und Fertigkeiten

Um den auf uns einströmenden Störgrößen entgegenzuwirken (vgl. Abb. 3), müssen die Fähigkeiten und Fertigkeiten unserer Psyche entwickelt werden. Wir verfügen zwar über bestimmte psychische Fähigkeiten (z. B. Wahrnehmung von bedrohenden Situationen) und psychische Fertigkeiten (z. B. bestimmte Bewältigungsstrategien). Diese sind in vielen Fällen nur unzureichend oder in inadäquater Form vorhanden bzw. ausgeprägt. Zu diesen psychischen Fertigkeiten gehören:

- *Die Fähigkeit, Selbstvertrauen zu steigern und zu stabilisieren*

Diese Fähigkeit ist einer der wichtigsten Punkte, um im Wettkampf gute Leistungen erzielen zu können. Erfolg oder Misserfolg sind entscheidend davon beeinflusst, inwieweit der Läufer von sich und seinen Fähigkeiten und Fertigkeiten überzeugt ist. An dieser grundlegenden Voraussetzung scheitern schon sehr viele Sportler. Es ist gar nicht so leicht, ein hohes Maß an Selbstvertrauen ständig aufrechtzuerhalten, da wir auch im Alltag ständig, sei es in der Freizeit oder im Beruf, von dem Erfolg oder Misserfolg unserer eigenen Tätigkeiten sowie von anderen Menschen positiv wie negativ beeinflusst werden. Der wichtigste Punkt jedoch ist das Vermeiden von Gedanken an Misserfolg. Nichts kann das Selbstvertrauen mehr untergraben als die Anhäufung von Gedanken an Niederlagen und Fehlschlägen. Sie können ein noch so starker Triathlet sein, wenn es Ihnen an Selbstvertrauen mangelt, haben Sie praktisch schon verloren.

- *Der Umgang mit „negativer Energie“*

Negative Energie entsteht aufgrund negativer Emotionen wie Ärger, Wut, Frustration, Neid oder Zorn. Diese negativen Emotionen führen fast immer zu einer Überaktivierung, blockieren einen klaren Sachverstand und lassen uns die Kontrolle über uns selbst verlieren. Es muss also eine Fertigkeit entwickelt werden, die es uns erlaubt, diese negativen Kräfte in Bahnen zu leiten, wo sie kein Unheil anrichten können. Dies gelingt am besten, indem man lernt diese negativen Kräfte zu kontrollieren.

- *Aufmerksamkeitssteuerung*

Dies ist die Fähigkeit, seine gesamte Konzentration auf ein relevantes Wettkampfziel hin auszurichten und irrelevante Ereignisse auszublenden. Ziel dieser Technik ist es, die Konzentration so auf eine zu lösende Aufgabe zu fokussieren, dass sogar das eigene Ich im Hinblick auf die zu lösende Situation total aufgegeben wird. Sehr oft wird dieser Zustand, wenn er einmal erreicht wurde, verglichen mit dem, was Läufer im Allgemeinen als „Runner‘s High“ bezeichnen. Subjektiv wird dieser Prozess als „totales Aufgehen in der Tätigkeit“ beschrieben. Sehr oft beschreiben z. B. Läufer diesen Zustand auch als ein „Lösen des Ichs vom Körper“, so dass man seiner eigenen Tätigkeit von außerhalb zuschauen kann.

– *Visualisierung und Vorstellungssteuerung*

Visualisierungstechniken gehören zu den wichtigsten mentalen Trainingsverfahren. Diese Techniken setzen auf das Vermögen eines Triathleten, über geistige Bilder und seine Vorstellungskraft, seine Gedanken und Wahrnehmungen in eine konstruktive, positive Richtung zu lenken. Um während eines Wettkampfes eine optimale Leistung zu erbringen, ist es notwendig, sehr schnell von einem klaren sehr scharfen analytischen Verstand auf eine eher spontane, ungebundene, eher instinktive Denkweise umzuschalten. Visualisierung und Vorstellungstraining helfen uns dabei, diesen Wechsel zu erleichtern. Wie wir wissen, ist es leichter, mit Hilfe von Visualisierungstechniken vorgestellte Wünsche in psychische Leistung umzusetzen. Das liegt an der Tatsache, dass das zentrale Nervensystem nicht in der Lage ist, zwischen einer intensiven Visualisierung und einem realen Ereignis zu unterscheiden. Folglich ist die Auswirkung umso wirkungsvoller, je intensiver, ausführlicher ein Wunschziel visualisiert wird. Die Fähigkeit, eher in seinen Vorstellungen und in Bildern zu denken als in Worten, macht gerade diese Möglichkeit für den Sport so interessant und nützlich. Diese Fähigkeit verbessert sich durch ständiges Üben. Wir werden im weiteren Verlauf dieses Buches immer wieder auf Techniken der Visualisierung zurückgreifen. Aus diesem Grund beschäftigt sich ein grundlegender Abschnitt dieses Buches intensiver mit diesem „mentalen Werkzeug".

– *Die Entwicklung von Motivationsstärke und Wille*

Entscheidende Komponenten motivationaler Prozesse sind die Fähigkeiten, mit Erfolg und Misserfolg richtig umzugehen, um so ein hohes Maß an Selbstmotivation aufrechtzuerhalten. Hierzu zählen u. a. das Setzen von bedeutungsvollen, realistischen Zielen und deren konsequente Verfolgung. Auch diese Techniken sind erlernbar. In der Psychologie wird die Motivation oft mit einer Energie verglichen, die uns in eine bestimmte Richtung hin antreibt. Sie kann als die wichtigste Quelle positiver Energie des Athleten angesehen werden. Die Selbstmotivationsfähigkeiten entscheiden darüber, inwieweit ein Sportler in der Lage ist, ein sich selbst gestecktes Ziel unbeirrt, trotz Schmerzen, Unannehmlichkeiten und Selbstaufopferung zu verfolgen. Diese Qualitäten sind immanent wichtig, um ein tagtägliches Training ungeachtet aller Widrigkeiten zu überstehen.

– *Der Einsatz „positiver Energie"*

Über positive Energie haben wir schon im vorigen Absatz im Zusammenhang mit Motivierungstechniken gesprochen. Es ist eine Kunst, den Fluss positiver Energie aufrechtzuerhalten und zu steuern. Diese Fähigkeit muss ebenfalls erst erworben bzw. erlernt und entwickelt werden. Positive Energie fließt aus Quellen wie Freude, Spaß und Zielstrebigkeit. Entwickeln kann sich positive Energie auch aus sozialen Kontakten, wie z. B. Teamgeist. Prinzipiell nutzen Athleten positive Energien, um eine genügend hohe innere Aktivierung zu erreichen, gleichfalls aber auch im Angesicht einer bedrohenden Situation gelassen und entspannt reagieren zu können bzw. seine Konzentration in die richtigen Bahnen lenken zu können. Die Ausnutzung positiver Energien hängt in hohem Maße mit der Motivation und der Einstellungsentwicklung zusammen.

2.4 Einstellungskontrolle

Eine positive Einstellung zu einer belastenden Situation im Wettkampf charakterisiert unter anderem einen hochklassigen Wettkämpfer. Die richtige Einstellung ermöglicht es, Kontrolle über Emotionen und das innere Gleichgewicht zu erlangen. Dies wiederum unterstützt einen positiven Energiefluss. Zu den bisher skizzierten Dimensionen psychischer Fertigkeiten existieren relativ einfach zu erlernende Programme und Ratschläge zur Entwicklung dieser Faktoren, auf die wir im weiteren Verlauf des Buches eingehen werden. Dabei versuchen wir die einzelnen Trainingsformen so anzuordnen, dass sie aufeinander aufbauend einen logischen Jahresverlauf ergeben.

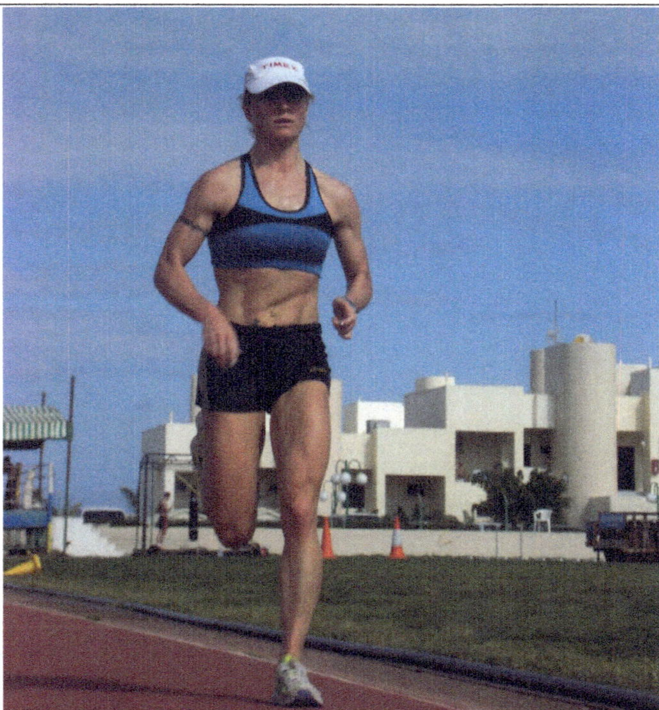

Bild 4. Grundlagen im Trainingslager legen (© Wolfgang Rentschler).

3 Mentale Trainingsformen im Jahresverlauf

Die Anforderungsprofile der verschiedenen Varianten des Triathlonwettkampfes unterscheiden sich sowohl hinsichtlich der konditionellen Seite als auch in Bezug auf die psychologischen Faktoren teilweise nur rudimentär, teilweise aber grundsätzlich. So benötigt jeder Schwimmstart ein bestimmtes Maß an Konzentrationsfähigkeit und physischem sowie psychischem Durchsetzungsvermögen. Letzteres wird beim olympischen Triathlon im Radpulk wiederum mehr gefordert als beispielsweise auf der Langdistanz. Das Vermögen sich selbst realistisch einzuschätzen und gleichzeitig ein hohes Maß an Selbstvertrauen zu haben wird für jeden Triathlonwettkampf erforderlich sein. Die letzten 42 Kilometer beim „Langen" gut über die Bühne zu bringen erfordert gewiss mehr an Fähigkeit, sich selbst zu motivieren als dies beim „Kurzen" nötig ist. Beim letzteren wiederum ist mehr Willensstärke im Sinne von „den vor mir packe ich auch noch" erforderlich. Bei allen Triathlonvarianten ist aber der „Druck", den der Wettkampf mit sich bringt enorm hoch. D. h. aber auch, dass im Training nicht nur Übungen gefunden werden müssen, die den Körper über die mentale Stärke stabilisieren (Selbstgesprächsregulation...) sondern auch Übungsformen, die den Stressfaktor hochhalten bzw. die Schwelle für die Stresstoleranz anheben, den der Wettkampfdruck erzeugt (Prognosetraining...). Auch Trainingsmöglichkeiten zur optimalen Ausführung des Wechsels unter den Aspekten der Visualisierung und der Handlungsautomatisierung sowie als Grundlage für alle anzuwendenden Techniken das Erlernen von Entspannungs- und Konzentrationsfähigkeit sind in das Training einzuplanen.

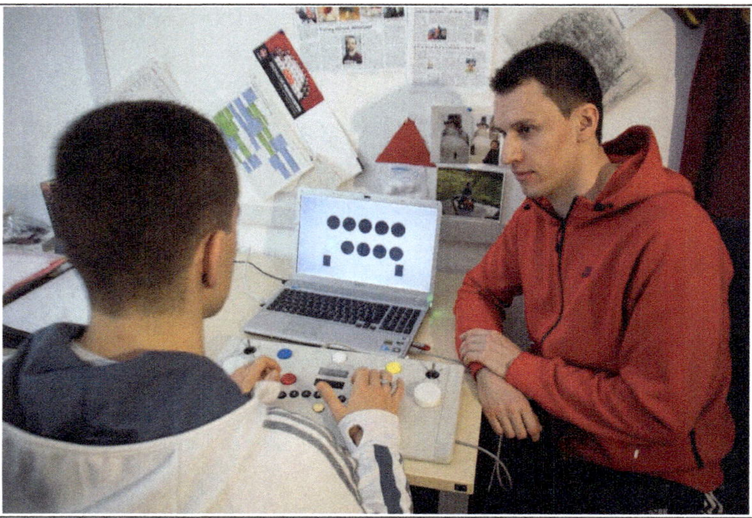

Bild 5. Computergestützte sportpsychologische Diagnostik (© Erich Malter).

Ein wesentlicher Punkt, der das Gelingen von psychologischem Training bedingt, ist die Einführung in der Gruppe bzw. das Gespräch mit dem einzelnen Athleten. Je nach Aufwand, den man betreiben möchte, bietet sich eine ausführliche sportpsychologische Eingangsdiagnostik an, um so noch gezielter und spezifischer die sportpsychologischen Trainingsmaßnahmen anpassen zu können (vgl. u. a. Beckmann-Waldenmayer & Beckmann, 2012).
Somit muss im ersten Schritt des Prozesses die Sinnhaftigkeit und der Wert von psychologischem Training dargestellt werden, um bei den Sportlern Einsicht zu verschaffen. Dann erfolgt als Zweites die Phase der *Introduktion*, in der spezifische Maßnahmen wie beispielsweise Entspannungsübungen eingeführt und erlernt werden. Im weiteren Schritt der *Identifikation* schält sich diejenige Technik für den Einzelnen heraus, die am effektivsten ist und weiter vertieft wird. Die *Simulation* als vierter Schritt wendet die erlernten Techniken im Schonraum an. Im *Transformationsschritt* erfolgt die Anwendung im Training unter „scharfen“ Bedingungen. Die letzte Phase mündet in den Wettkampf, d.h. es erfolgt die Umsetzung der erlernten Techniken in der Realität. So könnte sich ein Jahresverlauf hinsichtlich der Anwendung des psychologischen Trainings, wie in Abbildung 4 dargestellt, ergeben:

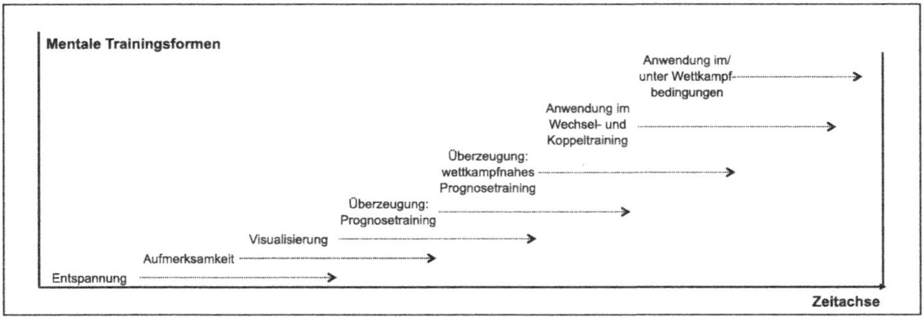

Abb. 4. Möglicher Einsatz mentaler Trainingsformen im Jahresverlauf.

Die Anwendung bzw. das Erlernen von sportpsychologischen Trainingsformen im Jahresverlauf baut aufeinander auf und ist logisch gegliedert. So werden wir mit einer Einführung in Entspannungsverfahren, die die Grundlage für fast alle psychologischen Trainingsprogramme bilden (vgl. Kap. 5).
Aber sich-entspannen-können ist natürlich auch vor einem Wettkampf nötig, wenn das Umfeld hektisch ist und organisatorische Dinge nicht klappen. Daher werden die Entspannungsübungen auch im Jahresverlauf weiter angewandt, verfeinert und letztlich so variabel und in Kurzform erlernt, dass sie fast zu jedem Zeitpunkt abrufbar sind. Dies gilt übrigens auch für die anderen mentalen Trainingstechniken.
Seine Aufmerksamkeit auf mehrere Aspekte verteilen bzw. ausweiten oder sein Gesichtsfeld auf bestimmte Vorgänge fokussieren bzw. sich konzentrieren zu können – dies stellt die nächste zu erlernende Stufe im Jahresverlauf dar. Die verschiedenen Möglichkeiten der Aufmerksamkeitslenkung, wie in Kapitel 5 beschrieben, sind hier

das Thema. Diese wiederum hängen stark mit Strategien zur Selbstbeobachtung und Selbstkontrolle, die in Kapitel 9 besprochen werden, zusammen.
Nach einem anstrengenden Berufsalltag abschalten (entspannen) und sich auf das folgende Training einstimmen (konzentrieren) zu können oder auch vor dem Wettkampf den Vorstartzustand in ein erträgliches Maß zu bringen – Entspannungsfähigkeit auf der einen und Aktivationsregulation (vgl. Kap. 8) auf der anderen Seite – dann aber schon vor dem Startsignal voll konzentriert zu sein, das ist die eine Sache. Damit die Übungsausführung, egal ob im Training oder Wettkampf, nicht nur gelingt, sondern auch effektiv ist, werden im nächsten Schritt Visualisierungstechniken erlernt, die beispielsweise auch beim Bewegungsneulernen bzw. im Techniktraining Anwendung finden können. Beobachter, Regisseur oder Akteur! Die „Auseinandersetzung“ mit diesen Rollenspielen der Visualisierungstechniken wird in Kapitel 6 besprochen und finden ihren Ansatz schon im Erlebnisbericht der Athletin.
Relaxt und locker an die Sache herangehen zu können, im richtigen Moment konzentriert zu sein, sich im inneren Film als Hauptakteur betrachten zu können – dies haben wir bis jetzt geschafft. Auch stimmen die Trainingszeiten, eine Leistungsentwicklung ist zu sehen. Die Motivation ist gleichfalls ungebrochen. Der erste Wettkampf kommt, Zielstellung beispielsweise ist eine Top-Ten-Platzierung bzw. eine Podestplatzierung in der Altersklasse. Anfahrt und Organisation im Vorfeld passen. Beim Abschreiten der Wechselzone sieht man die Gegner. Die sehen gut und austrainiert aus, haben lockere Sprüche drauf. Es wird diskutiert in welcher Zeit wohl die erste Disziplin absolviert und wie hoch das Anfangstempo wohl sein werden wird. Erste Zweifel kommen auf: „...unter den Bedingungen habe ich mein Schwimmvermögen noch nicht getestet, wir haben immer Wert auf ein gleichmäßiges Tempo gelegt...“, „... schaffe ich die angestrebte Platzierung überhaupt...“. Der Start gelingt noch einigermaßen, aber die Arme werden schwerer und schwerer, das Anfangstempo ist einfach zu hoch – wirklich?
Im Beispiel verlässt die Ausgeglichenheit den Athleten. Der Glaube an sich selbst, die Überzeugtheit von seinem eigenen Leistungsvermögen fehlt oder lässt immer mehr nach.
Eberspächer (1995) beschreibt daher einen wettkampfstabilen Athleten als eine Person, die eine tiefgreifende Überzeugung von seinen Fähigkeiten und Fertigkeiten besitzen und selbst- oder fremdgestellte Anforderungen angemessen einschätzen können muss. Weiterhin muss sie in der Lage sein, die optimale Leistung zum geforderten Zeitpunkt zu erbringen und die Leistung in schwierigen Situationen aufrecht zu erhalten.
Daher wird unser Beispielathlet für die nächste Saison nach den Ebenen der Entspannung und der Aufmerksamkeitslenkung sowie der Erlernung der Visualisierungstechniken auch Trainingsformen einsetzen, welche dazu dienen können aus ihm einen wettkampfstabilen Athleten zu machen.
Beim Prognosetraining, wie es Eberspächer (1995) vorschlägt, kommt es darauf an, dass eine Zielstellung durch sich selbst erfolgt, oder durch die Trainingsgruppe bzw.

den Trainer gestellt wird. Anschließend kommt es zur Ausführung. So könnte der Athlet – in einer einfachen Version des Prognosetrainings – beispielsweise vereinbart haben, dass er in einer Standardserie von Tempoläufen über 15-mal 200 m alle Wiederholungen zwischen 33 und 35 Sekunden läuft. Schafft er dies, so zeugt dies von einer realistischen Selbsteinschätzung seiner aktuellen Möglichkeiten. Liegt er mit mehreren Wiederholungen daneben, so muss er mit diesem „einfachen" Misserfolg (Soll-Ist-Diskrepanz) umgehen und nachhaken, warum die Prognose fehlschlug. Ein weiteres Anwendungsbeispiel könnte sein, dass nach der Prognose gefragt wird, mit wie vielen Armzyklen die 50 Meter durchgeschwommen und wie viele 50-Meter-Wiederholungen dann mit der gleichen Anzahl Zyklen geschwommen werden können.
Aber weitere Merkmale unterscheiden die Trainings- und Wettkampfsituation. Dies betrifft nicht nur die bewusste oder auch unbewusste Prognose im Vorfeld, sondern schlägt sich vor allem in der Nichtwiederholbarkeit dieses einen Wettkampfes nieder und meist sind Konsequenzen mit dem Ergebnis verbunden. Auch ist der Zeitpunkt der Leistungsabgabe vordefiniert. Der Wettkampf findet am ersten Wochenende im Juli um 13:30 Uhr in der Mittagshitze statt, auch wenn dem Einen oder Anderen die morgendliche Frische lieber wäre, d. h. der Athlet muss auf den Punkt hin, der von außen vorgegeben wurde, fit sein: Hier kann ein wettkampfnahes Prognosetraining helfen.
Der Trainer gibt weit im Voraus einen Testtermin bekannt, oder der autodidaktische Athlet legt diesen selbst fest, so dass der Athlet sich nicht nur mit entsprechenden Trainingsinhalten darauf einstellen, sondern auch dem Zeitpunkt entgegen „fiebern" kann. Am Testtag selbst wird die Aufwärmarbeit gemeinsam geleistet und ein entsprechendes Aktivierungsprogramm absolviert. Dann kommt der Zeitpunkt, an dem der Trainer die Gruppeneinteilung und den Zeitpunkt der Gruppenstarts bekannt gibt. Jeder Athlet gibt nun die Zeit an, die er glaubt zu schwimmen (natürlich kann diese Form des Leistungstests auch auf die anderen Disziplinen angewandt werden). Ab diesem Zeitpunkt ist jeder Athlet bzw. Athletin sich selbst überlassen. Das kann das eine Mal nur fünf Minuten sein, das andere Mal aber 20 Minuten und mehr dauern. Zeiträume, in denen die Athlet/innen in Kleingruppen flachsen oder sich allein in eine Ecke zurückziehen können – um sich zu sammeln oder sich grübelnd fragen, ob er/sie die Erwartungen erfüllen kann.
Eine weitere Möglichkeit ein solches Training bzw. einen solchen Leistungstest zu „verschärfen" bestünde in der Möglichkeit die Einmaligkeit und die eventuellen Konsequenzen eines Wettkampfs noch mehr zu unterstreichen. Dabei wäre es denkbar, dass für den Athlet, der die eigene Prognose nicht erfüllt hat, beispielsweise das Training beendet ist oder er eine unangenehmere Arbeit wie Vereinsdienste übernehmen muss. Im Breitensportbereich oder wenn es sich um einen Einzelkämpfer ohne Gruppe handelt, könnte der Athlet am Abend auf sein „geliebtes" Weißbier verzichten, wenn er die an sich selbst gestellten Erwartungen nicht erfüllt hat.

Egal, welche Varianten man nun in der praktischen Umsetzung wählt, gelten einige Parameter, die bei Anwendung von (wettkampfnahem) Prognosetraining zu beachten sind. So sollte es nicht zu oft angewendet werden, und nach jeder Ausführung muss das Ergebnis in einer gemeinsamen Aussprache analysiert werden. Nicht nur der Erfolg zählt, nein aus dem Verarbeiten von Misserfolg kann neue Motivation erwachsen, wie etwa: „... heut' war ich schlecht, aber beim nächsten Mal pack ich's bestimmt...".
Das wettkampfnahe Prognosetraining stellt, wenn man so will, die entschärfte Version, die Generalprobe dar. Wenn hier „alle Dinge klappen", dann dürfte unter den „scharfen" Bedingungen des Wettkampfes auch nichts mehr schief gehen.
Die Anwendung der verschiedensten mentalen Trainingsformen im Jahresverlauf bietet sich natürlich für die Trainingseinheiten in den einzelnen Disziplinen an. Aber gerade zu hervorragend eignet sich das Wechsel- und Koppeltraining – quasi als Vorstufe des Wettkampfs – für die Anwendung von Konzentration, Visualisierung und Prognose an.

4 Entspannungsverfahren

Entspannungstechniken, wie auch andere psychologische Verfahren, entstammen dem Bereich der klinischen Psychologie und haben im Prinzip therapeutische Funktionen. Die Sportpsychologie hat jedoch den Optimierungscharakter dieser Verfahren erkannt und nutzt einige Wirkungen dieser Verfahren.
Wir unterscheiden im Prinzip zwei Klassen von Entspannungsverfahren. Wir kennen einerseits die sogenannten „naiven Entspannungsverfahren“. Dies sind solche Methoden, die wir uns im alltäglichen Leben, zumeist durch „Versuch und Irrtum“ oder einfach aus Erfahrung angeeignet haben und die keiner systematischen, wissenschaftlichen Wirksamkeitsüberprüfung unterzogen wurden. Dazu gehört das einfache „tiefe Luftholen und Durchatmen“ bis hin zur Entspannung durch Musik, Tagträumen, körperliche Aktivität (z. B. Spazierengehen), Entspannung durch Lesen eines schönen Buches oder einfach „faul in der Sonne liegen“.
Andererseits existieren Entspannungsverfahren, die eigens zu diesem Zweck entwickelt wurden und schließlich Einzug in Therapieverfahren gefunden haben. Hierzu gehören Entspannungsverfahren wie z. B. Autogenes Training oder die Progressive Muskelrelaxation. Weitere Entspannungsverfahren, wie z. B. Tai Chi, Yoga, bestimmte Massagetechniken oder Qi Gong sind den ostasiatischen, körperzentrierten Verfahren zuzurechnen, die ebenfalls einen entspannenden Effekt auslösen können und zu einer immer größer werdenden Popularität gelangen. Die wissenschaftliche Effektivitätsüberprüfung der Verfahren steht in den meisten Fällen jedoch noch aus.

4.1 Was bewirken Entspannungsverfahren?

Ein erfolgreich durchgeführtes Entspannungsverfahren bewirkt positive Veränderungen in folgenden Bereichen:

- es senkt die Herzfrequenz und die Atemfrequenz;
- es fördert die Durchblutung peripherer Hautgefäße und des Darmtraktes;
- die Ruhetönung bewirkt eine positive Stimmungslage;
- es verändert die subjektive Bewertung von Stressoren;
- es erhöht das Kontrollerleben;
- es erhöht die Konzentrationsfähigkeit und die Informationsaufnahme und -verarbeitung.

Diese positiven Auswirkungen lindern nicht nur Beschwerden im psychosomatischen Bereich, sondern bilden auch die Voraussetzung für eine Veränderung von nicht erwünschten persönlichen Einstellungen oder für einen Lernprozess, der fast allen kognitiv orientierten, psychologischen Interventionen zugrunde liegt; ganz egal, ob es sich dabei um den Aufbau von Motivation und Willensstärke oder um die Bewältigung von Angst und Stress handelt.

4.2 Naive Entspannungsverfahren

In diesem Kapitel werden mehrere Entspannungstechniken aus dem Bereich der naiven Entspannungsverfahren abgehandelt. In „Rezeptform“ werden dabei „Entspannung durch „Musik“ und „Tagträumen“ vorgestellt. Die „Entspannungsgeschichte“ und die „Atemübungen“ bieten sich als Verfahren für Gruppen an. Dabei hat der Trainer oder Betreuer den vortragenden Part.

4.2.1 Entspannung durch Musik

Ziel:	Möglichst schnell und einfach einen entspannten Zustand erreichen.
Dauer:	ca. 15 – 20 min.
Ort:	Eine ruhige Umgebung aufsuchen und möglichst keine Störungen zulassen.
Material:	Walkman, tragbarer CD-Player, Musik-Cassetten, CD, Decke
Durchführung:	Im Vorfeld Musikstücke zusammenstellen, die man gut kennt und deren beruhigende Wirkung man schon einmal „erfühlt“ hat. Suchen Sie einen ruhigen Ort auf, breiten Sie die Decke aus und setzen Sie die Kopfhörer auf. Hören Sie nun der Musik zu, lassen Sie ihre Gedanken los, lassen Sie sich von der Musik tragen, nehmen Sie die Gerüche um sich herum wahr. Konzentrieren Sie sich nicht auf einen einzigen Gedanken, sondern lassen Sie sich von der Musik verführen.
Wann:	Mindestens 3 Stunden vor Wettkampfbeginn oder im Rahmen eines psychologischen Trainingsprogramms.
Trainingshäufigkeit:	Bei Bedarf; täglich.

4.2.2 Tagträumen

Ziel:	Möglichst schnell und einfach einen entspannten Zustand erreichen.
Dauer:	ca. 10 min.
Ort:	Eine ruhige Umgebung aufsuchen und möglichst keine Störungen zulassen.
Material:	Keine besonderen Materialien nötig.
Durchführung:	Suchen Sie sich einen Ort, der für Sie subjektiv Ruhe ausstrahlt. Es bieten sich freie Plätze in der Natur an. Setzen Sie sich bequem hin, oder legen Sie sich auf den Rücken. Schließen Sie die Augen. Atmen Sie zwei- bis dreimal tief ein und aus. Denken Sie an eine angenehme Situation aus vergangenen Tagen. Erleben Sie diese Situation vor ihrem „geistigen Auge“ nochmals nach. Lassen Sie Ihre Gedanken weiter ab-

	schweifen und zwingen Sie sich nicht, an dieser Szene festzuhalten. Versuchen Sie Gerüche und Empfindungen wahrzunehmen.
Wann:	Mindestens 2 Stunden vor Wettkampfbeginn oder im Rahmen eines psychologischen Trainingsprogramms.
Trainingshäufigkeit:	Bei Bedarf; täglich.

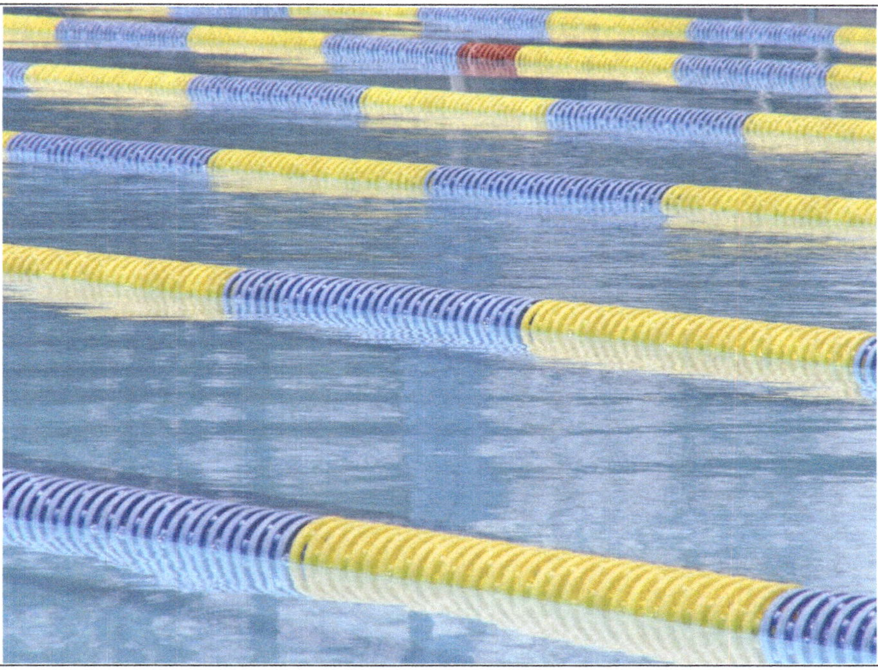

Bild 6. … Ruhe vor dem Training (© Wolfgang Rentschler).

Zur Anwendung der nachfolgenden Entspannungsgeschichte oder auch der Atemübungen sind bestimmte Voraussetzungen förderlich. Dies betrifft auf der einen Seite die Freiwilligkeit. Den einzelnen Athleten (in einer Gruppe) zur Anwendung „zu zwingen“ bringt keinen Erfolg – vielleicht hat dieser ja schon seine ganz eigene Entspannungsmöglichkeiten gefunden.
Andererseits kann der Übende sich nur entspannen, wenn die Umweltatmosphäre passt. D. h. es ist ein relativ ruhiger Raum nötig, der auch eine gewisse Wärme und Behaglichkeit ausstrahlt.
Die Anwendung der Entspannungsgeschichte eignet sich sehr gut nach harten Trainingseinheiten oder -tagen in Kombination mit einer separaten Gymnastikeinheit am Abend. Stellen Sie sich einen nasskalten und schmuddeligen Wintertag vor, an dem Sie am Samstagmittag eine längere Mountain-Biketour gemacht haben – fröstelnd

und müde kommen Sie zurück. Am Spätmittag oder Abend steht mit der Trainingsgruppe noch eine Halleneinheit bevor, die vor allem zur Rumpfstabilisierung und zum ausgiebigen Dehnen benutzt wird. Das Dehnen zum Schluss der Stunde geht vom mobilisierenden Effekt langsam zu entspannenden Dehnübungen über. In der direkten Überleitung bietet sich nun eine Entspannungsgeschichte an, die den Einzelnen in warme, sonnige Gefilde entführt. Die Wohltat, welche durch die mit ruhiger und mit Pausen versetzter Stimme vorgetragene Erzählung, hervorgerufen wird, lässt einen fast in einen leichten Dämmerschlaf hinübergleiten.

4.2.3 Entspannungsgeschichte – „Am Strand“

...Leg Dich bequem hin oder suche Dir ansonsten eine bequeme Lage und schließe die Augen...

Schaue nur auf Dich selbst und beachte Deinen Atem und vergiss alles, was um Dich geschieht...

Du verlässt den Raum hier und begibst dich ganz, ganz weit weg in Richtung Süden...

Du befindest Dich am Meer und liegst an einem wunderschönen Sandstrand...

Der Sand ist warm und weich. Du spürst die Sandkörner angenehm prickelnd unter deinem Rücken...

Dein rechter Arm wird ganz schwer und sinkt tief in den warmen, weichen Sand ein...

Auch der linke Arm wird ganz schwer und sinkt in den angenehm weichen Sand ein...

Deine Beine sind ganz schwer und liegen bequem im warmen Sand...

Du hörst das leise Rauschen des Meeres und siehst die Wellen wie sie leicht und langsam am Ufer ankommen...

Die Sonne scheint angenehm warm auf Deine Beine... Deine Arme... den ganzen Körper...

Dein ganzer Körper ist nun ganz schwer und liegt bequem im warmen, weichen Sand...

Du spürst einen angenehmen Windhauch über Deinen Körper streichen...

In der Ferne hörst Du ein paar Kinder spielen. Du kannst aber nicht verstehen, was sie reden...

Du fühlst Dich wohl und entspannt und spürst die warme Sonne wohlig auf deinem ganzen Körper...

Dein Atem geht ruhig und langsam, ruhig und langsam...

Du genießt es, am Strand zu liegen... in der Sonne... mit dem Rauschen des Meeres... und dem Wind, der leicht über Deinen Körper streicht...

Genieße nun für Dich allein das wohlige Gefühl in der warmen Sonne mit einem leichten, angenehmen Windhauch und Deinem entspannten Körper im weichen Sand...

Du verlässt nun das Meer, den Sand, die Sonne, den Wind, den Süden und kehrst zurück, hier in den Raum, in das Jetzt.

Beginne Dich zu räkeln... und zu strecken..., öffne Deine Augen..., dreh Dich langsam zur Seite... und setze Dich langsam auf.

Eine weitere oder andere Möglichkeit sich zu entspannen, stellen unterschiedliche Übungen zur Atementspannung dar. Die vorbereitenden Übungen der Bauch- und Vollatmung können in einer separaten Einheit oder auch im Vorfeld der Übungsstunde erlernt bzw. erfühlt werden. Aber nicht nur zur Entspannung helfen diese Übungen, sondern es lässt den Sporttreibenden auch den Unterschied zwischen der Brustatmung und der effektiveren Bauch- bzw. Vollatmung erspüren.
Sowohl die Entspannungsgeschichte als auch die Atemübungen sind nur eine von vielen Varianten. Es obliegt jedem Einzelnen die Geschichte oder auch die Atemübungen nach seinem Befinden zu verändern bzw. entsprechend seinen Bedürfnissen anzupassen.

4.2.4 Bauchatmung

Vorbereitende Übungen

1. Bauchatmung

Lege die Hände unterhalb des Nabels auf den Bauch.
Atme tief in den Bauch ein, so dass sich die Bauchdecke vorwölbt wie ein Luftballon.
Beim Ausatmen senkt sich die Bauchdecke wieder.

2. Vollatmung

Atme zunächst in den Bauch ein, die Bauchdecke hebt sich.
Atme wieder in den Bauch ein und zusätzlich in die Brust und die seitlichen Flanken.

Entspannungsatmung

Jede Übung 4- bis 6-mal wiederholen, danach wieder „unwillkürlich" atmen.

1. Vollatmung (Ein = Aus)

Atme ein in Bauch, Brust und Flanken...
Atme ruhig und gleichmäßig ein und aus. Achte darauf, dass das Ein- und ausatmen gleichmäßig lang ist...
→ „Und Ein, und Aus" ...

2. Vollatmung (Ein = 2 x Aus)

Atme ein in Bauch, Brust und Flanken...
Das Ausatmen dauert doppelt so lange wie das Einatmen.
→ „Und ein, und Aus, 3, 4"

3. Vollatmung (ausströmen)

Atme ruhig ein und aus in der Vollatmung (Bauch, Brust und Flanken).
Lass beim Ausatmen den Atem so lange strömen, bis die Lungen leer sind und es für Dich noch auszuhalten und angenehm ist.
→ „Und ein, und aaaauuuus"

4. Vollatmung (kreisförmig)

Beim Einatmen schwingt der Atem nach oben.
Beim Ausatmen schwingt der Atem nach unten.
Stell dir dabei einen großen runden Kreis oder Ellipse vor. Das Atmen geschieht „kreisförmig" rund.

Ruheatmung

5. Vollatmung (ruhig ein und aus)

Die Luft, die Du einatmest, verteilt sich wohltuend und warm durch den ganzen Körper... Arme, Beine, ja der ganze Körper fühlt sich warm und schwer an...

Beim Ausatmen atmest Du die ganze Spannung aus Deinem Körper. Mit jedem Ausatmen strömt mehr Spannung aus Dir, bis Du vollkommen entspannt bist... Die Spannung weicht mit jedem Ausatmen, Du bist ganz entspannt...

Beim Einatmen strömt frische Luft, d. h. Kraft und Energie in Deine Lungen und Deinen ganzen Körper...

Bewege Deine Gelenke an Armen und Beinen, atme ein paarmal kräftig durch, dehne und streck Dich...

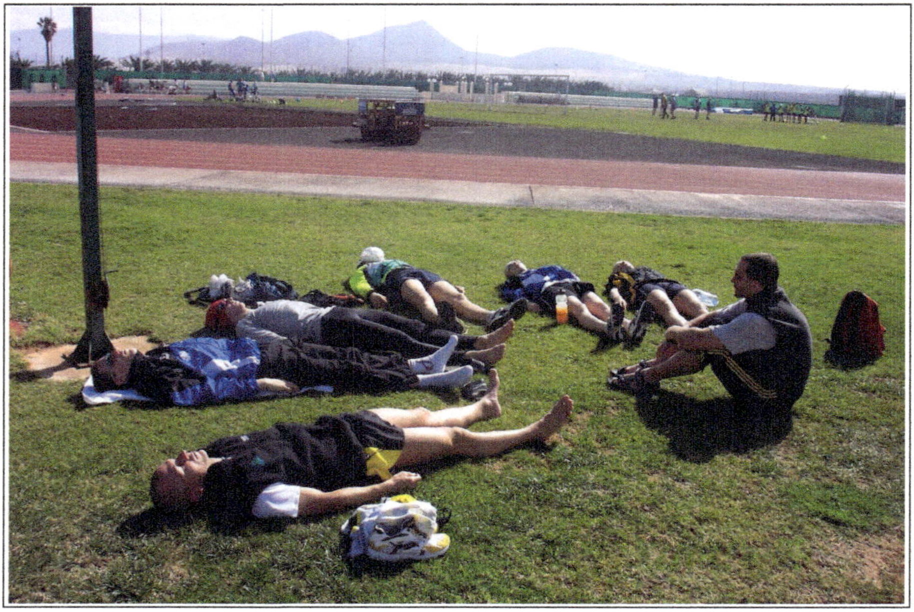

Bild 7. Mentaltraining in der Praxis (© Wolfgang Rentschler).

4.3 Klinische Entspannungsverfahren

In diesem Abschnitt sollen in aller Kürze zwei Entspannungstechniken vorgestellt werden, die der klinischen Psychologie zuzuordnen sind. Eigentlich benötigt die Darstellung dieser beiden Verfahren viel mehr Platz. Über jedes einzelne existieren eigene Bücher. Wer sich für diese Verfahren näher interessiert, den möchten wir auf unsere Literaturhinweise im Anhang verweisen.

Das Erlernen dieser Verfahren benötigt eine gewisse Übung und tägliches Training. Sinnvoll ist es außerdem, diese Verfahren von einem ausgebildeten Therapeuten oder Fachmann zu erlernen. Diese Entspannungsverfahren werden sehr oft im Kursprogramm von Volkshochschulen oder von Krankenkassen angeboten. Eine Teilnahme an solchen Kursen können wir Ihnen nur empfehlen. Wie schon gesagt, das

Erlernen dieser Techniken ist vergleichsweise aufwendig. Werden diese Verfahren jedoch erst einmal beherrscht, dann erweisen sie sich als ausgesprochen effektiv.

4.3.1 Das Autogene Training

Das Autogene Training (AT) wurde von einem Arzt (Dr. Schultz) zu Beginn des 20igsten Jahrhunderts entwickelt. Ziel des Trainings war es, psychosomatische Beschwerden zu lindern. Dabei nutzte Schultz Techniken der Autosuggestion. Das bedeutet, dass die Patienten sich Wärme- und Schwereempfindungen vorstellen sollten. Dies ist auch der Punkt, an dem sich Schwierigkeiten einstellen können, denn nicht jedermann ist sofort in der Lage, sich diese Empfindungen so intensiv vorzustellen, dass sich ein Effekt zeigt. Bei gut trainierten Personen lassen sich allerdings dann in der Tat z. B. Temperaturanstiege an der Haut messen.

Ziel:	Möglichst schnell einen intensiv entspannten Zustand erreichen
Dauer:	ca. 20-25 min. Das Erlernen dieser Technik dauert ca. 6-8 Sitzungen à 90 min. Wir veranschlagen zwei Sitzungen pro Woche.
Ort:	Eine ruhige Umgebung aufsuchen und möglichst keine Störungen zulassen. Nehmen Sie eine entspannte Stellung ein. Am besten legen Sie sich einfach auf eine bequeme Unterlage auf den Rücken.
Material:	Eine Unterlage
Durchführung:	Setzen oder legen Sie sich hin. Schließen Sie bitte die Augen und atmen Sie tief durch. Sagen Sie zu sich selbst: „Ich bin ganz ruhig und entspannt". Wenn Sie sich dazu bereit fühlen, sagen Sie zu sich selbst: „Mein linker Arm ist ganz schwer" und stellen sich dabei vor, wie Ihr Arm immer schwerer wird. Wiederholen Sie diese Selbstinstruktion noch weitere dreimal. Danach sprechen Sie zu sich selbst: „Mein linker Arm ist ganz warm" und versuchen sich vorzustellen, wie die Temperatur in Ihrem Arm ansteigt. Wiederholen Sie dies noch weitere dreimal. Bevor Sie mit der nächsten Übung fortfahren, atmen Sie dreimal ruhig und tief durch und sagen zu sich selbst: „Ich bin ganz ruhig und entspannt". Das Autogene Training wird dann über verschiedene Körperteile mit verschiedenen Selbstinstruktionen fortgesetzt. Die letzten beiden Übungen unterscheiden sich von den Anfangsteilen des AT. Die vorletzte Übung ist die sogenannte „Herzübung", wobei Sie sich vorstellen sollen, dass von Ihrer Mitte (Solar Plexus) warme Strahlen den ganzen Körper durchfluten. Vorsicht bei Personen mit Herzproblemen! Wenn das AT sehr gut beherrscht wird, können Sie sogar Ihren Herzschlag beeinflussen. Die letzte Übung soll Ihnen helfen, eine angenehme Frische und Kühle auf Ihrer Stirn zu spüren, damit Sie

im Anschluss an das AT nicht zu müde sind. Entnehmen Sie bitte die Übungen und Selbstinstruktionen der nun folgenden Tabelle.

Wann: Immer, wenn Sie sich subjektiv gestresst fühlen oder im Rahmen eines psychologischen Trainingsprogramms

Trainingshäufigkeit: 2-3-mal pro Woche.

Tab. 1. *Übungen und Selbstinstruktionen des Autogenen Trainings*

Übung	**Selbstinstruktion**	**Wirkung**
Schwereübung 1	Mein linker/rechter Arm ist ganz schwer.	Entspannung der Armmuskulatur
Wärmeübung 1	Mein linker/rechter Arm ist ganz warm.	Entspannung der Armmuskulatur
Zwischenformel	Ich bin ganz ruhig und entspannt.	Allgemeine Entspannung und Beruhigung
Schwereübung 2	Mein linkes/rechtes Bein ist ganz schwer.	Entspannung der Beinmuskulatur
Wärmeübung 2	Mein linkes/rechtes Bein ist ganz warm.	Entspannung der Beinmuskulatur
Zwischenformel	Ich bin ganz ruhig und entspannt.	Allgemeine Entspannung und Beruhigung
Sonnengeflecht	Es strahlt warm aus meiner Mitte. Mein Herz schlägt ruhig und gleichmäßig. Ich atme tief.	Entspannung der Atemmuskulatur, Beruhigung des Herzschlages
Stirnübung	Meine Stirn ist angenehm kühl.	Angenehme Frische im entspannten Gesamtzustand
Rücknahme	Arme fest, Faust geschlossen, Augen auf!	Rückkehr in den echten Wachzustand

4.3.2 Die Progressive Muskelrelaxation

Die Progressive Muskelrelaxation (PMR) wurde ebenfalls von einem Arzt (Dr. Jacobsen) zu Beginn der 20er Jahre entwickelt. Auch dieses Verfahren sollte vornehmlich psychosomatische Beschwerden lindern, die durch Verspannungen im Körper verursacht wurden. PMR setzt dabei weniger auf Autosuggestion, sondern vielmehr auf das bewusste Spüren von Spannung und Entspannung einzelner Muskelgruppen. Diese Entspannungstechnik ist sehr viel leichter zu erlernen als beispielsweise AT, da hier die Fähigkeit, sich bestimmte Zustände intensiv vorzustellen, nicht nötig ist. Wir haben mit diesem Verfahren sehr gute Erfahrungen gemacht und nutzen es auch im Rahmen unseres Stressbewältigungsprogramms (siehe Kap. 8).

Ziel: Möglichst schnell einen intensiv entspannten Zustand erreichen

Dauer: ca. 20 – 25 min. Das Erlernen dieser Technik dauert ca. 4-6 Sitzungen á 45 min. Wir veranschlagen zwei Sitzungen pro Woche.

Ort: Eine ruhige Umgebung aufsuchen und möglichst keine Störungen zulassen. Nehmen Sie eine entspannte Stellung ein. Am besten legen Sie sich einfach auf eine angenehme Unterlage auf den Rücken.

Material: Eine Unterlage

Durchführung: Setzen oder legen Sie sich hin. Schließen Sie bitte die Augen und atmen Sie tief durch. Spannen Sie Ihre rechte Unterarmmuskulatur an und halten Sie diese Spannung für ca. 5 Sekunden lang aufrecht. Lösen Sie die Spannung und richten Sie Ihre Aufmerksamkeit auf diesen entspannten Zustand. Unternehmen Sie förmlich eine Körperreise zu Ihrem Unterarm und verweilen Sie eine Weile an dieser Stelle. Spüren Sie, wie das Blut durch Ihre Muskulatur fließt und wie warm sich Ihr Unterarm anfühlt. Wiederholen Sie diese Übung insgesamt dreimal. Bevor Sie die PMR fortsetzen, sagen Sie zu sich selbst: „Ich bin ganz ruhig und entspannt, mein Herz schlägt ruhig und gleichmäßig. Ich atme tief und ruhig". Setzen Sie nun diese Spannungs-Entspannungsübungen über den rechten Oberarm, linken Unterarm, linken Oberarm, die rechte Wade, den rechten Oberschenkel, die linke Wade, den linken Oberschenkel und schließlich über eine Ganzkörperspannung bzw. -entspannung fort. Vergessen Sie dabei jedoch nicht zwischen den Spannungs- und Entspannungsphasen, Ihr Bewusstsein auf den entspannten Körperteil zu lenken und dort ein wenig zu verweilen. Beruhigen Sie sich mittels Selbstinstruktionen zwischen den Spannungs- und Entspannungsphasen.

Wann: Immer, wenn Sie sich subjektiv gestresst fühlen oder im Rahmen eines psychologischen Trainingsprogramms

Trainingshäufigkeit: 2-3-mal pro Woche.

4.4 Abschließende Anmerkung zu Entspannungsverfahren

Sehr oft wird die Sportpsychologie auf die Anwendung von Entspannungsverfahren reduziert. Dass dies nicht der Fall ist, sollen die nun folgenden Kapitel zeigen. Der Einsatz von Entspannungsverfahren ist trotzdem nicht unter zu bewerten. Entspannte Zustände bilden, wie schon gesagt, die Grundlage für eine verbesserte Informationsaufnahme und -verarbeitung. Sie lassen bedrohliche Situationen in einem „weniger bedrohlichen Licht" erscheinen, und darüber hinaus vermitteln erfolgreich angewandte Entspannungsverfahren Kontrollerlebnisse. Ganz nebenbei reduzieren entspannte Zustände auch physiologische Stresserscheinungen (z. B. Herzrasen, Zittern) und vermitteln Wohlbefinden. In Kombination mit anderen psychologischen Trainingsverfahren (z. B. im Rahmen des in Kapitel 8 dargestellten Stressbewältigungstrainings) sind Entspannungsverfahren die „Katalysatoren" für Einstellungs- und Verhaltensveränderungen. Sollten Sie keine Anleitung zum Erlernen von AT oder PMR erhalten haben, empfehlen wir Ihnen lieber auf naive Entspannungsverfahren zurückzugreifen, da die Verfahren aus der klinischen Psychologie mitunter nicht unproblematisch in ihrer Anwendung und Auswirkung auf Körper und Psyche sind.
Denken Sie daran, dass alle weiteren Verfahren, die im Anschluss an dieses Kapitel behandelt werden, effizienter wirken, wenn sie in einem entspannten Zustand durch-

geführt werden. Aus diesem Grund erscheint es wichtig, dass Sie eines der hier genannten (oder auch ein anderes, Ihnen bekanntes) Entspannungsverfahren erlernen und durchführen können.

4.5 Weiterführende Literatur

Jacobsen, E. (2011). *Entspannung als Therapie.* Progressive Relaxation in Theorie und Praxis. Stuttgart: Klett.
Petermann, F. (Hrsg.). (2020). *Entspannungsverfahren. Das Praxishandbuch.* Weinheim: Beltz
Schultz, J. H. (2002). *Das Autogene Training: konzentrative Entspannung.* Stuttgart: Thieme.
Seiler, R. & Stock, A. (1994). *Handbuch Psychotraining im Sport.* Reinbeck: Rowohlt.
Stoll, O., Pfeffer, I. & Alfermann, D. (2010). *Lehrbuch Sportpsychologie.* Bern: Huber.

5 Aufmerksamkeitsregulation und Gedächtnisprozesse

Nachdem wir nun über den Sinn und über Formen von Entspannungstechniken informiert haben, wollen wir in den nächsten Kapiteln die drei „großen Bereiche der Psyche" abhandeln. Die „Psyche" wird im Allgemeinen in die Bereiche der Kognition, der Motivation und der Emotion eingeteilt. Dabei sind diese drei Bereiche natürlich nicht unabhängig voneinander, sondern vielmehr interaktiv – also als Einheit zu betrachten. Die Einteilung in Kognition, Emotion und Motivation existiert daher nicht wirklich, sondern ist vielmehr eine systematische Einteilung, die uns helfen soll, so etwas wie eine Struktur, also einen Leitfaden in unsere Ausführungen zu bringen. In allen nun folgenden Kapiteln wollen wird den Bezug zu den schon dargestellten Entspannungstechniken herstellen und abschließend in den jeweiligen Kapiteln triathlon- und wettkampfbezogene Interventionstechniken ableiten. Am Ende dieses Buches soll deutlich geworden sein, wie sehr diese drei Bereiche miteinander zusammenhängen. Es wird dann auch klar, warum sich einige der hier vorgestellten Interventionsverfahren sehr ähneln.
Beginnen wollen wir in diesem und in den nächsten beiden Kapiteln mit dem Bereich der Kognitionen. Dabei werden wir zunächst Prozesse der Aufmerksamkeitsregulation und des Gedächtnisses behandeln. Diese Ausführungen enden dann in einem Fazit, das so etwas wie „Taktisches Handeln im Triathlon" erklären soll (Kap. 6). In Kapitel 7 geht es dann um Fähigkeiten der Visualisierung und des „Mentalen Trainings" im engeren Sinne. Da Visualisierung letztendlich nichts anderes als eine kognitive Fähigkeit ist, gehört es ebenfalls zu dem Bereich der Kognitionen.

5.1 Grundlegendes zum Thema Informationsaufnahme und -verarbeitung

In der Psychologie werden Prozesse, die mit dem Wahrnehmen, dem Planen und Überlegen, dem „Sich-entscheiden" und Problemlösen zusammenhängen, unter dem Begriff „Kognition" zusammengefasst. Somit ist Kognition ein Sammelbegriff für alle Prozesse des Wahrnehmens, des Denkens, des Erkennens, des Vorstellens sowie des Erinnerns. Aus dieser Definition wird deutlich, dass dieser Bereich ein ganz zentrales Gebiet psychologischer Intervention im Triathlon sein kann. Stellen Sie sich doch ganz einfach mal vor, wie es Ihnen geht, wenn sich beim Schwimmen, Radfahren oder Laufen die ersten Ermüdungserscheinungen einstellen, Sie vielleicht das Tempo herausnehmen (müssen) und zu zweifeln beginnen. Oder falls Sie bisher noch keinen (Ultra-)Triathlon gefinisht haben – versetzen Sie sich doch einmal gedanklich in eine Ihrer ersten gezielten Trainingseinheiten und versuchen Sie sich daran zu erinnern, wie es Ihnen erging, als Sie in Ihrer Trainingsgruppe Probleme bekommen haben, das Tempo mitzugehen. Rekapitulieren Sie, was Ihnen dabei „durch den Kopf ging".

Wahrscheinlich haben Sie zunächst einmal die Anstrengung bzw. den Kraftverlust in Ihren Muskeln *wahrgenommen*. Unter Umständen haben Sie Schmerzen gespürt. Sie fühlten wahrscheinlich, wie Ihr Herzschlag und Ihre Atmung schneller wurden und wie Zweifel und Sorgen vor Ihrem „inneren Auge" auftauchten. Es beginnt also alles mit Prozessen der Wahrnehmung. Die Wahrnehmung geschieht über unsere Wahrnehmungsorgane, den sogenannten proprio-rezeptiven Rezeptoren. Diese Wahrnehmungsinhalte werden „kodiert" und gleichzeitig subjektiv bewertet (z. B. hinsichtlich der Bedrohlichkeit). Daran schließt sich entweder rationales Problemverarbeiten an oder es entstehen Emotionen (dazu mehr in Kap. 8). Unter bestimmten Umständen werden diese Informationen weiterverarbeitet und im Gedächtnis abgelegt, wo Sie nach Bedarf wieder in unser Bewusstsein treten und weiterem Problemlösen dienlich sein können. Die *Wahrnehmung* ist maßgeblich von der Form unserer *Aufmerksamkeit* abhängig. Gedächtnisinhalte wiederum hängen von der Art und Weise ab, wie Informationen *wahrgenommen* und wie *aufmerksam* sie weiterverarbeitet wurden. Aus diesem Grund werden wir uns im folgenden Abschnitt zunächst mit verschiedenen Formen der Aufmerksamkeit auseinandersetzen, um uns in einem zweiten Schritt den Prozessen des Kodierens und Enkodierens von Informationen – also Gedächtnisprozessen – zu nähern. Daraus schlussfolgernd wollen wir erklären, wie sportpsychologisch taktisches Handeln erklärt und trainiert werden kann.
Frühe Modelle der Aufmerksamkeit behaupteten, dass unsere Aufmerksamkeit vor allen Dingen Selektionsfunktion hat. Da wir alltäglich mit einer Unzahl von Wahrnehmungsinhalten zu tun haben, brauchen wir eine Instanz, die das „Wichtige" vom „Unwichtigen" zu trennen vermag. Mit anderen Worten: Alle Reize, die z. B. durch das Auge aufgenommen werden, müssen so etwas wie eine „Schranke" passieren, die eine Informationsweiterverarbeitung nur dann ermöglicht, wenn eine andere Instanz diese Information für bedeutsam erachtet, bevor es zu einer Weiterleitung in relevante Hirnareale kommt. Diese Form der Informationsaufnahme und -weiterverarbeitung ist alltagssprachlich auch als „selektive Wahrnehmung" bekannt geworden. Alternativ hierzu gibt es eine Modellvorstellung, die davon ausgeht, dass zunächst *alle* Informationen an das Gehirn weitergeleitet werden. Hier werden die Reize dann „voranalysiert" und zwar 1.) bezogen auf seine physikalischen Eigenschaften und 2.) bezogen auf seinen semantischen Kontext, d. h. seiner inhaltliche Bedeutsamkeit. Wissenschaftlich endgültig bestätigt wurde keines dieser Modelle. Das derzeit aktuellste Modell nimmt die Ideen der beiden vorigen Modellvorstellungen auf und behauptet weiterhin, dass zwar alle Reize an die für das Sehen verantwortlichen Hirnareale weitergeleitet werden, jedoch eine weitere, tiefergehende Analyse davon abhängig ist, inwieweit kognitive Ressourcen vorhanden sind. Geht es um einfache Denkaufgaben, z. B. ohne weitere motorische Belastung und ohne weitere kognitiven Störgrößen, so sind viele kognitive Ressourcen frei und die Reize können gleichzeitig hinsichtlich ihrer physikalischen Eigenschaften und hinsichtlich ihrer semantischen Bedeutsamkeit weiter analysiert werden. Stehen wir jedoch unter großen motorischen Belastungen oder aber wirken andere kognitive Störgrößen auf uns ein, wirkt sich dies nachteilig

auf die weitere Informationsverarbeitung aus. Dann wird die weitere Informationsverarbeitung zunächst von den *physikalischen Eigenschaften* des Reizes abhängig gemacht. Eine solche physikalische Eigenschaft eines Reizes wäre z. B. ein einzelner, schwarzer Buchstabe oder aber ein rotes sechseckiges Schild. Dabei verarbeitet das kognitive System natürlich nicht nur optische Reize. Ein anderer physikalischer Reiz, wäre z. B. ein Schmerzreiz oder etwa ein akustischer Reiz, wie eine Stimme, die mir etwas zuruft. Wichtig für die weitere Betrachtung dieses Themas ist die Tatsache, dass die Informationsaufnahme und -weiterverarbeitung maßgeblich davon abhängig ist, wie viele kognitive Ressourcen zur Verfügung stehen.

5.2 Vier Formen der Aufmerksamkeit

Per Definition kann in vier Formen der Aufmerksamkeit unterschieden werden (vgl. Eberspächer, 2019). Diese Formen lassen sich mit den Kurzbezeichnungen a.) internal – eng, b.) internal – weit, c.) external – eng und d.) external – weit beschreiben. Im Prinzip lassen sich diese vier Stufen der Aufmerksamkeit auf 2 Achsen darstellen nämlich *weit versus eng* und *internal versus external.*

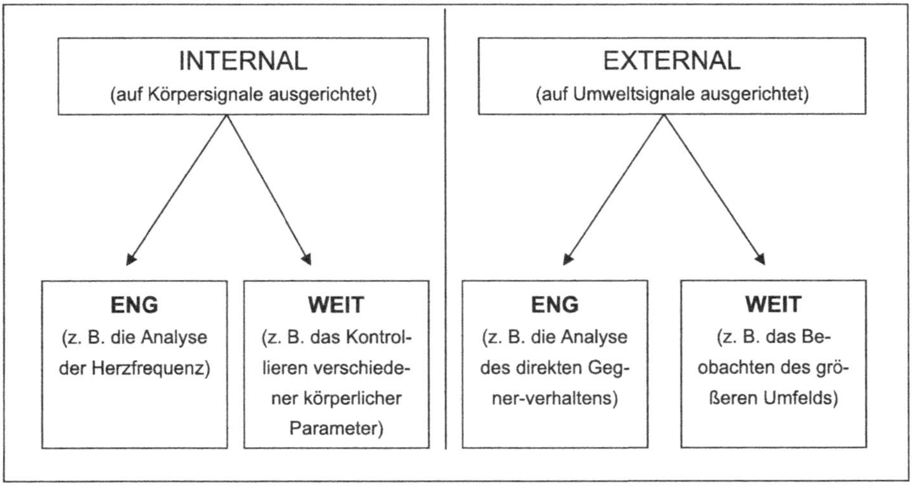

Abb. 5. Die vier Formen der Aufmerksamkeitsregulation.

Unter der Achse weit versus eng lassen sich die Formen der Aufmerksamkeit beschreiben. Wenn Sie beispielsweise einen Trainingslauf oder eine Radausfahrt durch unbekanntes Gelände durchführen, dann werden Sie Ihre Aufmerksamkeit relativ weit ausrichten, um für Sie wichtige Informationen mitzubekommen, die den richtigen Weg weisen. „Weit“ meint aber auch z. B. das Beobachten und Analysieren von verschiedenen Informationen aus Ihrem ganzen Körper. Eng halten Sie Ihre Aufmerk-

samkeit dann, wenn ein plötzliches, für Sie unter Umständen wichtiges Ereignis auftritt. Dies wäre beispielsweise der Fall, wenn ein für Ihre Rennplanung wichtiger Moment, wie zum Beispiel der Wechsel vom Radfahren zum Laufen bevorsteht oder wenn Sie von einem wichtigen Gegner überholt werden. „Eng“ meint aber auch das Richten der Aufmerksamkeit auf lediglich ein Signal (z. B. aus dem Körper). Eine externale Ausrichtung der Aufmerksamkeit liegt dann vor, wenn Sie ausschließlich auf Informationen aus Ihrer Umwelt achten. Im Gegensatz dazu meint eine internale Ausrichtung der Aufmerksamkeit eine Analyse von Informationen aus dem eigenen Körper. „Na prima!“ – werden Sie sagen, dann werde ich jetzt in Zukunft alle vier Aufmerksamkeitsregulationsprozesse gleichzeitig während eines Triathlons anwenden. Einige einschlägige Untersuchungen aus der Kognitionspsychologie haben jedoch nachgewiesen, dass dies fast unmöglich ist. Aufmerksamkeitsregulation kostet viel kognitive „Energie“ und ist somit limitiert. Das heißt, wir müssen mit unseren Aufmerksamkeitsressourcen „haushalten“.
William Morgan von der Wisconsin-University, einer der ersten Sportpsychologen, der die Aufmerksamkeitsregulation leider nicht bei Triathleten, sondern nur bei Läuferinnen und Läufern systematisch untersucht hat, hatte zunächst noch ein eindimensionales Modell (*internale versus externale* Aufmerksamkeitsregulation) angenommen und seine Untersuchungen an Marathonläufern daran ausgerichtet. Die Ergebnisse lassen aber durchaus einen Transfer auf die Sportart Triathlon zu. Er fand heraus, dass Eliteläufer eher eine *internale* Aufmerksamkeitsregulation bevorzugten, die es ihnen ermöglicht, Ihre körperlichen Funktionen und Prozesse ständig zu kontrollieren, während eher durchschnittliche Läuferinnen und Läufer eine *externale* Aufmerksamkeitsregulation bevorzugten. In späteren Replikationsstudien musste er diese Ergebnisse revidieren. Er konnte jedoch nachweisen, dass die Fähigkeit zwischen den verschiedenen Aufmerksamkeitsmodi hin und her zu schalten offensichtlich von Vorteil war. Darüber hinaus kam er zu der Erkenntnis, dass sein zunächst eindimensionales Modell, um die Achse *weit versus eng* zu erweitern war. Sehr schnelle Läuferinnen und Läufer scheinen ihre Aufmerksamkeit sehr flexibel, je nach Anforderung der Situation, auszurichten. So erscheint es sinnvoll, die Aufmerksamkeit zu Beginn eines Marathonlaufes eher internal und external – weit auszurichten. Dies hat den Vorteil, dass gleichzeitig das direkte Umfeld sowie einige wichtige Informationen aus dem Körper ständig beobachtet, analysiert und eine weitere renntaktische Entscheidung auf der Basis dieser Informationsanalyse durchgeführt werden kann.[2] Darüber hinaus können weitere Aufmerksamkeitsressourcen aufgespart werden. Dies scheint auch für den Beginn der jeweiligen Teildisziplin des Triathlons sinnvoll zu sein. Im Mittelteil eines Triathlons/Marathonlaufes – so zeigte sich bei Untersuchungen an erfolgreichen Läufern – wechselte die Aufmerksamkeitsregulation von internal – weit

2 Wenn Sie sich detaillierter und praxisnah mit diesem Konzept auseinandersetzen wollen, können wir Ihnen den Beitrag von Werner Sonntag im neuen Herausgeberband von Ziemainz, Schmidt und Stoll (2000), „Psychologie in Ausdauersportarten“ ans Herz legen. Werner Sonntag beschreibt in seinem Beitrag unter anderem das Wechseln zwischen diesen verschiedenen Aufmerksamkeitsmodi am Beispiel des Ultralangstreckenlaufs.

auf internal – eng und external – weit. Offensichtlich ist es in diesem Rennabschnitt von Vorteil, einzelne körperliche Funktionen detaillierter zu analysieren. Das Umfeld scheint weiterhin eher weiträumigere Informationen (z. B. das Beobachten der klimatischen Verhältnisse und/oder das Analysieren mehrerer Konkurrentinnen und Konkurrenten) als hilfreiche Komponenten zur Verfügung zu stellen. Gegen Ende eines Rennens/einer Teildisziplin und während des Wechsels scheint es von Vorteil zu sein, sich ganz auf die Analyse der Informationen einzelner Körpersignale sowie auf einzelne Informationen aus dem Umfeld zu konzentrieren. Dies erscheint eine einerseits ressourcenschonende, andererseits jedoch auch eine sehr effektive Form der Aufmerksamkeitsregulation zu sein.

5.3 Wie kann ich meine Aufmerksamkeit regulieren?

Bleibt nun also die Frage zu klären, wie kann ich das Regulieren der Aufmerksamkeit trainieren? Um diese Frage beantworten zu können, müssen Sie zunächst noch einmal das schon gelesene Kapitel rekapitulieren. Natürlich trainiert man die Aufmerksamkeitsregulation – so wie sich das für ein Training im Sinne einer systematischen und gezielten Vorbereitung gehört – *im Vorfeld* eines wichtigen Rennens. Zunächst einmal ist es sinnvoll, ein Entspannungsverfahren zu erlernen und im Vorfeld des Trainings zur Verbesserung der Aufmerksamkeitsregulation durchzuführen. Denn wir wissen, dass kognitive Leistungen in einem entspannten Zustand leichter und effizienter zu erbringen sind.

Der zweite Schritt ist das Sammeln von Informationen über Wettkampfort, -strecke und möglicherweise wichtige Gegner für das bevorstehende Ereignis. Diese Informationen dienen später zur Erarbeitung eines „Aufmerksamkeitsregulations-Drehbuches“.

Werner Sonntag, einer der bekanntesten und erfahrensten Ultralangstreckenläufer in Deutschland schreibt im Sammelband von Ziemainz, Schmidt und Stoll (2000), zu Möglichkeiten des Mentalen Trainings im Ultralangstreckenlauf bezogen auf die Informationsaufnahme und -verarbeitung im Vorfeld eines Wettkampfes folgendes:

> „Sich mit dem Lauf beschäftigen, hilft immer. Kehren wir noch in die Vorbereitungszeit zurück. Sich mit dem erwarteten Ereignis zu beschäftigen, ist hilfreich, es ist gewissermaßen das mentale Training des Ultraläufers. Gewiss, denkbar ist es, sich überhaupt nicht um den Lauf zu kümmern und ganz naiv zu starten. Damit erspart man sich zwar Erwartungsangst, erschwert sich jedoch den Lauf. Höhenprofile in der Ausschreibung zu betrachten, bewahrt vor Überraschungen. Vergleiche der Höhenangaben mit Höhendifferenzen, die man schon bewältigt hat, sind positive Verstärker der Motivation. Viele Läufer machen das auch richtig – sie erkundigen sich bei Sportfreunden, die an dem fraglichen Wettbewerb bereits teilgenommen haben. Solche Informationen über die zu erwartenden Anforderungen ermöglichen nicht nur, sich eine auf das persönliche Leistungsvermögen abgestimmte Strategie zurechtzulegen, sondern helfen auch bei der psychischen Einstimmung auf das Ereignis. Auf diese Weise kann sich, obwohl kein Kilometer der Ultrastrecke, keine Steigung, keine zu erwartende Schwierigkeit unterschlagen wird, Vorfreude einstellen. Nach solchen positiven Verstärkern, einem Begriff der Lerntheorie Skinners, sollte man Ausschau halten“ (Sonntag, 2000, S. 120 f).

Aus diesem Absatz wird deutlich, welche Bedeutung die Informationsaufnahme und -verarbeitung schon vor dem Wettkampf hat. Bezieht Werner Sonntag seine Ausführungen einerseits schwerpunktmäßig auf die emotionale (Angst) und motivationale (Verstärker) Komponente, so ist u. E. auch eine deutliche kognitive Komponente in diesen Ausführungen zu finden. Werner Sonntag empfiehlt, sich (mitunter) so viel wie möglich Informationen schon vor dem Rennen a.) zu besorgen und b.) diese zu verinnerlichen, um im Falle des Auftretens von Schwierigkeiten mittels Aufmerksamkeitsregulation reagieren zu können.
Der dritte Schritt ist das Anlegen eines „Aufmerksamkeitsregulations-Drehbuches“. Darin sollten wichtige Informationen enthalten sein, die wir sicher in unserem Umfeld identifizieren können, sowie erwartete körperliche Signale zu den jeweiligen Rennabschnitten. Diese Informationen bzw. Signale versehen Sie mit sprachlich kodierten Zeichen. An dieser Stelle greifen wir nun schon einer Information vor, die Sie auch später bei Fragen der Emotionsregulation brauchen. Unsere „innere Sprache“ und unser eigenes Symbolsystem haben zentrale Aufgaben im Rahmen von mentalen Trainingsformen. Zum Erstellen des „Drehbuchs“ nützen Sie die schon behandelten Kürzel: „Internal“, „External“, „Weit“ und „Eng“. Als Beispiel eines solchen Aufmerksamkeitsregulations-Drehbuches möchten wir eines von Erstautor (Heiko Ziemainz) aus dem Jahr 1993 zum Ironman in Roth auszugsweise und exemplarisch darstellen.

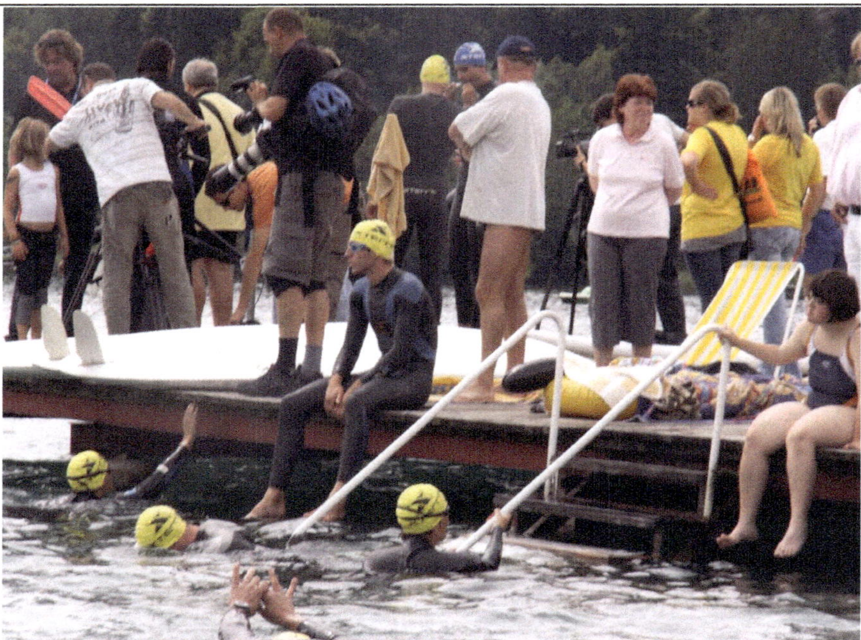

Bild 8. ... einfach abschalten (© Wolfgang Rentschler).

Drehbuch Ironman Roth Juli 1993 für Heiko Ziemainz, Ziel: 10:00 h

Start Europakanal: Achte auf Deine Herzfrequenz und Deine Atmung, Muskeln locker. Die Aufmerksamkeit ist INTERNAL WEIT, ersten Meter bis zu den ersten Bojen, genieße die Atmosphäre, beobachte die anderen Teilnehmer und halte Dich möglichst aus jedem Gerangel heraus. Versuche die für Dich möglichst optimale Linie zu finden. Aufmerksamkeit ist EXTERNAL WEIT.

Nach dem 1. Wechsel: Kontrolliere Deine Herzfrequenz, nehme kurzzeitig Tempo raus, beobachte, ob deine Herzfrequenz reagiert. Die Aufmerksamkeit ist INTERNAL ENG. Spiele mit Deiner Erholungsfähigkeit, greife Dir eine Trinkflasche, beobachte aber vorher alle anderen, analysiere die Bodenbeschaffenheit, es ist vielleicht nass oder ein Schlagloch in der Straße, Du kannst ausrutschen bzw. stürzen. Deine Aufmerksamkeit ist EXTERNAL WEIT.

Rad: Kilometer 120 „Eckersmühlen": Wie fühlen sich deine Muskeln an? Sind sie noch locker? Trete etwas runder, bleib locker, entspanne Dich mit Hilfe Deiner Atmung. Aufmerksamkeit: INTERNAL ENG. Beobachte das Teilnehmerfeld um Dich herum. Wo ist Rolf? Wo ist Martin? Das sind diejenigen, an denen Du Dich orientieren musst. Achtung Zwischenzeit bei km 120, was macht das Wetter? Aufmerksamkeit: EXTERNAL WEIT.

Lauf: Kilometer 28 „Wendepunkt am Europakanal": Was ist mit Deinen Muskeln? Langsam verhärten Sie, versuche bei der Verpflegung nicht zu lange zu gehen. Nur solange Du zur Entspannung brauchst. Ignoriere die Schmerzen. Aufmerksamkeit: INTERNAL ENG. Da ist Klaus, Thomas ist weg, den können wir abschreiben, ist zu schnell heute. Beobachte, was er macht, schau in sein Gesicht. Beobachte das Muskelspiel seiner Waden. Bleib dran, hinter ihm, konzentriere Dich auf sein Tempo, versuche mitzugehen. Aufmerksamkeit: EXTERNAL ENG.

Abb. 6. Auszug aus einem Aufmerksamkeitsregulations-Drehbuch.

Im vierten und letzten Schritt sollte man dieses Drehbuch lernen. Dabei werden die zunächst erwarteten, durch die Wahrnehmungsorgane eingehenden Informationen visuell vorweg genommen (siehe auch Kap. 6) und anschließend semantisch in Form eines Selbstdialoges mit den Kurzanweisungen verknüpft.[3] Im Verlauf des Erlernens dieses Drehbuches verkürzen Sie die einzelnen Informationen auf das „Wesentliche", also z. B.: „Start – Werksgelände – External und Internal weit" oder „Alte Oper – internal eng und external weit". Sie führen also im Vorfeld eines Rennens so etwas wie eine „Mentale Aufmerksamkeitsprogrammierung" durch. Ist dieses Drehbuch gut gelernt, verläuft die Aufmerksamkeitsregulation dann später im Rennen weitestgehend automatisch auf der Basis der einstudierten Kurzanweisungen.

3 Der Ultraläufer Bernhard Schöneck (Durchquerungen des Death Valley) hat einmal zusammen mit einem Psychologen versucht, ein auditives Psychotrainingsprogramm für Ultraläufer zusammenzustellen. Es verwendet ebenfalls solche Suggestionen, für die durch New-Age-Musik ein Zustand der Entspannung hergestellt wird. Laufspezifisch dabei ist, dass der Läufer sich Optimalzustände beim Laufen bildhaft vorstellt. Eines dieser Bilder lautet zum Beispiel: „Ich fühle mich leicht wie eine Feder". Schöneck hat sich Symbole für solche Bilder aufgezeichnet und sich unterwegs während des Laufes, erprobt beim 24-Stunden-Lauf, jeweils ein solches Symbol zeigen lassen. Er fand, dass ihm diese Suggestionen sehr geholfen haben (aus: Sonntag, W., 2000, in Ziemainz, Schmidt & Stoll (Hrsg.), S. 118).

Achtung:

Um im Rennen flexibel reagieren zu können, empfiehlt es sich, das Drehbuch nicht stur auswendig zu lernen. Mehr hierzu erfahren Sie im nächsten Abschnitt. Ein Problem kann in der Tatsache liegen, dass die erwarteten Informationen nicht in der vorher visualisierten Form eingehen bzw. es bleiben die erwarteten Körperreaktionen aus. Dann wäre man dieser Situation unvorbereitet und hilflos ausgeliefert. Viel wichtiger erscheint es uns, sich den Prinzipien der Aufmerksamkeitsregulation und ihrer Funktion bzw. Wirkung bewusst zu sein, um dann im Rennen, basierend auf vorliegende Anforderungen, entsprechend reagieren zu können. Das Drehbuch sollte lediglich eine „Lernhilfe" darstellen.

5.4 Achtsamkeit als eine Form der Aufmerksamkeit

Den Begriff Achtsamkeit findet man in der sportpsychologischen Literatur in den vergangenen Jahren immer häufiger. Was verbirgt sich nun dahinter und wie kann ich sie trainieren. Schauen wir dazu in das Buch von Kathrin Seufert zu Mentalen Trainingsformen im Schwimmen (vgl. Seufert, Ziemainz & Stoll, 2020). Hier wird dies aus unserer Sicht sehr gut beschrieben.

Seufert versteht Achtsamkeit als eine Form der Aufmerksamkeit. Hierbei geht es um eine Art der Konzentration, bei der man bewusst wahrnimmt, was im gegenwärtigen Moment ist, ohne es zu beurteilen. Ziel dabei ist es, ein kurzes Verweilen im Hier und Jetzt ohne die empfundenen Gefühle, Gedanke oder Wahrnehmungen zu bewerten. Macht dies Sinn bzw. wobei hilft mir dies? Durch das Achtsamkeitstraining erlernt man sich kurz vor dem „Showdown" sich in das Hier und Jetzt zu bringen, um alle Aufmerksamkeit bei sich zu haben. Weiterhin kann es das Ziel sein, automatisierte Verhaltensweisen aufzubrechen, um sie gegen wirksamere und/oder wohltuendere zu ersetzen. Doch auch bei Stress kann Achtsamkeitstraining hilfreich sein (vgl. Kap. 8). Durch die Wahrnehmung mit allen Sinnen und dem urteilsfreien aufnehmen, kann man sich neu ausrichten und Dinge im Nachhinein u. U. anders bewertet. Im und außerhalb des Sports wird Achtsamkeitstraining auch gerne verwendet, um nach einem stressigen (Arbeits-)Tag besser herunterzukommen.

Es schafft ein positiveres Wohlbefinden, die negativen/belastenden Gedanken abzuschütteln, indem man sich ein paar Minuten Zeit nimmt, den Gedanken freilaufen lässt, um einfach mal zu riechen, zu hören, zu schmecken und alles wertungsfrei auf sich wirken zu lassen (vgl. Seufert, Ziemainz & Stoll, 2020). Gerade nach harten Trainingstagen oder einem Wettkampftag kann ich so, die Aufmerksamkeit wieder in neue Bahnen lenken.

Für das Achtsamkeitstraining gilt daher folgender Merksatz:

Merksatz: Bewusst wahrnehmen, wertfrei beobachten, keine Beurteilung des Wahrgenommenen, keine unmittelbare Absicht!

5.5 Wie kann ich Achtsamkeit trainieren?

Übung: Atemgewahrsein

Ziel:	Versuch die ganze Zeit mit deinen Gedanken bei deinem Atem zu bleiben! Wann immer du bemerkst, dass deine Gedanken abschweifen, lenk sie wieder zurück auf die Atmung. Bleibe mit deinen Gedanken nur bei der Atmung, alles andere soll für den Moment aus dem Kopf verschwinden.
Dauer:	Diese Übung solltest du täglich 5-10 Minuten (gerne auch länger) durchführen.
Durchführung:	Leg dich auf bequem auf den Rücken oder setz dich bequem hin. Wenn du möchtest, kannst du die Augen für die Übung schließen.

Nun lenke deine ganze Aufmerksamkeit deinem Atem. Spür ganz genau wie du ein und ausatmest. Verfolge den ganzen Weg des Atems.
Beim Einatmen strömt er zunächst durch deine Nase, fließt weiter in den Brustkorb und geht bis tief in deinen Bauch. Um es noch deutlicher zu spüren, kannst du deine Hände auf deinen Bauch legen und die Bewegung auf und ab mit verfolgen.
Ebenso verfolgst du das Ausatmen und spürst wie sich Bauch und Brustkorb wieder senken.

Was noch zu beachten ist:

Die Atmung solltest du nicht kontrollieren und lenken. Sei eher ein Beobachter deines Atems und spüre ihn, ohne ihn bewusst zu leiten.
Neben der beschriebenen Übung zur Achtsamkeit darf beim Thema Aufmerksamkeit auch nicht vergessen werden, darüber nachzudenken, dass man diese bei jeder einzelnen Trainingsminute und selbstverständlich auch im Wettkampf bestmöglich in voller Intensität bündelt. Die schlechte Nachricht zuerst: Aufmerksamkeit ist nicht teilbar. Bleiben beim Training, die Gedanken an den Streit mit dem Partner präsent oder beim Job oder dem Studium, so kann das Training nicht mit der vollständigen Aufmerksamkeit ausgeführt werden. Und gerade im Schwimmen ist das schnell auffällig. Die Serie wurde vielleicht nur so runtergeschwommen, die Zeiten so gerade noch eingehalten oder der Fokus auf Technikdetails ist nicht präsent. Das was im Training möglicherweise noch ohne zunächst spürbare Konsequenzen bleibt, kann im Wettkampf schnell zur bitteren Realität werden. Bei sich zu bleiben und die Aufmerksamkeit auf das Rennen zu fokussieren ist dabei Ziel.

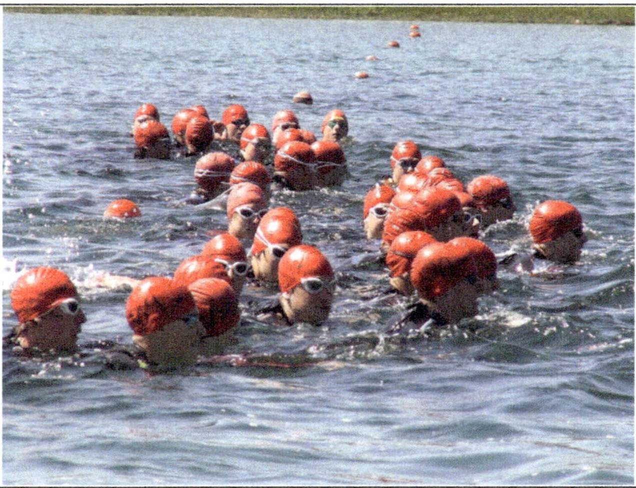

Bild 9. Der Kopf entscheidet (© Wolfgang Rentschler).

5.6 Das Gedächtnis – Vom Kodieren und Enkodieren von Wahrnehmungsinhalten

„Was hat Gedächtnis eigentlich mit Triathlon zu tun?", werden Sie nun fragen. Auf den ersten Blick ist das eine berechtigte Frage, nicht aber auf den zweiten Blick! Zum einen benötigen wir Gedächtnisinhalte, wenn wir Visualisieren, also bestimmte Ereignisse gedanklich vorwegnehmen wollen. Dazu müssen wir wissen, wie unser Gedächtnis arbeitet und wie man Informationen ablegt bzw. wieder abruft. Zum Zweiten benötigen wir Gedächtnisinhalte, wenn wir taktisch Handeln wollen. Bestimmte renntaktische Planungen hängen maßgeblich von Informationen ab, die wir in früheren Rennen oder in Trainingseinheiten gesammelt haben.

Unser Gedächtnis arbeitet eng mit den verschiedenen Aufmerksamkeitszuständen zusammen. Oder anders gesagt: Je nachdem, in welcher Phase der Aufmerksamkeitsregulation wir uns befinden, werden Informationen kodiert (abgespeichert) oder aber enkodiert (wieder aufgerufen). Ein frühes Gedächtnismodell behauptet, dass wir über mindestens drei (eher vier) verschiedene Arten von Gedächtnis verfügen. Erstens gibt es demzufolge das Ultrakurzzeitgedächtnis (das wäre vergleichbar mit dem, was Sie schon unter „selektiver Aufmerksamkeit" gehört haben). Hier werden Informationen nur Bruchteile von Sekunden behalten und je nachdem weiter in das Kurzzeitgedächtnis transportiert oder aber vergessen. Hier gelangen die Wahrnehmungsinhalte in ein sog. „Mittelzeitgedächtnis" und schließlich in das Langzeitgedächtnis, in dem Informationen ein Leben lang aufbewahrt und abgerufen werden können. Dieses Modell heißt aus diesem Grund auch „Multi-Speicher-Modell". Das Weitertransportieren von Wahrnehmungsinhalten von Speicherform zu Speicherform erfolgt diesem Modell zufolge über die einfache *sprachliche Wiederholung* dieser Inhalte. Hier erinnern Sie sich vielleicht noch daran, wie Sie früher einmal Vokabeln einer Fremdsprache gelernt haben. Dieses Modell behauptet, je öfter eine Information sprachlich wiederholt wird, desto weiter wird es von Speicherform zu Speicherform transportiert. Leider hat sich dieses Modell jedoch nur sehr unzureichend wissenschaftlich prüfen bzw. beweisen lassen. So schön einfach und zugänglich es auch ist und so sehr gerade Mediziner daran festhalten wollen, da dieses Modell auch über physiologische Korrelate erklärt werden könnte, so schlecht lässt es sich faktisch nachweisen. Neuere Modelle gehen davon aus, dass wir lediglich über zwei verschiedene Speichermodi verfügen (wahrscheinlich sogar nur über ein einziges). Der erste Speicher ist der Kurzzeitspeicher (indem in der Tat Selektionsvorgänge ablaufen). Der zweite Speicher ist der sogenannte „Arbeitsspeicher". Bei diesem Speicher handelt es sich weniger um eine einzelne Speicherform, sondern vielmehr um ein ganzes Speichersystem, das verschiedenartige Informationen (visuelle, akustische, u. U. auch rein motorische) mit Hilfe von verschiedenen sog. „Schleifen" (Loops) kurz-, mittel- und langfristig kodiert und bei Bedarf auch wieder enkodiert. Eine Reihe verschiedener experimenteller Untersuchungen aus der Kognitionspsychologie können dieses Modell gut replizieren (auch wenn es dazu kaum physiologische Korrelate gibt). Für den Praktiker am interessantesten jedoch ist die Tatsache, dass nicht etwa das reine verbale Wiederholen von Informationen zu guten Gedächtnisleistungen führt, sondern es ist vielmehr die Art der Analyse der Information, die maßgeblich dafür verantwortlich ist, wie gut gelernt wird. Informationen, die den Weg ins Arbeitsgedächtnis gefunden haben, werden zum einen hinsichtlich seiner physikalischen Eigenschaften und andererseits auch semantisch analysiert. Am besten werden die Informationen behalten, die eine semantische Kodierung erhalten haben, also auch tiefergehend inhaltlich analysiert wurden[4]. Nehmen wir an, dass Ihnen jemand während eines Triathlons auf der Radstrecke etwas vom Straßenrand aus zuruft, so wäre die rein physikalische Analyse dieses Reizes, die Erkenntnis, dass es sich um eine Stimme handelt, die etwas ruft. Eine tiefergehende semantische Analyse führt Sie zu der Erkenntnis, dass dies die Stimme Ihres Trainers ist, die Ihnen eine spezifische Information zu Ihren Abständen zu den Athleten vor Ihnen gibt. Die zumeist erste rein physikalische Analyse des Wahrnehmungsinhaltes ist also eher oberflächlich, die zweite, semantische Analyse erfolgt – wie schon gesagt – auf einer tieferen Verarbeitungsebene. Diese Tatsache hat diesem Modell auch seinen Namen gegeben. Es wird auch als Verarbeitungstiefen-Modell bezeichnet.

4 Zusätzlich spielt auch noch die emotionale Bewertung eine große Rolle beim Kodieren und Enkodieren von Informationen. Dies wird z. B. in der Tatsache deutlich, dass Sie sich am besten an Ereignisse zurück erinnern können, in denen Ihre Emotionen sehr stark betroffen waren (z. B. Geburt Ihres ersten Kindes oder das erstmalige Finishen beim Marathon). Auf diesen Punkt werden wir noch in den Kapiteln 7 und 8 näher eingehen.

5.7 ...und was hat das alles mit Triathlon zu tun?

Die Beantwortung dieser Frage fällt nun wirklich nicht mehr schwer. Wir wissen nun, dass unsere Aufmerksamkeit bestimmten Kapazitätsgrenzen unterliegt, so dass wir im Wettkampf damit haushalten müssen. Wir können uns also nicht ständig auf alles und jeden „konzentrieren“. Eine Form des „Haushaltens“ ist es, sich im Vorfeld eines Wettkampfes mit Situationen, die in dem Rennen erwartet werden, zu beschäftigen. Wir können dann – nicht starr nach Plan, aber mit Hilfe eines Leitfadens – relativ schnell und ökonomisch unsere Aufmerksamkeit regulieren (Drehbuch). Zur Regulierung der Aufmerksamkeit müssen wir auf bestimmte Reize aus der Umgebung und unseres Körpers achten bzw. aus Erfahrungen aus dem Umgang mit solchen Reizen profitieren. Diese Information ist in unserem Gedächtnis abgelegt (zumeist in Form von sprachlich oder bildlich kodierten Symbolen). Diese Informationen müssen verlässlich abgelegt sein und schnell zur Verfügung stehen. Dabei hilft es, wenn diese Informationen im Vorfeld nicht nur oft wiederholt wurden, sondern eben auch semantisch analysiert worden sind. Daraus ergeben sich für den Bereich Aufmerksamkeit und Gedächtnis folgende Handlungsempfehlungen:

1. Werden Sie sich Ihren Aufmerksamkeitsregulationsmechanismen bewusst. Testen Sie im Training die vier verschiedenen Formen: *Eng – Weit – Internal* und *External* in allen möglichen Kombinationen.
2. Lassen Sie nach Ihrer Trainingseinheit diese Formen der Aufmerksamkeitsregulation nochmals gedanklich Revue passieren. Wie haben sich die Oberschenkel am Bergaufsprint angefühlt? Was habe ich zu Beginn der Trainingseinheit alles wahrgenommen? Wie hoch war mein Puls auf dem Bergabstück und woran habe ich ansonsten gedacht?
3. Lassen Sie sich vor Ihrem nächsten wichtigen Wettkampf frühzeitig Unterlagen zur Strecke und zu erwarteten klimatischen Einflüssen zu kommen. Überlegen Sie, mit oder gegen wen Sie wettkämpfen wollen. Beschäftigen Sie sich dann intensiv mit Details.
4. Schreiben Sie Ihr Aufmerksamkeits-Regulations-Drehbuch. Bereiten Sie zwei oder drei Szenarien vor. Beim Schreiben des Drehbuchs, orientieren Sie sich an markanten Wegmarkierungen, die es Ihnen erlaubt, diese Information nicht nur verbal zu wiederholen, sondern auch semantisch zu verarbeiten (z. B. Alte Oper – Kilometer-Markierung 15: Bauen Sie sich „Eselsbrücken“: „Im Alter von 15 war ich das erste Mal in einer Oper“ oder „Ich war schon 15 Mal in der Oper“). Verbinden Sie dann die Selbstinstruktion (Internal weit – external eng) mit dem gespeicherten Wahrnehmungsinhalt.
5. Reduzieren Sie nach mehrmaligem Durchlesen Ihres Drehbuches die relevanten Informationen auf wesentliche Schlagwörter, Symbole oder Bilder.

6. Steht Ihre „Programmierung“ fest, trainieren Sie mental. Entspannen Sie – absolvieren Sie nun gedanklich das Rennen, vorbei an den gelernten Wegmarkierungen, sprechen Sie Ihre Selbstinstruktionen zunächst laut, später dann leise (gedanklich) mit. Dabei spielt es keine Rolle, ob Sie genau so lang visualisieren, wie das Rennen dauert. Beschränken Sie sich auf die entscheidenden Punkte (sogenannte Knotenpunkte). Versuchen Sie zu spüren, was die Aufmerksamkeitsregulation in Ihnen auslöst und welche weiteren Informationen Sie erhalten werden. Entscheiden Sie in Gedanken, was Sie als nächstes tun werden.
7. Wiederholen Sie diese Programmierung 4- bis 5-mal vor dem Rennen.

5.8 Fazit: Erfolgreiches „Taktisches Denken und Verhalten“

Lassen Sie uns dieses Kapitel mit einer Kurzdiskussion zum Thema „Taktik“ abschließen. Dies bietet sich an dieser Stelle an, weil wir nun über wichtige Informationen verfügen, die uns helfen, Taktik zu verstehen, taktisches Denken zu erlernen und taktisches Verhalten umzusetzen. Dabei muss allerdings ein wenig auf nachfolgende Abschnitte vorgegriffen werden. Der Begriff Taktik wird in der Sportwissenschaft

> „als ein System von Handlungsplänen und Entscheidungsalternativen verstanden, das Trainings- und Wettkampfverhalten so zu regulieren gestattet, dass ein optimaler sportlicher Erfolg möglich ist“ (Hohmann, Lames & Letzelter, 2002, S. 123).

Dabei sind die Handlungspläne mit den dazugehörigen Entscheidungsalternativen (verschiedene Szenarios) nichts anderes als Ihr Drehbuch mit seinen verschiedenen Alternativen (2 oder 3 Szenarios), die Sie sich für Ihre Wettkämpfe erarbeitet haben. Um diese Handlungspläne zu gestalten, müssen Sie auf gespeicherte Wahrnehmungsinhalte, auf bereits erfahrene oder unter Umständen beobachtete Situationen zurückgreifen. Dabei sollten Sie möglichst flexibel mit den von Ihnen vorbereiteten Szenarios umgehen. Behandeln Sie die Informationen, die Sie für weitere Rennentscheidungen benötigen im Sinne von „Wenn-Dann-Feststellungen“. Damit ist gemeint, dass Sie sich für jede im Wettkampf erwartete Situation verschiedene Lösungsszenarios überlegen (z. B. wenn Triathlet XX schon zu Beginn der Radstrecke sehr schnell an Dir vorbeizieht, dann bleibe ruhig und kontrolliere Dein Tempo, versuche Ihn aber nicht aus dem Blickfeld verschwinden zu lassen).
Die Speicherung dieser Lösungsmöglichkeiten sollte möglichst über eine semantische Analyse der Informationen erfolgt sein. Hierbei helfen Visualisierungs- und Selbstkonfrontationstechniken. Über eine optimale Aufmerksamkeitsregulation können einerseits neu einströmende Wahrnehmungsinhalte mit bekannten bzw. geplanten Handlungsstrategien so kombiniert werden, dass ein optimales Handlungs- bzw. Rennergebnis herauskommt. Taktisches Denken bezeichnet also die besondere Fähigkeit des Sportlers im Wettkampf, eigene und fremde Entscheidungsalternativen

und Handlungspläne aufeinander zu beziehen und situativ die für den eigenen Erfolg optimale Entscheidung zu treffen. Diese Fähigkeit kann man mit Hilfe der hier dargestellten Mentalen Trainingsformen gut entwickeln.

5.9 Weiterführende Literatur

Brewer, B. W. (Eds.). (2009). *Sport Psychology.* Oxford: Blackwell.

Draksal, M. (2003). *Praktische Sportpsychologie.* Leipzig: Draksal.

Lutz, H. (2017). *Life Kinetik: Bewegung macht Hirn.* Reinbek: Rowohlt.

Rasche, F. (2011). *Sportpsychologie im Triathlon.* Hamburg: spomedis.

Stoll, O., Pfeffer, I. & Alfermann, D. (2010). *Lehrbuch Sportpsychologie.* Bern: Huber.

Weinberg, R. S. & Gould, D. (2007). *Foundations of Sport and Exercise Psychology.* Champain, IL: Human Kinetics.

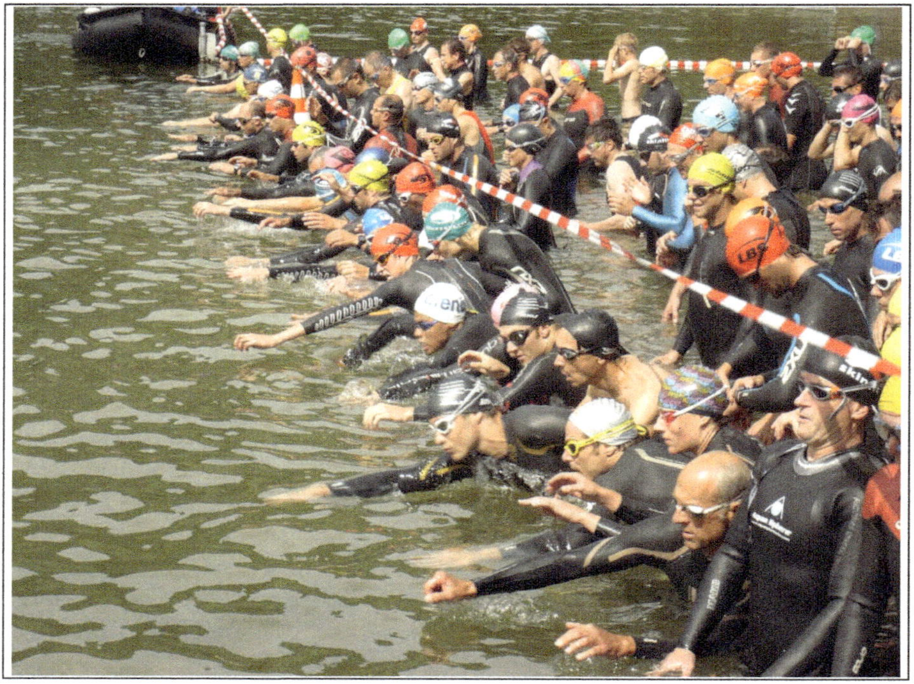

Bild 10. Taktische Aufstellung (© Wolfgang Rentschler).

6 Visualisierung und Mentales Training

Vielleicht haben Sie so etwas schon einmal erlebt. In der Zeit, als Sie noch nicht gelaufen, geschwommen und Rad gefahren sind, haben Sie Sonntagmorgens in der Stadt, in der Sie wohnen, durch Zufall den Verlauf eines Triathlons sehen können. Sie konnten in diese entschlossenen Gesichter sehen und die Leichtigkeit dieser ausdauernden Bewegung beobachten. Da waren Tausende von Zuschauern, die den Triathleten zugeschaut und sie angefeuert haben. Und da dachten Sie: „Das möchte ich auch einmal erleben!". Am liebsten wären Sie gerade jetzt auf die Strecke gegangen und hätten mitgemacht. Nachdem Sie den Entschluss gefasst haben, im kommenden Jahr bei diesem Triathlon mitzumachen, haben Sie mit dem Training begonnen. Und da waren immer wieder diese Bilder! Manchmal im Traum, manchmal haben Sie diese auch bewusst herbeigeführt. In ihrer Vorstellung haben sie den Triathlon schon gefinisht.
Wie wir mittlerweile aus der Psychologie wissen, kann unsere Vorstellung bewusst und unbewusst unser Handeln beeinflussen. Auch im sportlichen Bereich können wir unsere Erfolge dadurch beeinflussen in dem wir die Fähigkeit erlernen, im Geist etwas zu erzeugen, was wir bislang noch nicht erreicht haben. Sind wir dazu nicht in der Lage oder sind unsere Vorstellungen nicht präzise genug bzw. schwerfällig und inaktiv, wird uns ein Leistungsfortschritt immer schwerfallen. Dabei spielt es überhaupt keine Rolle, wie hoch Ihre sportlichen Ambitionen angesiedelt sind. Eines steht aber fest: Sie sollten sich, bevor Sie das Vorhaben in die Tat umsetzen wollen, im Geist schon viele Male an Ihrem Zielpunkt befunden haben. Peter Terry, ein bekannter Sportpsychologe, schreibt dazu:

> „Denn wenn Sie sich die Ziele nicht vorstellen können, wie können Sie dann hoffen, sie jemals zu erreichen? Um Ihr wahres sportliches Potential entfalten zu können, ist es notwendig, die Kontrolle über Ihre schöpferische Vorstellungskraft zu übernehmen und sie zu Ihrem Vorteil einzusetzen" (Terry, 1989, S. 52).

Visualisierung und Mentales Training können dazu beitragen, Fertigkeiten und Fähigkeiten weiter zu entwickeln. Bevor wir jedoch fortfahren, müssen in diesem Zusammenhang beide Begriffe geklärt werden, um Missverständnissen vorzubeugen. In der Vergangenheit wurden die Begriffe Visualisierung und Mentales Training oft synonym benutzt. Das hängt damit zusammen, dass amerikanische Sportpsychologen zu allen Methoden der psychischen Leistungsoptimierung „Mental Training" sagen, während im deutschsprachigen Raum der Begriff „Mentales Training" von dem Psychologen Volpert (1977) stringent definiert wurde und sich inhaltlich deutlich von anderen Mentalen Trainingsformen (wie z. B. Selbstgesprächsregulation) abgrenzt.

6.1 Was bedeutet Visualisierung?

Der Begriff der Visualisierung ist, zumindest wenn man sich bei Sportveranstaltungen so umhört, ein oft verwendeter Terminus in Diskussionen oder informellen Gesprächen. Damit der im nachfolgenden Text verwendete Terminus richtig verstanden wird, erlauben Sie uns einige grundsätzliche Anmerkungen.
Der Begriff der Visualisierung, so wie er in diesem Kontext verwendet wird, soll im Sinne von Visualisierung als psychischer Prozess verstanden werden, als eine bestimmte Technik im Gegensatz zu Mentalem Training (ein sportpsychologisches Trainingsverfahren (vgl. Kap. 7.3), welches die Technik des Visualisierens nutzt). Andere Psychologen umschreiben Visualisierung als „Sprache des Gehirns" und sehen darin einen zentralen Punkt in den Kognitionswissenschaften.

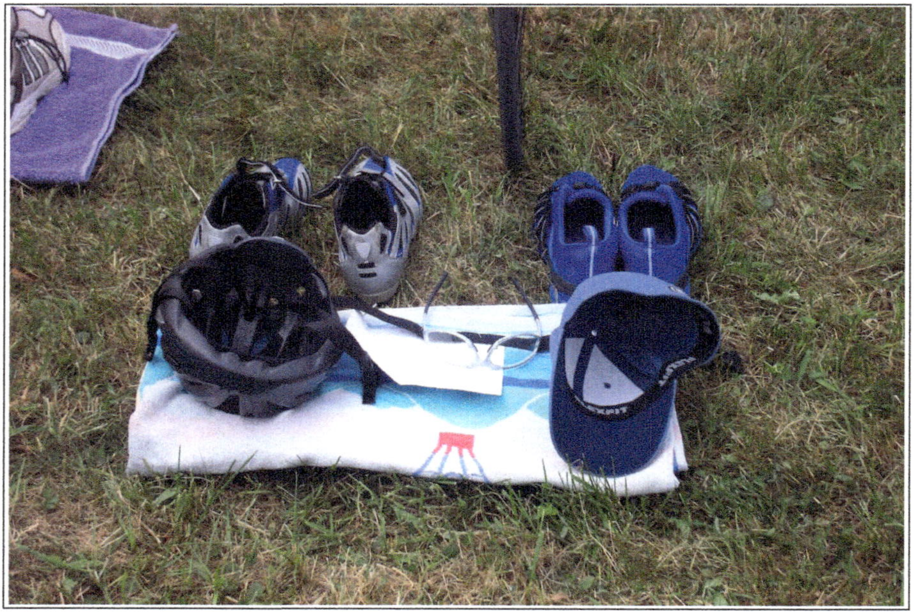

Bild 11. Alles bedacht? (© Wolfgang Rentschler).

Im weiteren Verlauf soll nun die Durchführung einer Visualisierungssitzung beschrieben werden.

6.2 Zur Durchführung von Visualisierung

Am Beispiel einer „typischen“ Wechselsituation Rad/Lauf soll zunächst die Durchführung einer Visualisierungssitzung dargestellt werden.

> „Sie sind wieder völlig entspannt und vergegenwärtigen sich folgende (oder eine andere für Sie zutreffende) Szene: Es ist der Wettkampf in diesem Jahr, die Vereinsmeisterschaft, und Sie haben gute Chancen, ganz weit vorne zu landen. Es kommt dabei aber sehr stark auf einen zweiten guten Wechsel und den abschließenden Lauf an. Über der Wechselzone liegt eine fast fühlbare Spannung. Ihre Fans feuern Sie an, aber auch Ihre Gegner bekommen lautstarke Unterstützung. Es ist ein faires Publikum. Es ist warm, ja heiß – Sie mögen diese Hitze. Sie steigen vom Rad und Laufen zu Ihrem Wechselplatz. Sie waren ein-, zweimal unkonzentriert, haben aber jetzt Ihren Fokus wiedergefunden. Sie haben nach kleineren Wirren Ihre Schuhe gefunden. Ihre Gegner, Peter und Fritz, sind heute ausgesprochen stark. Doch Sie lassen sich nicht irritieren. Im Gegenteil: Gute Gegner fordern Sie geradezu heraus. Sie laufen zu Ihrer Bestform auf. Sie konzentrieren sich auf das Anziehen Ihrer Schuhe. Sie finden sich beim Anziehen der Schuhe sofort zurecht und Sie sind ganz ruhig. Es läuft alles glatt und Sie kommen vor Ihrem Vereinskollegen aus der Wechselzone. Nun gilt es den Rhythmus zu finden. Sie konzentrieren sich auf hohe Schrittfrequenz und einen stabilen Rumpf!“

Ein Beispiel für eine Visualisierungssitzung, welches deutlich macht, dass es dem Athleten zu gelingen scheint, sich die wirklich elementaren und wichtigen Teile von Situationen oder taktischen Entscheidungen vorzustellen.

> „Die Kunst des Visualisierens ist eine der wirksamsten mentalen Trainingsstrategien, die aktiven Athleten zur Verfügung steht. Visualisieren ist nichts anderes als das systematische Trainieren, starke, positive geistige Bilder in sich hervorzurufen und zu verstärken“ (Loehr, 1991, S. 109).

Jim Loehr nennt es auch „Programmieren von positiven Vorstellungsbildern“. Das Visualisieren scheint sich demnach als eine außerordentlich effektive Trainingstechnik darzustellen, um geistig-seelische Wünsche in körperliche Leistung umzuwandeln. Loehr schreibt weiterhin:

> „Visualisieren ist der Vorgang, im Geiste Bilder zu erzeugen. (...) Es ist ganz einfach die Anwendung der Phantasie, der Vorstellungskraft, man sieht mit dem geistigen Auge. Es ist die Re-Kreation, die Wiedererschaffung eines vergangenen Erlebnisses durch geistige Vorstellungsbilder“ (Loehr, 1991, S. 110).

So wie der Begriff hier verwendet wird, bedeutet es, dass Gefühle, Sinneswahrnehmungen und Emotionen wiedererschaffen werden können, welche diese Bilder begleiten. Visualisierung stellt somit die geistige Rekonstruktion einer Erfahrung, eines Erlebnisses dar.

Besonders interessant scheint dabei zu sein, dass man die Bedingungen eines Wettkampfes im Geist viel genauer simulieren kann als mit physischem Training (vgl. Loehr, 1991, S. 111). So kann *geistig* immer wieder gegen die gleiche Person oder die gleichen Personen ein Wettkampf bestritten, Besonderheiten von taktischen Maßnahmen eingeübt und eine Vielzahl von Bewegungen fortwährend trainiert werden. Diese Aspekte der Visualisierung werden speziell beim Trainieren adäquater Selbstinstruktionen innerhalb des Leipziger Stressbewältigungstrainings noch von Bedeutung sein.

Viele Athleten wissen wie wichtig es ist, mental vorbereitet zu sein, um einen guten Wettkampf zu bestreiten, aber sie sind sich häufig unklar darüber, was das eigentlich bedeutet. Auf einen Wettkampf mental vorbereitet zu sein bedeutet, „niemals von irgendetwas überrascht zu sein“ (Loehr, 1991, S. 111). Ein Athlet, der von unvorhergesehenen Situationen überrumpelt wird, gerät dieser Meinung folgend immer wieder in Schwierigkeiten. Um einen solchen Überraschungseffekt weitestgehend auszuschließen, empfiehlt es sich, geistig erfolgreiche Lösungen von Situationen zu proben, die während eines Spiels bzw. Wettkampfes eintreten können. Das bedeutet natürlich auch, dass entsprechende Erfahrung mit dem Visualisieren gemacht werden sollten und es letztendlich darüber gelingt, Leistung zu optimieren.
Als wichtige Voraussetzungen für Visualisierung und für den letztendlichen Erfolg der Visualisierungssitzung sind folgende Punkte zu nennen:

1. Jeder unterscheidet sich in seiner Fähigkeit des Visualisierens. Findige können sich ein sehr klares Bild in allen seinen Einzelheiten machen. Andere können nur sehr wenig „sehen“ und erleben.
2. Die Fähigkeit zu visualisieren ist eine erlernte Fertigkeit. Je mehr sie trainiert wird, umso besser wird man darin.
3. Das Visualisieren ist eine der wirkungsvollsten Techniken, die man anwenden kann, um Selbstkontrolle, Selbstvertrauen und mentale Stärke im Sport zu erlernen.
4. Die Kunst des Visualisierens verkörpert hinsichtlich des Leistungsvermögens das Bindeglied zwischen dem Geist und dem Körper. Diese Technik ist die wirkungsvollste Form der Kommunikation zwischen geistigen Vorstellungen und körperlicher Leistung.

Unter welchen Bedingungen hat Visualisierung die stärkste Wirkung?

- Wenn man sich an einem ruhigen Ort befindet, frei von jeglicher Ablenkung.
- Wenn das Gemüt und die Sinne ausgeglichen sind und der Körper entspannt ist.
- Wenn Gefühle, Gedanken und Wünsche oder Sehnsüchte beiseitegelegt werden können, die keinen Bezug zu dem geistigen Vorstellungsbild haben.
- Wenn in Farbe visualisiert wird.
- Wenn in so vielen Einzelheiten wie möglich visualisiert wird.
- Wenn man sich die eigenen Sinne zunutze machen kann: Riechen, Tasten, Fühlen und Hören.
- Regelmäßige Wiederholung und Übung.

Gerade der letzte Punkt scheint die entscheidende Komponente für den Erfolg oder Misserfolg der Visualisierungssitzung darzustellen und bedarf dementsprechend einer regelmäßigen Durchführung bzw. Integration in das Training.
In der vorliegenden Fachliteratur werden zwei unterschiedliche Techniken der Visualisierung beschrieben, die beide sehr unterschiedliche Ergebnisse hervorrufen. Eine Methode ist, in der Vorstellung der Darsteller zu werden. Dies bezeichnet Jim Loehr

mit *subjektiver Visualisierung*. Hierbei werden Bewegungen in der Vorstellung ausgeführt und geistig das Resultat erfühlt. Bei der subjektiven Visualisierung sind die Muskeln in derselben Reihenfolge aktiviert, die bei einer tatsächlichen physischen Ausführung beteiligt wären. Dies ist eine ausgezeichnete Methode, sportmotorische Fertigkeiten einzustudieren.

Die andere Visualisierungsmethode verlangt, dass man selbst zum Beobachter wird. Mit dieser Methode der *objektiven Visualisierung* schaut man auf sich, als betrachtet man sich selbst in einem Film.

Zur Frage, welches Verfahren nun zu bevorzugen ist, sei auf die Untersuchungen von Kollegen Barr und Hall sowie Mahony und Avener verwiesen. Die stellten fest, dass Elitesportler in höherem Maße subjektive Visualisierung nutzen als Hobbysportler oder Anfänger, was natürlich letztendlich noch nichts über die Effektivität des Verfahrens aussagt.

Die dargestellten Ausführungen sind nur zu einem geringen Teil wissenschaftlich belegt. Es bleibt weiterhin die Forderung nach entsprechenden Untersuchungen, um weiterführende Hinweise auf die Wirksamkeit von Visualisierung zu bekommen. Für den Bereich des Mentalen Trainings und dessen Auswirkung auf die Verbesserung motorischer Fertigkeiten liegen bereits entsprechende empirische Befunde vor (z. B. im Golf und im Basketball). An dieser Stelle soll allerdings nicht näher darauf eingegangen werden, und wir verweisen auf die im Anhang aufgeführte Literatur. In den nachfolgenden Abschnitten werden nun einige Interventionsverfahren vorgestellt, die alle die Form der objektiven Visualisierung in den Verfahrensansatz integrieren und diese Form meist mit bestimmten Entspannungsverfahren kombinieren.

Visualisierungstechniken lassen sich zusammenfassend auf drei Ebenen ansiedeln (siehe Abb. 7):

1. *Innere Wahrnehmung (subjektive Visualisierung):* Diese Form der Visualisierung setzt voraus, dass ein Sportler in der Lage ist, seine Tätigkeitsausführung sowie die Umwelt, die um ihn herum existiert, im Geist nachzuvollziehen, als ob er seine Tätigkeit in diesem Moment in der Realität ausüben würde. Ein Cross-Läufer wäre beispielsweise in der Lage, den Untergrund des Waldes, jede Wurzel, die er während seines imaginären Laufes passiert, sich vor seinem inneren Auge vorzustellen. Hierbei sieht der Läufer die Welt aus der „Ich-Perspektive“, als wären seine Augen Kameras.

2. *Äußere Wahrnehmung (objektive Visualisierung):* In dieser Form der Visualisierung ist der übende Sportler eine dritte, praktisch neutrale Form, die ihn gerade beobachtet. Der Sportpsychologe Peter Terry nennt diese Form auch die „Dritte-Person-Visualisierung“, bei der der Sportler vorübergehend aus sich heraustritt, um sich und die Ausführung seiner Sportart zu beobachten. In dem eben geschilderten Beispiel könnte unser Cross-Läufer sich selbst in einer leicht vornübergebeugten Haltung zwischen den Bäumen herumlaufen und Wurzeln überspringen sehen. Dies ist unter den Athleten die am meisten verwandte Methode der Visualisierung.

3. *Kinästhetisch:* Diese Methode der Visualisierung bezieht den Körper voll mit ein. Dabei sieht der Sportler nicht nur sich und/oder seine Umwelt, sondern kann auch die Spannung der Muskeln und den Druck auf die Füße spüren, während er z. B. eine Wurzel überspringt.

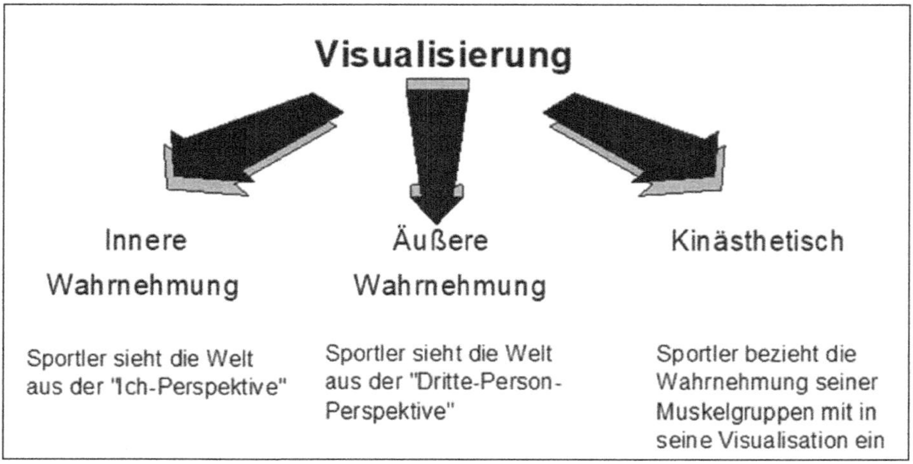

Abb. 7. Visualisierung und seine Formen (in Anlehnung an Terry, 1989).

6.3 Was ist „Mentales Training"?

Unter „Mentalem Training" versteht Hans Eberspächer „... das planmäßig wiederholte bewusste Sich-Vorstellen einer sportlichen Handlung ohne deren gleichzeitige praktische Ausübung" (1995, S. 74, in Anlehnung an Volpert, 1977). Dabei unterscheidet er drei Möglichkeiten mental zu trainieren (Abb. 8).

1. *Das Subvokale Training,* das darin besteht, dass der Sportler den Bewegungsablauf per Selbstinstruktion vorsagt.
2. *Das Versteckte Wahrnehmungstraining (objektive Visualisierung).* Dabei versucht der Athlet sich vor seinem geistigen Auge den Bewegungsablauf vorzustellen. Dies ist vergleichbar mit dem Anschauen eines Videos oder Films über seine eigene Bewegung. Man sieht sich also von der Außenperspektive. Dieses Training ist bedeutungsgleich mit dem Training über äußere Wahrnehmung bei Terry.
3. *Ideomotorisches Training (subjektive Visualisierung).* Diese Art des Mentalen Trainings entspricht in etwa dem Training der inneren Wahrnehmung bei Terry. Im Gegensatz zum Betrachten aus der Außenperspektive, versucht der Sportler sich intensiv mit der Innenperspektive seiner Bewegung auseinanderzusetzen. Wichtig ist vor allen Dingen, dass man die Fähigkeit erlangt sich wirklich in den

Bewegungsvorgang und den damit verbundenen Prozessen und Wahrnehmungen hineinzuversetzen.

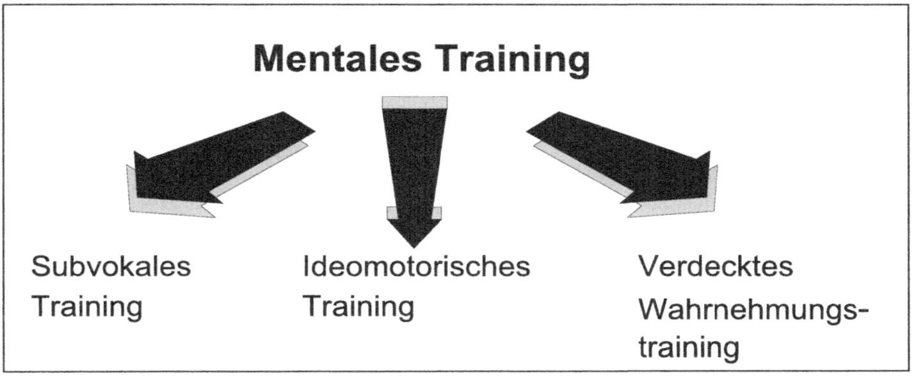

Abb. 8. „Mentales Training" nach Eberspächer (1995).

Schaut man sich die Ausführungen von Eberspächer und Terry an, so fällt beim ersten Blick kaum ein Unterschied auf. Oder anders gesagt, was Eberspächer unter Mentalem Training versteht, ist weitestgehend im Visualisierungsbegriff von Terry enthalten. Diese kurzen theoretischen Ausführungen sollten nur dazu beitragen, dass im Alltagsverständnis und im Gespräch zwischen Triathleten zu diesem Thema darauf geachtet werden sollte, worüber man sich austauscht.
Eberspächers Ausführungen sind insofern etwas detaillierter, da er mit seinem Modell gleich Trainingsempfehlungen verknüpft: So empfiehlt er für Sportler gerade zu Beginn, um den Einstieg in das Mentale Training zu erleichtern, sich mit dem Subvokalen Training zu befassen. Es bietet zunächst einmal einen guten Einstieg, da sich das Ideomotorische Training sowie das Verdeckte Wahrnehmungstraining als komplexer darstellen und einige Vorerfahrung benötigt wird, bis sie effizient eingesetzt werden können. Ziel des Mentalen Trainings ist die Fähigkeit zu erlernen, sich in einen psychischen Zustand zu versetzen, der es dem Triathleten ermöglicht, unter allen Bedingungen sich seine eigenen realistischen Leistungsziele vorzustellen und so entfalten zu können. Damit wird aus einem Mittelklassetriathleten nicht sofort ein Weltklassetriathlet. Es gelingt ihm jedoch durch die Anwendung von Mentalem Training, diese Zeit unter allen, auch schlechten Umständen und unter Einfluss vieler Störvariablen sicher und stabil zu laufen.
Der Einsatz dieser Techniken ist in anderen Bereichen auch unter dem Begriff „Modelling" bekannt. In diesem Zusammenhang werden Visualisierungstechniken oft in der Rehabilitation benutzt, um Heilungsverläufe zu beschleunigen.

6.4 Wann ist Mentales Training sinnvoll?

Mentales Training zu üben und auszuführen ist nur unter bestimmten Bedingungen sinnvoll und effizient. Damit Mentales Trainieren den gewünschten Erfolg zeigt, müssen bestimmte Voraussetzungen vorliegen.

1. Es ist sehr wichtig, dass, bevor man mit Mentalem Training beginnt, ein absoluter Entspannungszustand beim Athleten vorliegen sollte. Der Kopf muss „frei“ sein. Störende Gedanken, die Sie ablenken könnten, müssen gestoppt werden. Sie müssen in der Lage sein, sich voll zu konzentrieren.
2. Mentales Training ist erst dann sinnvoll, wenn Sie schon eine gewisse Eigenerfahrung mit der auszuführenden Bewegung und den begleitenden Umständen haben. Sollten Sie Ihr Ziel noch nicht genau kennen oder haben Sie nur eine vage Vorstellung von der zu lösenden Aufgabe, dann ist es sehr schwierig, mit Visualisierungstechniken zu arbeiten, weil man die Bewegung noch nicht gut beherrscht, und weiterhin können Sie sich mit Vorstellungstechniken so stark mit der Aufgabe identifizieren, dass Sie übermotiviert in ein Rennen gehen und dann Gefahr laufen zu überziehen.
3. Damit hängt natürlich eng zusammen, dass die Bewegungsvorstellung sich nur an real zu erreichenden Zielen orientieren darf. Ein 3:30-Marathonläufer, der Vorstellungstechniken auf eine 2:45er-Zeit hin nutzt, läuft Gefahr, im Wettkampf zu überziehen und eine bittere Enttäuschung hinnehmen zu müssen.
4. Die besten Ergebnisse werden erreicht, wenn Mentales Training zusammen bzw. in Abwechslung mit motorischem Training ausgeübt wird. Für einen trainierenden Läufer bietet es sich daher an, zunächst eine Trainingseinheit, z. B. im Wald zu absolvieren und bestimmte Teilstrecken (z. B. Anstiege = Knotenpunkte) bewusst temporeguliert zu laufen. Nach der Trainingseinheit sollten die „Knotenpunkte“ noch einmal visualisiert werden.
5. Dabei ist es wichtig, dass man eine ausgeprägt lebhafte Vorstellungskraft entwickelt. Visualisierung kann demnach so weit gehen, dass man während der Ausführung von Mentalem Training entsprechende Formen, bestimmte Gerüche oder besondere Geräusche wiedererkennt.
6. Auch beim Mentalen Training können Störungen auftreten. Es kann während der Ausübung von Mentalen Training dazu kommen, dass man in der Bewegung „hängenbleibt“ oder bestimmte, wichtige Bewegungsphasen überspringt. Vorkommen kann auch, dass sich bestimmte Bewegungssequenzen ständig wiederholen oder man die Vorstellung einfach verliert und beginnt, an etwas anderes zu denken. In diesem Fall ist es wichtig das Mentale Training mit verbalen Selbstinstruktionen zu unterstützten. Aus diesem Grund sei noch mal darauf hingewiesen: Anfänger sollten zunächst mit dem subvokalen Training beginnen und erst mit einiger Übung zum verdeckten Wahrnehmungstraining oder dem ideomotorischen Training übergehen.

Besonders sinnvoll erscheint die Anwendung Mentalen Trainings im Triathlon um die Umsetzung taktischer Maßnahmen (z. B.: „Vorbeilaufen an einem Gegner am Berg" oder „das Abwarten des Überholvorgangs bis die Kurve durchlaufen ist" sowie „die Beobachtung von Gegnern", „das Überprüfen von durchlaufenen Zwischenzeiten" oder „die Bewältigung kritischer Situationen") geistig zu trainieren. Weiterhin kann das Verfahren zur Technikoptimierung für die Teildisziplinen Schwimmen, Rad, Lauf und die Wechsel genutzt werden (vgl. Ziemainz, Stoll & Adler, 2003).

6.5 Lernstufen des Mentalen Trainings

Um wieder auf unseren Kollegen Hans Eberspächer zurückzukommen, der ein ausgezeichnetes, praxisnahes Handbuch zum Mentalem Training veröffentlicht hat, möchten wir die 4 Stufen des Mentalen Trainings, bezogen auf triathlonspezifische Beispiele, darstellen (vgl. Abb. 9), um daran anschließend einen Mentalen Trainingsplan in 8 Schritten für Triathleten abzuleiten.

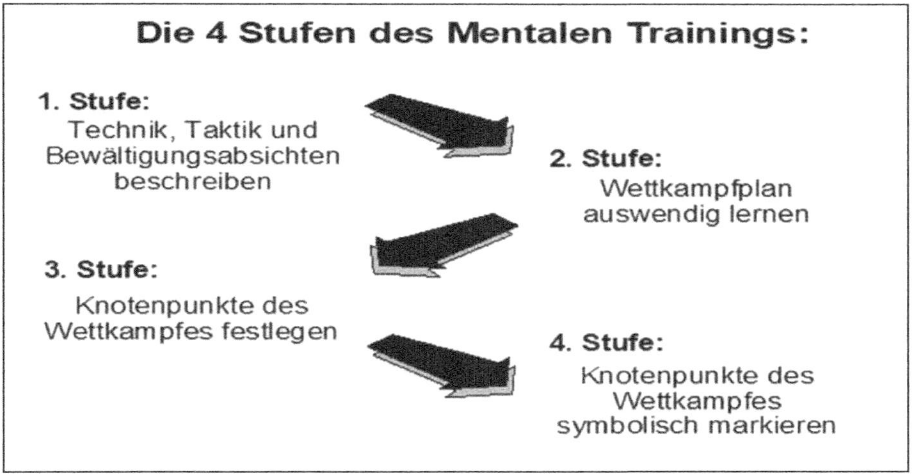

Abb. 9. Die 4 Stufen des Mentalen Trainings (modifiziert nach Eberspächer 1995).

1. Stufe: Zu Beginn sollte ein Triathlet den Wettkampf sowie seine taktischen Pläne und Bewältigungsabsichten (vgl. Kap. 6) nachvollziehbar beschreiben, d. h. in Worte fassen und evtl. auch aufschreiben. Dies ist wichtig, damit ein Trainer oder Betreuer kontrollieren kann, inwieweit die Vorstellungen des Athleten präzise genug und realistisch sind.

2. Stufe: Diese Bewegungs- und Ausführungsbeschreibung wird dann auswendig gelernt, damit der Sportler in der Lage ist, sich diesen Bewegungsablauf subvokal, also per Selbstgespräch zu vergegenwärtigen.

3. Stufe: Wichtig! Erst mit der dritten Stufe beginnen, wenn die Forderungen der Stufen 1+2 realisiert sind! In dieser Stufe versucht der Athlet den Bewegungs- und Ausführungsablauf zu systematisieren, um sich so eine vorgegebene Struktur zu verdeutlichen. Dabei hebt der Übende bestimmte wichtige Situationen für einen bestimmten Wettkampf besonders hervor. Diese Situationen nennen wir Knotenpunkte. Die Knotenpunkte könnten beispielsweise bestimmte Zwischenzeiten sein, die man erreichen möchte, um eine persönliche Bestzeit zu erzielen oder besondere Orte, die sich für einen Überholvorgang bestens eignen.

4. Stufe: Die Knotenpunkte sollten in Ihrem Geiste eine besondere Markierung erhalten. Diese symbolischen Markierungen erleichtern es, entsprechende Knotenpunkte in Kurzform zusammenzufassen und damit können relativ problemlos die Knotenpunkte während der Bewegungsausführung abgerufen werden.

6.6 Mentales Trainieren

Ihr mentales Trainingsprogramm für einen Wettkampf könnte folgende Schritte aufweisen:

- Wählen Sie sich einen wichtigen Wettkampf in Ihrer Saisonplanung aus. Orientieren Sie sich dabei an einem Wettkampf, dessen Strecke Sie schon kennen und wo Sie bekannte Gegner erwarten.
- Schreiben Sie sich genau Ihren taktischen Zeitplan auf, den Sie sich vorgenommen haben. Vergegenwärtigen Sie sich Ihre Gegner mit ihren Stärken und ihren Schwächen. Vergessen Sie auch nicht Ihre inneren Empfindungen aufzuschreiben.
- Nutzen Sie die kommenden Tage, um dieses „Minidrehbuch" zu lernen sowie sich den Wettkampfverlauf genau einzuprägen. Wenn Sie das Gefühl haben, dass die Vorstellung so intensiv ist, dass Sie glauben, real im Wettkampf zu sein, dann ist es genau richtig.
- Wenn Sie in der Lage sind, dieses innere „Minidrehbuch" exakt zu durchlaufen, suchen Sie die für Sie entscheidenden Punkte, die Ihren taktischen Plan dominieren und versuchen Sie diese zu isolieren. Filtrieren Sie außerdem die Stellen des Wettkampfes, an denen Sie kritische Situationen erwarten. Versuchen Sie, in Gedanken zu genau diesen Punkten zu springen. Üben Sie dieses verkürzte Drehbuch, bis Sie es optimal beherrschen.
- Versuchen Sie die Knotenpunkte symbolisch zu markieren. Diese Markierungen können Zahlen (z. B. „eins", „zwei" und „drei") sein oder auch bestimmte Selbstinstruktionen (wie z. B. „Jetzt Tempo anziehen" oder „Raus aus der Kurve und vorbei"). Unterstützt durch diese Kurzformeln, versuchen Sie nun einen Rhythmus und eine Struktur in Ihren imaginären Wettkampf zu bringen.

- Versuchen Sie dieses Mentale Training durch 3- bis 5maliges Üben zu stabilisieren. Solange noch Störungen oder Probleme auftreten, bleiben Sie bei diesem Schritt.
- Kombinieren Sie nun praktisches und mentales Trainieren.
- Trainieren Sie nun konsequent mental in Ihrer Vor- und Nachwettkampfphase, aber auch während der Wettkampfausführung.

6.7 Visualisierungsübung in Vorbereitung auf einen Triathlonwettkampf

Die Ausübung von Subvokalem, Verdecktem Wahrnehmungs- und Ideomotorischem Training ist zu Anfang bestimmt schwierig. Wo soll man anfangen mit dem Training, wie sieht dies in der Realität aus? Als Beispiel möchten wir exemplarisch die Anwendung von Visualisierungstechniken in der Vorbereitung auf einen Ironman darstellen. Wir gehen davon aus, dass der Athlet sich auf eine Endzeit unter 10 Stunden vorbereitet und die eben geschilderten Schritte 1 bis 6 schon ganz gut beherrscht. Achten Sie darauf, wann unser Athlet Schlüsselszenen (Knotenpunkte) erlebt und wie er vorhat, mit diesen Situationen fertig zu werden. Mit diesem Beispiel haben wir uns weitestgehend wörtlich an die Ausführungen aus dem Buch von Porter und Foster (1988) gehalten. Wir haben die Knotenpunkte *kursiv* hervorgehoben.

„Der Anfang eines Ironmans! Luftballons und Transparente sind zu sehen, Farben und Lärm um Sie herum. Sie stehen in der Menge der Triathleten. Sie können hören, wie sie zueinander sprechen, und Sie können ihre Anwesenheit und ihre Aufgeregtheit riechen. Deutlich können Sie den Geruch von Neopren und dem Wasser, in das die Menge gleich stürzen wird, wahrnehmen. Einige der Leute schreien, lächeln oder reden, und einige sind still. Sie strecken sich, spüren die Straffheit, die Bereitschaft in Ihren Muskeln. Es ist ein bewölkter Tag, kühl, mit einer leichten Brise, die Ihr Haar bewegt und die Blätter in den Bäumen rascheln lässt, welche am Rand des Sees stehen. Sie spüren die Erregung in Ihrem Magen. Sie atmen einige Male tief ein und blicken hinab auf Ihre Füße. Für einen Moment ist es still – die Startpistole ertönt – und alle setzen sich in Bewegung.

Ihre Hände fangen an, ein Gefühl fürs Wasser zu bekommen, jemand stößt Sie beim Vorbeischwimmen. Seien Sie sich Ihrer Gefühle bewusst, als zwei oder drei Triathleten Sie überholen, die ihr eigenes Tempo finden. Sie wissen, dass Sie 10 h vor sich haben und Sie sind sich Ihres Zieles bewusst. Achten Sie darauf, wie sich Ihr Körper fühlt und welches Ihre Worte sind, die Sie zu sich sprechen, als Sie die Markierung des ersten Schwimmkilometers passieren. Sind Sie voll im Zeitplan? Oder etwa zu schnell angegangen? Sie spüren das Wasser an Kopf und Hand, während Sie weiter versuchen, einen guten Rhythmus zu schwimmen und Sie fangen an, sich aus der Menge herauszulösen.

Sie überholen jemanden und dann noch jemanden, als Sie das Ende der 3,8 km langen Schwimmstrecke erreichen. Achten Sie auf Ihre Atmung. Was machen Ihre Beine? Nehmen Sie nur Notiz davon und lassen Sie die Gedanken darüber wieder frei.

Kehren Sie zurück zu Ihrer Atmung, während Sie aus dem Wasser steigen und mit dem Transponder über die Zeitnahmebox streifen. Sie greifen sich Ihren Umkleidebeutel und laufen ins Wechselzelt. Jetzt nur die Ruhe bewahren. Neopren ausziehen und Radtrikot und Radhose anziehen und los geht's zum Rad. Jetzt den Helm auf und in die Radschuhe. Kurze Kontrolle, ob auch alles korrekt sitzt und nun das Fahrrad zum Rande der Wechselzone schieben und hinter dem Balken ohne Hektik aufs Rad steigen. Die ersten Tritte! Sie fahren die ersten Kilometer der Radstrecke und die Straße macht eine Biegung und wird unebener. Die Straße wird nun überall von Bäumen gesäumt, deren Äste sich über Ihren Kopf vereinen. Fühlen Sie, wie Ihre Beine gleichmäßig und rund kurbeln. Sie fahren jetzt alleine, im Augenblick ist keiner in Ihrer Nähe, sie beginnen regelmäßig zu essen und zu trinken – Meile auf Meile, die Welt gehört Ihnen – Sie fühlen sich stark und unter Kontrolle und Sie bemerken, dass nun kein Wind geht – nur Stille und Frieden umgibt Sie, während Sie sich langsam der 90-km-Markierung nähern.

Halbzeit auf dem Rad – Sie schauen auf die Uhr: 3:38 h. Etwa im Zeitplan, vielleicht etwas zu schnell. Sie erinnern sich an Ihre letzte längere Trainingsausfahrt, die Sie auch etwas zu schnell angegangen sind und versuchen nun nicht zu überziehen, bleiben locker.

Die Straße macht wieder eine Kurve und Ihr Körper lehnt sich hinein. Wie fühlt es sich an?

Sie können die Geräusche eines Scheibenrades hinter sich hören und Stimmen in der Stille. Was sagen Sie – was sagen Sie zu sich, als Athleten Sie langsam einholen? Verspüren Sie irgendwo Verspanntheit oder Erschöpfung? Fangen Sie an, langsam und im Rhythmus Ihres Trittes und Ihrer Atmung Ihre Selbstinstruktionen zu sagen: „Ich bin stark. Ich fühle mich gut!"

Sie fahren einen kleinen Anstieg hinauf, unter den Bäumen hervor und auf eine Straße mit grobem Asphalt, dabei fühlen Sie sich stärker und behalten Ihre körperliche Form. Der Wind ist in Ihrem Rücken, und die Sonne hat kurz die Wolken durchbrochen. Beachten Sie Ihre Reaktion auf die Wärme auf Ihren Schultern und das Funkeln der Straße. Ihre Beine bewegen sich ruhig, kräftig – danken Sie ihnen – danken Sie ihnen für die Arbeit, die sie leisten – für ihre Kraft. Ihre Atmung ist gleichmäßig, als Sie den letzten Kilometerpunkt passiert haben. Ein paar Athleten zischen vorbei – Sie können ihren Windzug spüren, als sie vorbeifahren und Teil werden von der Straße vor Ihnen.

Das ist der schwierigste Teil des Rennens – der Marathon – richten Sie Ihr Augenmerk auf Ihre Form. Achten Sie darauf, wie stark Sie sind und wie sich Ihr Körper fühlt. Sagen Sie nochmals Ihre Knotenpunkte auf – Sie wissen, dass Sie dem Ziel nahe sind.

Sie denken nun an Ihren Körper – konzentrieren Sie sich nur auf Ihre Form. Sie sind stark und fit – Sie haben hart trainiert für dieses Rennen. Sie danken Ihren Beinen und Ihrem Körper und würdigen, was Sie Ihnen gegeben haben. Sie nehmen Ihre Atmung wahr, nehmen tiefe, volle Atemzüge – dabei stellen Sie sich Ihre Lungen vor, wie sie dem übrigen Körper Sauerstoff zuführen. Nun setzen Sie zur Offensive an, dabei entspannen Sie Ihre Schultern, halten ein gleichmäßiges Tempo – Sie bemerken einige Athleten vor Ihnen und fangen an langsam aufzuholen – Sie erreichen sie, überholen sie rasch – gewinnen ihnen gegenüber 50 m und fallen dann wieder in ein angenehmeres Tempo zurück.

Sie erkennen die 25-km-Markierung – nur noch 17 km! Sie haben fast die ganze Strecke hinter sich – nur noch weniger als 17 km sind zu laufen, ein Kinderspiel. Sie entsinnen sich aller Rennen, die Sie gelaufen sind. Jetzt kommen Sie an vielen Zuschauern vorbei – Sie fühlen sich immer stärker – Sie erinnern sich an Ihre Formel und sie erfüllt Sie mit Stärke, Selbstvertrauen, Ausdauer und Freude – ein Gefühl des Wohlbefindens durchströmt Sie.

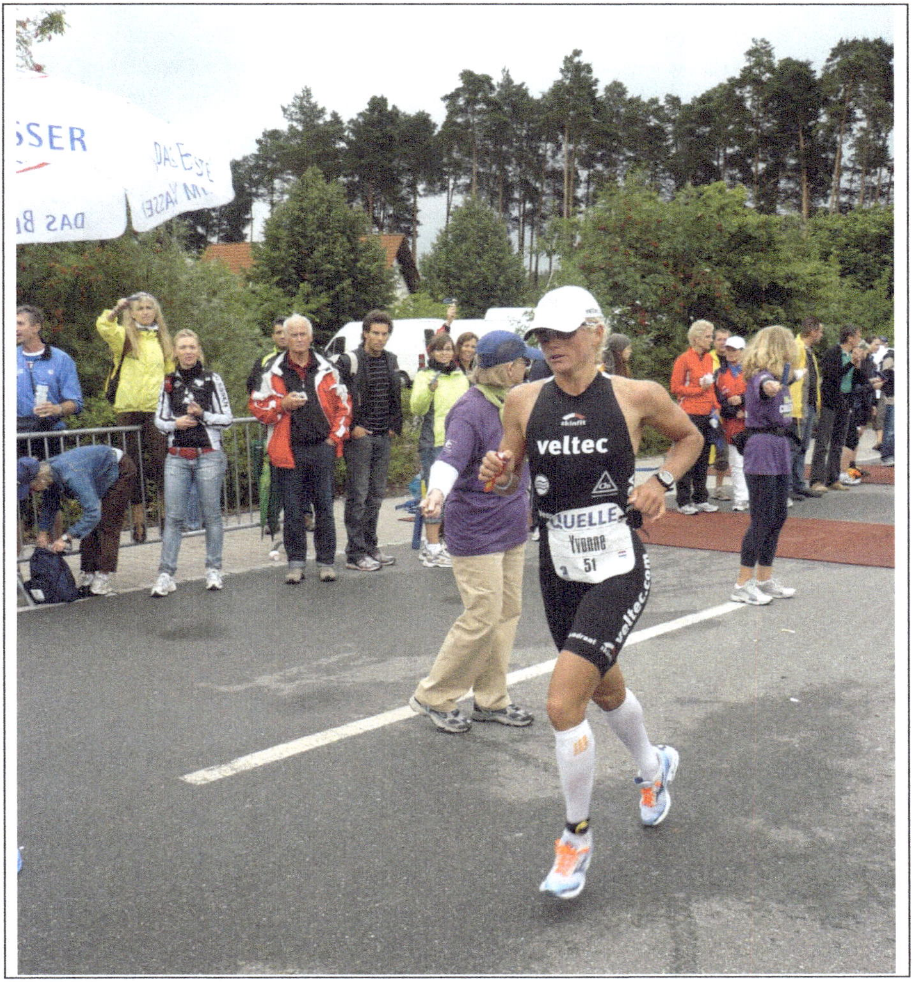

Bild 12. ... dem Ende zu (© Wolfgang Rentschler).

Sie besinnen sich auf einige Ihrer Selbstinstruktionen: „Ich bin ein starker und kräftiger Läufer – Ich laufe ruhig und flüssig – Mein Körper ist fit und schnell!"

Sie kommen an der letzten 5 Kilometermarkierung vorbei und beginnen Tempo zu machen – Sie kommen an immer mehr Menschen vorbei – Sie fliegen nun in Ihrer eigenen Welt – rennen, fühlen sich dabei leicht und frei. Sie passieren die 42-km-Markierung – jetzt sprinten Sie, fliegen, fühlen die Macht des Siegens und der Vollendung.

Die Menschenmengen entlang der Strecke sind jetzt größer – da ist Musik – lächeln Sie? Der Schweiß tropft langsam von Ihren Augenbrauen, als Sie Ihre Schritte verlängern und an drei Läufern vorbeiziehen – jetzt können Sie deutlich den Zieleinlauf sehen, während Ihre Schultern sich entspannen und Sie sich wohl fühlen in Ihrer kraftvollen Art zu laufen. Sie atmen schneller und Sie hören Menschen lachen und rufen. Ihre Füße erreichen das Ende – die Ziellinie liegt unter Ihren Schuhen. Sie drücken den Knopf an Ihrer Uhr. Sie haben es geschafft! Mit einem tiefen Seufzer verlangsamen Sie Ihre Schritte.

Ist da irgendein Schmerz – schweben Sie – können Sie überhaupt Ihre Beine fühlen? Holen Sie Atem, während Sie langsam gehen, auf das Gras blickend, das nun grün unter Ihren Schuhen liegt – Arme in die Hüften gestemmt. Es war ein guter Lauf – ein gutes Rennen – Sie waren stark. Sie besinnen sich Ihrer Knotenpunkte und entspannen sich. Jemand spricht zu Ihnen – Können Sie sich erinnern, was gesagt wurde? Nehmen Sie den Frieden wahr, der Sie umgibt und Ihr Gefühl darüber, etwas vollbracht zu haben. Hören Sie die Musik und den Ansager, als weitere Athleten die Ziellinie überqueren?

Die Menschenmenge fängt an sich zu verteilen und nimmt die Farben, Gerüche und Geräusche mit sich. Sie werden ruhiger – die Beine entspannen sich – die Atmung wird normal – was sagen Sie zu sich selbst?

Werden Sie sich nun Ihres Körpers bewusst, wie Sie im Stuhl sitzen oder auf dem Boden liegen. Spüren Sie die Zufriedenheit, während Sie sich von dem Bild lösen, und kehren Sie langsam zu Ihrer entspannten Atmung und dem Frieden und der Stille zurück. Atmen Sie ein – halten Sie die Luft an – und atmen Sie aus. Sprechen Sie Ihre Selbstinstruktionen und denken Sie an Ihr Ziel. Atmen Sie. Sobald Sie bereit sind, öffnen Sie die Augen und nehmen wieder Beziehung auf zu Ihrem gegenwärtigen Zeit-Raum. Seien Sie sich Ihres Körpers und Ihrer Atmung bewusst. Danken Sie Ihrem Körper für seine Stärke und Kraft, seine Schnelligkeit und seine Gesundheit. Erlauben Sie sich auszuruhen, denn Sie wissen, dass jederzeit, wenn Sie nach einem Ziel streben, Sie es fühlen können, es vor Ihrem geistigen Auge sehen können und es schließlich in der Realität auch erreichen."

6.8 Visualisieren im Wettkampf

Das eben geschilderte und sicherlich etwas verkürzte Praxisbeispiel spiegelt gleichzeitig eine Methode wider, um kritische Situationen zu bewältigen. Die volle Konzentration auf eine Bewegung und auf die auszuführende Tätigkeit. Das genaue Hineinhorchen in den eigenen Körper ist eine Methode, um einen Leistungseinbruch möglichst lange hinauszuschieben. Wir kennen diese Visualisierungstechnik unter dem Begriff der „assoziativen Bewältigungsstrategie". Diese Technik wird meist bei Hochleistungsathleten im Ausdauerbereich beobachtet.
Es wurde schon angedeutet, dass Mentales Training eine besondere Bedeutung bei azyklischen und technisch besonders komplexen, schwierigen Sportarten hat. Hier ist Mentales Training ein wichtiger Bestandteil, besonders in der Phase des Erlernens einer neuen Bewegung und im Vorfeld von wichtigen Wettkämpfen. Anders liegt der Schwerpunkt der Anwendung mentaler Trainingstechniken in zyklischen und damit überwiegend in Ausdauersportarten, wie etwa dem Langstreckenlauf oder dem Triathlon. Bei besonderen Ausdauerleistungen dienen bildhafte Vorstellungen dazu, ein hohes Maß an körperlicher Leistung aufrechtzuerhalten, obwohl man vom Kopf her glaubt, langsam aufgeben zu müssen. Ausdauersportler kennen am besten den Punkt im Wettkampf, wo der Kampf zwischen Körper und Geist voll entbrennt, wenn das Laufen zum Unbehagen wird, die Muskeln anfangen steif zu werden und Sie langsam den Forderungen des Körpers nachgeben und kürzertreten. Hier existieren zwei verschiedene Möglichkeiten, mit diesen Problemen fertig zu werden. Die eine Möglichkeit haben wir im oben geschilderten imaginären Ironman schon kennengelernt. Die volle Konzentration auf Körpersignale und den Wettkampf, kurz gesagt:

Assoziative Stressbewältigung. Zum anderen kann der Einsatz einer entgegengesetzten Bewältigungsaktion dazu beitragen, sich selbst von der Anforderung und so der Belastung zu lösen, die das Unbehagen auslöst. Dabei versuchen Sie sich während des Triathlons einfach vorzustellen, Sie lägen am Strand oder schlendern durch einen wunderschönen Park, obwohl Sie in Realität hart arbeiten. Diese besondere Art der Stressbewältigung kennen wir unter der Bezeichnung Dissoziation, und wir wissen aus bestimmten Untersuchungen, besonders aus dem Ultra-Langstreckenbereich, dass die Anwendung dieser Ablenkungsstrategien bis hin zu meditativen Techniken reichen und sehr effektiv sein können. Solche Ausdauerleistungen sind streng genommen eher ein Prüfstein mentaler Robustheit als der körperlichen Fitness. Wir wissen aus sportpsychologischen Untersuchungen, dass sich viele Marathonläufer und Triathleten während des Rennens mit mentaler Arithmetik, also z. B. schwierigen Rechenaufgaben, beschäftigen, um ihre Aufmerksamkeit vom Schmerz weg zu lenken.

Es kann jedoch auf Vorstellungen, von z. B. einer überdimensionalen Hand, zurückgegriffen werden, die Sie der Ziellinie entgegenbringt oder das Gefühl eines Angelhakens in Ihrer Brust, der Sie dem Ziel entgegenzieht. Oft erleichtern solche Vorstellungen die körperlichen Strapazen.

Einige Triathleten wissen davon zu berichten, Sie würden sich während des Triathlons heroische Bilder vorstellen, um die Anstrengung aufrechterhalten zu können. Bilder von olympischen Ehrungen oder Weltmeister-Siegerehrungen oder auch irgendein persönliches Bild, das Ihnen die Vorstellung vermittelt, wenn es „mulmig wird, die Stunde des Starken geschlagen hat“. All diese Vorstellungstechniken, die Sie während des Wettkampfes anwenden können, tragen dazu bei, sich weiter anzustrengen, wenn Sie im Grunde schon ziemlich müde sind, Ihre Willens- oder Entschlusskraft nochmals zu mobilisieren. Wohlgemerkt: „Erst geben Sie im Kopf auf, dann im Körper!“

Hierzu möchten wir Ihnen noch zwei einfache Tipps an die Hand geben, mit deren Hilfe Sie genau diese Visualisierungstechnik üben und verbessern können:

1. Sehen Sie sich entsprechend bearbeitete Filme an. Das Betrachten von Filmen, in denen ein Wettkampf positiv bewältigt wird, eignet sich hervorragend dazu, positive Bilder in sich aufzunehmen und zu verstärken. Dabei gehen Sie wie folgt vor: Lassen Sie sich von Ihrem Trainer oder von einem Bekannten in einem Wettkampf filmen. Schneiden Sie dann die herausragenden, positiven Szenen zusammen und hören Sie dazu eine Musik, die Ihnen gut gefällt. Eine einfachere Möglichkeit ist, dass Sie z. B. einen olympischen Marathonlauf, der im TV übertragen wird, aufzeichnen und diesen Wettkampf mit Ihrer Lieblingsmusik unterlegen. Wichtig ist dabei, dass Sie sich darüber im Klaren sind, dass dies evtl. ein manipulierter Film ist, der nicht die Qualität und die Realität einer Leistung wiedergibt. Analysieren Sie also bitte nicht diesen Wettkampf, sondern nehmen Sie ihn einfach in sich auf.

2. Machen Sie grundlegend Gebrauch von Fotos, Spiegeln oder Filmen. Diese und andere Medien sind hervorragende Träger positiver Energie. Dabei können Sie sich immer wieder als leistungsfähigen und erfolgreichen Sportler visualisieren und positiv selbst verstärken.

6.9 Visualisieren nach dem Wettkampf?

Man kann sich zu Recht fragen, warum noch Visualisieren, wenn schon alles vorbei ist. Die Antwort auf diese Frage ist relativ einfach. Wir alle wissen, dass wir sowohl aus Siegen als auch aus Niederlagen immer wieder lernen können. Selbst die bitterste Enttäuschung kann in eine wertvolle Lernerfahrung umgewandelt werden, wenn man die positive Seite einer solchen Niederlage analysieren kann. Nun ist es natürlich gerade im Triathlon schwer, aufgrund der Länge des Wettkampfes sich genaue Details eines Rennens einzuprägen. Gerade auf dem Gebiet der Optimierung der Lauf-, Rad- oder Wechseltechnik bietet sich eine Analyse im Anschluss an einen Wettkampf an. Das Auge von geschulten Trainern kann per Video genau erkennen, wo eine Bewegung nicht ganz optimal verläuft. Wenn es Ihnen dann auch noch gelingt, Ihre Körpererfahrung während des Laufens „abzuspeichern", sind Sie im Anschluss an eine solche Analyse in der Lage, über Ihre Körpererfahrung unter Umständen auch etwas zu ändern. Möglicherweise muss man diese Analyse oft wiederholen. Bei einem bewussten und detaillierten Wiederholen einer schwachen Laufleistung kristallisiert sich jedoch sehr oft der Schlüssel zu technischen Fehlern heraus, derer Sie sich ansonsten nicht bewusstwürden. Über Ihre Fähigkeit zu visualisieren gelingt es Ihnen schließlich, über Ihre geistigen Bilder zu erkennen, welche Verhaltensmuster oder Vorbereitungsmethoden zu guten oder auch schlechten Leistungen geführt haben.

6.10 Weiterführende Literatur

Eberspächer, H. & Hermann, H. D. (1994). *Psychologisches Aufbautraining nach Sportverletzungen.* München: BLV.

Mayer, J. & Herrmann, H.-D. (2015). *Mentales Training.* Heidelberg: Springer.

Rasche, F. (2011). *Sportpsychologie im Triathlon.* Hamburg: spomedis.

7 Motivation, Selbstmotivierung und die Entwicklung von Willenskraft

Betrachtet man das Phänomen Motivation im Sport und gesteht man sich selbst ein, dass man Motivationsprobleme hat, so kann man mit Sicherheit davon ausgehen, dass Sie auch Probleme mit Ihrer sportlichen Leistung haben. Motive sind kleine Motoren, die unser gesamtes sportliches Handeln, ähnlich wie ein Motor in einem Auto, in Bewegung bringen. Die Fähigkeit, sich gut selbst zu motivieren, ist eine außerordentlich wichtige Fertigkeit, die großen Einfluss auf sportlichen Erfolg hat. Sie trägt dazu bei, inwieweit ein Sportler in der Lage ist, Anstrengung, Energie und Bereitwilligkeit in ein aufwendiges Training zu investieren und inwieweit er in der Lage ist, sozialen Druck von außen durch Eltern, Bekannte, Freunde oder Trainer standzuhalten und Furcht, Ärger, Angst und Stress zu bewältigen. Die Quelle von Motiven sind zunächst Wünsche und Bedürfnisse eines Individuums. Wenn Wünsche und Sehnsüchte auf Dauer zerstört werden, verschwinden auch die Beweggründe, ein einmal gestecktes Ziel erreichen zu wollen. Von zentraler Bedeutung ist aus diesem Grund ein Faktor: Erfolg! James D. Loehr (1991) beschreibt Erfolg als das universelle Gegenmittel, um verlorengegangene Motivation wieder zu erlangen. Er warnt jedoch davor, einen Standpunkt eines Anderen einzunehmen und so den Erfolg mit den Augen eines anderen zu sehen. Er sieht Erfolg vielmehr im Sinne einer antreibenden Kraft, wenn er von dem Athleten selbst als solcher verstanden wird. Solange Sie sich nämlich selbst als erfolgreich betrachten und je mehr Sie sich Stück für Stück einem sich selbst gesteckten Ziel nähern, solange bleiben Sie motiviert.
Schauen wir uns doch ein einfaches Beispiel an. Viele Triathleten haben mit dem Ausdauersport begonnen, um z. B. abzunehmen oder um etwas für die eigene Gesundheit zu tun. Dieses Motiv hat sich allerdings als sehr kurzfristig herausgestellt. Sehr oft ist ein Wechsel einer solchen „extrinsischen“ Motivation in eine eher „intrinsische“ Motivation zu beobachten. Das bedeutet, dass wir plötzlich nicht mehr vorrangig wegen der Gewichtsabnahme Sport treiben gehen, sondern weil wir gespürt haben, dass wir von Woche zu Woche leistungsfähiger werden. Wir bekommen langsam eine schlanke und sportliche Figur. Wir laufen die Treppen schneller hoch als unsere Arbeitskollegen und sind obendrein schneller wieder erholt. Nach einiger Zeit nehmen wir an Volkstriathlons teil, dann an Wettkämpfen über die Kurzdistanz, noch im zweiten Jahr muss es dann vielleicht schon eine Mitteldistanz sein. Bis wir irgendwann einmal das große Ziel verfolgen, einen Ironman zu finishen.
Genau diese Entwicklung hat schlichtweg mit Erfolg zu tun. Durch das regelmäßige Training werden wir noch leistungsfähiger und sportlicher. Unsere Figur ändert sich zum Positiven. Wir erlangen Ansehen und Respekt bei unseren Mitmenschen, da Ausdauer und Leistungsfähigkeit zu den grundsätzlich positiven Eigenschaften unserer Gesellschaft gehören.

7.1 Zielsetzung und Zielanalyse

Das Prinzip der Zielsetzung basiert darauf, dass vorgenommene Ziele als Herausforderung angesehen werden, realistisch sind und eine gewisse positive Spannung erzeugen können. Wer keine angemessene Zielsetzung hat, wird entweder über- oder unterfordert. Diese Tatsache möchte ich an einem kleinen Beispiel erklären:
Ein Triathlet, der seinen ersten Volkstriathlon nach ca. 6-monatigem Training in 1:17 h absolviert hat, beginnt für die nächste Saison zu planen. Dabei kommen für ihn der Rothsee-Triathlon im Frühjahrsommer sowie der Erlanger-Triathlon im Spätsommer als Saisonhöhepunkte in Frage. Nach seinem ersten Triathlon wurde er in seinem Verein und Freundeskreis mit viel Freude und Respekt empfangen. Er trainiert im Schwimmtraining nun mit einer flotteren Schwimmgruppe und beim Radfahren wird ab und zu auch schon mal mit der „schnellen" Radgruppe mittrainiert. Die trainieren hin und wieder schon mal im 35er-Schnitt oder schneller und reden immer nur davon, wie toll es doch ist, beim Erlanger-Kurztriathlon die 2:15-Stunden-Grenze zu knacken. Unser Athlet kann im Training, wenn auch mit großen Schwierigkeiten, mithalten und träumt von 2:15 h beim Erlanger-Triathlon im nächsten Jahr. Diese Saison jedoch verläuft katastrophal. Den Rothsee-Triathlon absolviert er in persönlicher Bestzeit (2:27 h), und nach 6 weiteren Trainingswochen startet er wirklich in Erlangen mit dem Ziel, unter 2:15 h zu finishen. Dabei hält er sich tempomäßig an seine Teamkollegen und bricht bereits beim Schwimmen etwas ein. Versucht dann verlorene Zeit auf dem Rad gutzumachen und wird schließlich beim Laufen endgültig nach hinten durchgereicht. Er kommt mit großen Schwierigkeiten nach 2:41 h ins Ziel. Er fühlt sich müde, erschöpft und blamiert. Dabei sucht er die Fehler sofort bei sich und seiner schlechten Form: „Bestimmt habe ich schlecht trainiert, ich kann das eben einfach nicht!", sagt er zu sich selbst. Für die kommende Saison hat er keine großen Pläne mehr und hört mit dem Triathlon auf.
An diesem kleinen Beispiel lässt sich verdeutlichen, wie wichtig eine realistische Zielsetzung sein kann. Eine Überforderung, wie in dem hier geschilderten Fall, führt in schlimmen Fällen zu totalem Motivationsverlust und somit zur Aufgabe der Tätigkeit. Hinzu kommt, dass jedes Individuum einen bestimmten Stil hat, im Nachhinein das Ge- bzw. Misslingen zu begründen. In der Sportpsychologie sprechen wir hier von Kausalattribution (Ursachenzuschreibung). Aus Forschungsergebnissen ist bekannt, dass ängstliche und depressive Persönlichkeiten eher dazu neigen, Erfolge extern und Misserfolge intern zu attributieren, d. h., dass erreichte Erfolge mit Glück oder Zufall begründet werden, Misserfolge jedoch auf Defizite in der eigenen Leistungsfähigkeit zurückgeführt werden. Diese Form der Kausalattribution ist natürlich Gift für Ihre Motivation. Die Art und Weise der Begründung eines Erfolges bzw. Misserfolges ist entscheidend für das weitere Handeln, also dafür ob man seine gesteckten Ziele weiterverfolgt oder aufgibt.

Achten Sie aus diesem Grund darauf, dass...
1. *Ihre Ziele realistisch gesetzt werden und*
2. *die Ursachen für einen Erfolg oder Misserfolg angemessen analysiert werden.*

7.2 Praktische Beispiele zur Zielsetzung

Es gibt Momente, in denen man ganz klar und objektiv über das Ziel nachdenkt, welches man sich vorgenommen hat. Die Anforderungen, die dieses Ziel an uns stellt, erscheinen uns zu erschlagen. Die Liste der aufzubringenden Opfer und die vielen Hindernisse, die sich uns in den Weg stellen, werden immer länger und türmen sich vor uns auf wie ein riesiger Berg. Der Weg zu Ihrem Ziel erscheint wie eine sich endlos windende Straße, übersät mit vielen Schlaglöchern und Hindernissen. In einem solchen Moment hilft eine alte Weisheit, die wohl ursprünglich von Konfuzius stammte, jedoch von einigen pfiffigen Langstreckenläufern umformuliert wurde: „Auch 42,195 km beginnen mit einem ersten Schritt". Machen Sie sich bewusst, dass es fast unmöglich ist, das Ziel und seine komplexen Wirkungsmechanismen bis zu seiner Erreichung überschauen zu können. Es ist verlorene Zeit, sich seinen Kopf über all die vielen Dinge, die bis dahin erledigt werden müssen, zu zerbrechen. Sie können immer nur eine Sache zu einer bestimmten Zeit erreichen. Lernen Sie also, Ihre Bemühungen und Ihre Konzentration auf Zwischenziele und auf die Überwindung einzelner Hindernisse zu richten. Versuchen Sie folgende Ratschläge zu berücksichtigen:

1. Entscheiden Sie genau, was Sie erreichen wollen! Geht es darum, einen Volkstriathlon zu finishen, oder steht der Ironman am Ende Ihrer Straße?
2. Erkennen Sie die Hindernisse, die Sie an Ihrer Weiterentwicklung hindern. Das können organisatorische Hindernisse (z. B.: Das nächste Schwimmbad ist 10 km entfernt, und ich schaffe es nicht rechtzeitig von der Arbeit wegzukommen) und/oder Hindernisse im sozialen Umfeld sein (z. B.: Vielleicht hält Sie Ihr Lebenspartner für verrückt, weil Sie bei jedem Wetter eine oder mehrere Stunde/n mit dem Rad oder zu Fuß im Wald verschwinden). Sehr oft sind es kleinere oder größere Verletzungen, die einen am Training und somit an der Zielerreichung hindern können.
3. Entscheiden Sie ganz bewusst was nötig ist, diese Hindernisse aus dem Weg zu räumen. Das können klärende Gespräche mit Freunden oder Bekannten sein oder etwa eine Trainingspause, die oftmals mehr schmerzt als die Hinderung daran, dass man sich nicht frei entfalten kann.
4. Errichten Sie spezifische Ziele, die Ihnen dabei helfen, ein Hindernis nach dem anderen anzugehen. Das bedeutet, dass für Sie jedes Zwischenziel und sein Erreichen eine genauso hohe Bedeutung hat wie das eigentliche Endziel.

Hilfreich für die Umsetzung dieser Ratschläge ist das Erstellen eines Wegplaners, wie er in Abbildung 10 dargestellt ist.

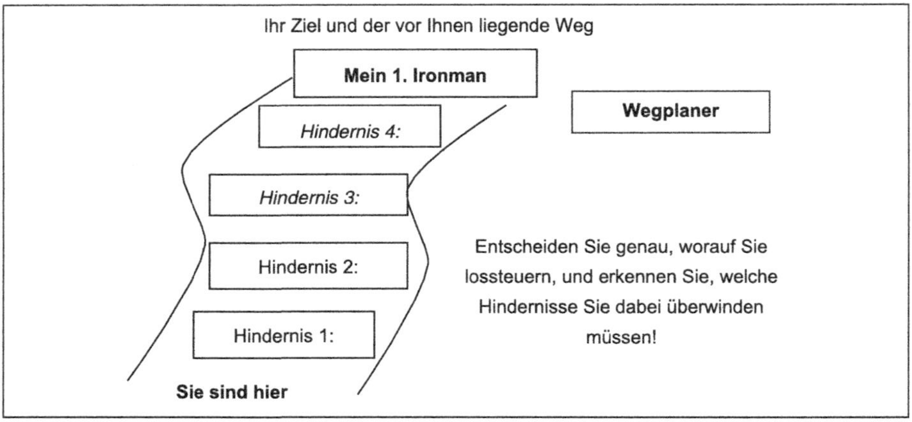

Abb. 10. Wegplaner zum ersten Ironman.

Sie streben beispielsweise an, Ihren ersten Ironman in ca. 10 Monaten zu absolvieren. Schreiben Sie dieses Ziel ganz oben an das Ende der gewundenen Straße. Überlegen Sie sich jetzt gut, was Ihnen beispielsweise auf dem Weg zu Ihrem Ziel dazwischenkommen kann. Formulieren Sie nun mit Ihren eigenen Worten diese Hindernisse und notieren Sie dies in die Kästchen „Hindernis 1, Hindernis 2, etc.“. Versuchen Sie dabei so präzise wie möglich zu sein und überlegen Sie aber nicht zu lange. Damit trainieren Sie gleichzeitig die Fähigkeit, schnell und konsequent Entscheidungen zu treffen und sind so in der Lage, Ihren Wegplan ständig zu aktualisieren und zu verbessern.

7.3 Prinzipien der Zielsetzung

Lassen Sie uns noch einmal die Prinzipien der Zielsetzung, diese sollte SMART sein, zusammenfassen (vgl. auch Birrer & Seiler, 2006):

> *S* (spezifisch) – Seien Sie bei der Formulierung Ihrer Ziele so prägnant wie möglich. Vage Angaben über Ziele reichen zumeist nicht aus, um eine Motivation stark genug zu machen, damit sie Hindernissen und Störgrößen entgegenwirken kann.
>
> Überlegen Sie sich sehr genau, wie und wann Sie das anvisierte Ziel erreichen wollen, wieviel Zeit Sie benötigen werden und wie Sie eine mögliche Leistungssteigerung messen können.
>
> *M* (messbar) – Motivation lässt sich am besten durch Erfolg steigern und stabilisieren. Trainieren Sie so, dass Ihr Erfolg von Zeit zu Zeit sichtbar ist, oder anders ausgedrückt, machen Sie Ihren Erfolg durch irgendein objektives Kriterium mess- und sichtbar. Denken Sie ebenfalls daran, dass die Vielfältigkeit von Zielen die Wahrscheinlichkeit von Erfolg erhöht.
>
> *A* (anpassbar) – Ein weiterer wichtiger Punkt ist die Kontrollierbarkeit der Zwischenziele bzw. des Endziels. Versuchen Sie Ihre Leistungen und Ihre Zielerreichung ständig unter persönlicher Kontrolle zu halten. Bleiben Sie bei allem, was auch immer Sie beeinflusst, auf dem Boden der Tatsachen. Bürden Sie sich keine undurchführbaren Ziele auf. Alle Ziele sollten Ihrem momentanen

Leistungsstand entsprechen. Sie sollten jedoch danach streben, sich Schritt für Schritt zu verbessern. Haben Sie keine Angst davor, Ziele, wenn sie z. B. durch eine Verletzung nicht mehr durchführbar sind, um zu bewerten.

R (realistisch) – Ihr anvisiertes Ziel sollte immer im Bereich des Möglichen sein. Bleiben Sie mit Ihren Wünschen auf dem Boden der Realität.

T (termingebunden) – Legen Sie einen Zeitpunkt fest, an dem das Hauptziel bzw. die Zwischenziele erreicht werden sollen, denn nur so können Sie Erfolg auch wirklich für sich wahrnehmen bzw. messen!

Aus der Sportpsychologie wissen wir, dass präzise, herausfordernde Ziele eine bessere Leistung hervorbringen als leichte oder überhaupt keine Ziele.
Alle Ihre Ziele sind persönliche Ziele. Sie bestehen einzig und allein in Beziehung zu Ihnen und Ihrer Leistungsfähigkeit. Entscheiden Sie ganz alleine, was Sie erreichen wollen. Orientieren Sie sich nicht an den Zielen anderer Triathleten.

7.4 Weitere Tipps und Tricks zur Selbstmotivation

Im Folgenden möchten wir noch auf zwei kleine Tipps und Tricks eingehen, die eigentlich sehr einfach sind und auf die wir tagtäglich zurückgreifen. Dieses Phänomen ist uns so geläufig, dass uns oft nicht bewusst ist, dass wir im Grunde psychologische Strategien anwenden.
Wenn Sie spüren, dass ihre Motivation zu bestimmten Trainingsinhalten extrem niedrig ist, versuchen Sie es doch einmal mit persönlichen Verträgen, die Sie mit sich selbst abschließen. Wir alle kennen diese Methode aus dem Privat- oder auch Arbeitsleben. Wenn wir uns beispielsweise verabreden, dann versuchen wir die Verabredung in aller Regel einzuhalten. Je formeller diese Verabredungen sind, desto stärker ist auch unsere Verpflichtung, sie einzuhalten. Schauen wir uns folgendes Beispiel an: Sie wissen, dass sie grundsätzlich über genügend ausgeprägte Fähigkeiten und Fertigkeiten verfügen, um z. B. die 10-Stundengrenze beim Challenge in Roth zu knacken. Die langen Läufe oder Radausfahrten machen Ihnen überhaupt nichts aus. Sie haben allerdings Probleme mit der Schnelligkeitsausdauer vor allem beim Laufen. Dazu müssten Sie mehr Tempotraining machen, welches Sie bisher immer prima umgangen haben. Sie empfinden diese Rundenlauferei im Stadion als nervig. Ganz davon abgesehen, dass man Tempotraining unter bestimmten Bedingungen auch ganz gut im Wald machen kann, gibt es aber auch die Möglichkeit, sich fest mit anderen Läufern zu verabreden. Sie erläutern Ihren Teamkollegen Ihr Problem und schließen ganz förmlich mit ihnen einen Vertrag ab, den Ihre Mannschaftskollegen gegenzeichnen (Abb. 11).

Ich, ___________, verspreche hiermit, daß ich

Dienstag von 18 bis 19 Uhr auf dem Uni-Sportplatz

mein Tempotraining zusammen mit Jochen,

Erwin und Herbert durchführe, bis es mir gelingt, in einem

Ironman unter 3.30 Stunden zu laufen.

Unterschrift:_________________

Zeugen: _________________

____

____

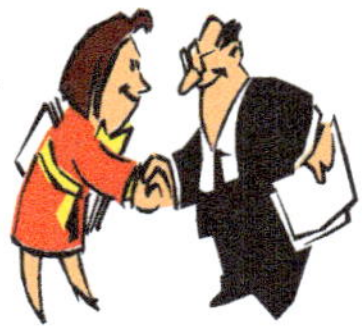

Abb. 11. Beispielvertrag zur Erhöhung der Motivation zum Tempotraining.

Sobald Sie Ihren Vertrag erfüllt haben, sollten Sie sich mit einem kleinen Geschenk belohnen (sollten Ihnen der Ruhm und die Ehre, ein „Sub-Ten-Hours Finisher" zu sein, noch nicht genügen). Vielleicht laden Sie Ihre Frau zu einem Viergang-Menü ein oder verleben ein verlängertes Wochenende in der Fränkischen Schweiz oder im Schwarzwald. Danach können Sie ja einen neuen Vertrag abschließen, der sie wieder neu herausfordert. Aber denken Sie stets daran, immer realistisch zu bleiben.
Ein weiterer kleiner Trick ist die eben schon erwähnte „Belohnung". Man kann diese Belohnungen auch in Form symbolischer Preise verwenden. Dies sind kleine Anerkennungen, die nur einen sehr geringen oder sogar keinen materiellen Wert haben, jedoch, verknüpft mit dem Erfolg des Erreichens eines Zieles, eine sehr große Bedeutung erlangen können. Wir alle kennen dieses Prinzip von den vielen in der Öffentlichkeit stattfindenden Ehrungen und Auszeichnungen. Eine olympische Medaille hat beispielsweise niemals den materiellen Wert, den diese Medaille an ideellen Wert für den Gewinner darstellt. Gleiches gilt für Auszeichnungen wie z. B. „Spieler des Jahres", „Mannschaft des Jahres" oder auf unterster Ebene der Gewinn einer Urkunde. Wie viele Sammler gibt es wohl unter uns Triathleten, die die „Finisher-Medaillen" oder jedes „Finisher-T-Shirt" aufheben und die für diese Sportler einen enorm hohen Wert besitzen. Das sind alles kleine Anerkennungen mit geringem materiellem

Wert, jedoch verbunden mit einem enormen gesellschaftlichen Prestige und Anerkennung. Solche Preise eignen sich hervorragend für Trainer und Betreuer, um diese als Motivationstechnik für ihre Athleten einzusetzen. Schauen wir uns dazu folgendes Beispiel an: Peter hat gerade mit dem Triathlon begonnen und hat die ersten 4 Monate Training hinter sich. Der Trainer lässt verlauten, dass man sich am Sonntag zu einer längeren gemeinsamen Radeinheit im Zusammenhang einer örtlich stattfindenden Radtouristik trifft. Diese Ausfahrt geht über 120 km. Es wird angekündigt, dass alle Teilnehmer, die bis zum Schluss durchhalten, egal welches Tempo sie anschlagen, in der nächsten Ausgabe der Vereinszeitung mit Bild erscheinen. Peter weiß genau, was das bedeutet. Er hat Angst und weiß nicht genau, was auf ihn zukommt. Er möchte seinen Namen aber sehr gerne einmal in der Zeitung lesen, dort wo sonst immer nur über die Erfolge der ersten Bundesligamannschaft oder die Qualifikanten für den diesjährigen Triathlon auf Hawaii berichtet wird. Die Motivation beweist ihre Stärke, und Peter ist sicherlich am Sonntag dabei. Auf dem gleichen Prinzip basieren Motivierungstechniken zu Extremleistungen. Man denke da nur an ein hart verdientes „IRONMAN-HAWAII-Finisher" T-Shirt. Die meisten können sich vermutlich noch deutlich daran erinnern, dass sie sich im Training sehr oft vorgestellt haben, dieses Stück Stoff überziehen zu können und das ließ sie weitere 1000 m schwimmen.
Um aus dieser Methode der symbolischen Preisverleihung eine gute Methode zur Motivationssteigerung machen zu können, beachten Sie bitte folgende Ratschläge:

1. Übertreiben Sie es nicht mit einem komplexen Preissystem. Einfachheit kommt viel eher an als ein diffiziles, ausgeklügeltes Preissystem. Belassen Sie es einfach dabei, für bestimmte Leistungen evtl. T-Shirts drucken zu lassen.
2. Sollten Sie ein Trainer sein, dann vergessen Sie nie, dass Sie stets unparteiisch sein müssen. Bevorzugungen und Wankelmut lassen Ihre Motivationstaktik zusammenbrechen wie ein Kartenhaus.
3. Seien Sie ein guter Beobachter. Jeder Ihrer Schützlinge muss die Gewähr haben, dass er und seine Leistungsbemühungen auch wirklich von Ihnen wahrgenommen werden. Das unterstützt die Sportler, die sich wirklich bemühen und nimmt denjenigen den Wind aus den Segeln, die glauben, dass sie es nicht nötig hätten sich anzustrengen.
4. Denken Sie stets daran, den Preis im richtigen Verhältnis zu halten. Es geht hier wirklich nur darum, dass ein Sportler diesen Preis als Anerkennung für eine bestimmte Leistung bekommt, nicht für mehr und auch nicht für weniger. Dieser Preis darf keinen echten Wert haben.
5. Seien Sie präzise und korrekt in der Erklärung, wie dieser Preis zu bekommen ist, so dass keine Missverständnisse aufkommen können.

7.5 Wille (Volition)

Gerade in den Ausdauersportarten spielt der „Wille" eine zentrale Rolle. Das weiß nicht nur jeder Triathlet, der wettkampforientiert seiner Sportart nachgeht. Auch die Presse und Journalisten bzw. Fernsehreporter stellen die Willensfähigkeit, insbesondere bei Übertragungen von Radsportevents oder Langdistanztriathlons, immer wieder als die zentrale psychische Fähigkeit in den Vordergrund ihrer Betrachtungen. Dabei nutzen die meisten Personen immer wieder diesen Begriff, ohne genau auszudifferenzieren, was eigentlich damit gemeint ist. Mit Willensfähigkeit kann z. B. gemeint sein, die richtigen mentalen Strategien anzuwenden, um bei einem Ironman Tiefpunkte zu überwinden, um dann schließlich doch zu finishen. Also genau dann weitermachen, wenn es besonders schwierig und schmerzhaft wird. Mit Wille kann aber beispielsweise auch die tagtägliche Entscheidung gemeint sein, zum Training zu gehen. Und das ganz egal, ob es draußen 10 Grad Minus sind oder genau dann zu trainieren, wenn es z. B. regnet und stürmisch ist. Selbst wenn vielleicht verlockendere Tätigkeiten warten, wie etwa ein gemütliches Beisammensitzen mit Freunden im Biergarten bei Kaiserwetter.

7.6 Was tun, wenn ich ein Tief im Wettkampf habe?

Behandeln wir zunächst einmal das zuerst geschilderte Problem. Wie gehe ich psychisch mit einem Tief im Wettkampf um? Was soll ich tun, wenn es besonders schwer wird, die Beine schmerzen, das Tempo nicht mehr weiter aufrechtgehalten werden kann? Eine Befragung der Sportpsychologin Helga Schuck aus Leipzig zeigt uns, was wettkampforientierte Schwimmer unter dem Begriff „Willensfähigkeit" verstehen.

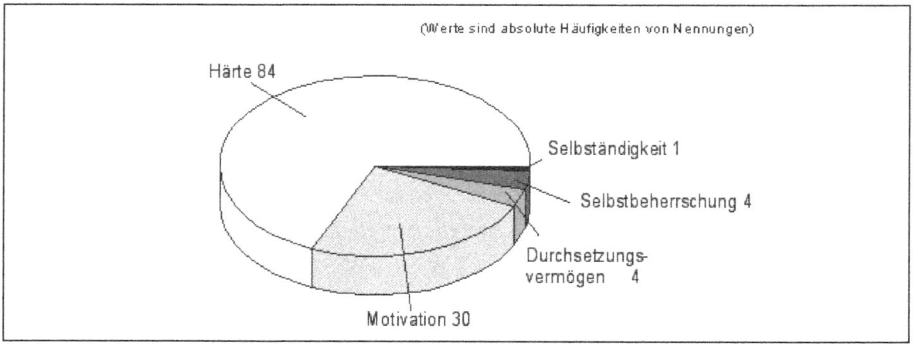

Abb. 12. Begriffe, die im Zusammenhang mit Willensfähigkeit genannt werden (Schuck, 1991).

Abbildung 12 zeigt, dass die meisten Sportler mit dem Begriff „Willensfähigkeit" „Härte" verbinden. Weiterhin sehen die befragten Sportler ihre „Motivation" eng mit dem Willensbegriff verknüpft. Die Sportler nennen weniger die Begriffe der „Selbständigkeit“, der „Selbstbeherrschung“ und der „Durchsetzungsfähigkeit“. An diesem Beispiel wird ansatzweise deutlich, dass der Wille nicht eine einfach determinierte Eigenschaft, sondern eine aus einigen anderen Komponenten zusammengesetzte Eigenschaft ist. Aber auch die Eigenschaften „Härte“, „Durchsetzungsvermögen“, „Selbstbeherrschung“ oder „Selbständigkeit“ sind zunächst erst einmal Worthülsen, die mit Inhalt gefüllt werden müssen.

Die nächste Abbildung, nach einer Idee von dem Kölner Sportpsychologen Henning Allmer, gliedert die „Willensfähigkeiten“ deutlicher auf. Schaut man sich die Abbildung genauer an, dann wird klar, was inhaltlich mit diesen Begriffen gemeint ist und wie man diese Erkenntnisse in die Praxis umsetzen kann. Mit volitiven Regulationserfordernissen meint er im Grunde die Eigenschaft „Willensfähigkeit“, die in diesem System allen anderen Eigenschaften hierarchisch übergeordnet ist.

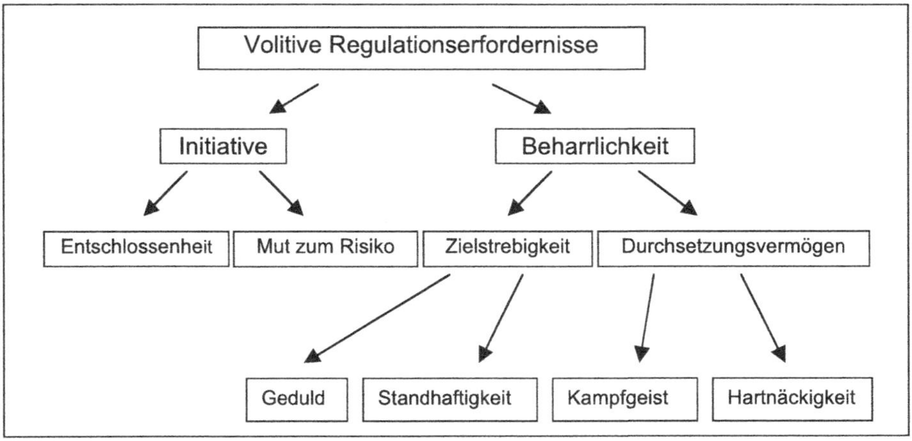

Abb. 13. Volitive Regulationserfordernisse nach Allmer (1991).

Henning Allmer (1991) betont, dass die „Willensfähigkeit“ prinzipiell zwei verschiedene Eigenschaften benötigt. Hin und wieder ist „Initiative“ vonnöten. Manchmal jedoch eher „Beharrlichkeit“, um ein gestecktes Ziel zu erreichen. Dabei schließen sich diese beiden Eigenschaften nicht aus, sondern ergänzen sich. Versuchen Sie sich vorzustellen, was in den letzten Kilometern eines Kurztriathlons vonnöten ist, wenn Sie sich in einer Vierergruppe befinden und sich noch recht locker fühlen? Oder was ist nötig, wenn Sie bei einem Ironman bei km 30 im abschließenden Marathonlauf, gut in der Zeit liegend, einen Tempoeinbruch erleiden.

Um Initiative zu übernehmen, sind zwei weitere Eigenschaften von entscheidender Bedeutung. Initiative zu übernehmen erfordert ein gewisses Maß an Risikobereitschaft und Entschlossenheit. So birgt beispielsweise die Entscheidung, auf den letzten Kilometern eines Kurztriathlons das Tempo zu verschärfen die Gefahr, dass Sie

evtl. zu früh angezogen haben und auf der Ziellinie noch abgefangen werden. Ebenso wichtig ist, dass Sie eine solche Entscheidung schnell und sicher treffen und diese Entscheidung ohne Zögern in die Tat umsetzen. Wenn Sie in einem Marathonlauf z. B. auf die „Wand“ stoßen, dann ist Beharrlichkeit gefragt. Hierzu benötigen Sie u. a. Zielstrebigkeit und Durchsetzungsvermögen. Wichtig ist in einem solchen Moment, das Ziel, dass Sie sich gesteckt haben, niemals aus den Augen zu verlieren. Die Konzentration alleine auf ein „Finish“ ist von entscheidender Bedeutung. Dabei brauchen Sie zum einen Geduld und zum anderen Standhaftigkeit, denn in diesem Moment müssen Sie kontrolliert gegen die Ermüdung und gegen die Schmerzen ankämpfen. Hier sprechen wir auch von Kampfgeist und Hartnäckigkeit.
An dieser Stelle stellt sich die Frage, wie genau man diese Erfordernisse bzw. Fähigkeiten erlangen kann. Die Antwort lautet: Bewusstes Wahrnehmen und Bewerten, das Einsetzen von Vorstellungskraft sowie gezieltes Selbstinstruieren. Sie müssen zunächst lernen, Situationen, in denen volitive Fähigkeiten gefragt sind, zu erkennen und bewusst wahrzunehmen. Die subjektive Bewertung einer solchen Situation als Herausforderung ist der zentrale Prozess. Sie müssen in der Lage sein, ihr eigenes Handeln zu antizipieren, d. h. sich in Gedanken vorstellen, was Sie als nächstes tun werden. Dabei hilft es sehr, wenn man sich entweder laut und deutlich oder auch nur in Gedanken die richtigen Selbstinstruktionen gibt. Es ist wichtig, dass Sie von Ihren Instruktionen sowie von Ihren Bewältigungsfähigkeiten überzeugt sind. Das beste Beispiel für ein solches Vorgehen weiß einer der erfolgreichsten deutschen Langstreckenläufer Dieter Baumann zu berichten:

> „... Oder hätte ich Ihnen berichten sollen, wie ich als Olympiasieger mit meinen Gegnern umspringe? Dass ich sie in meinen Tempoläufen bekriege, dass ich mit ihnen spreche. Nein, du Morceli, du ziehst nicht an mir vorbei. Und du Gebressilasie, pass bloß auf, wenn du angreifen willst. Du Skah, wag ja nicht, mir zu nahe zu kommen“ (Baumann, 1995, S. 34).

An anderer Stelle schreibt Baumann:

> „Noch 3000 Meter. Skah springt wie eine Katze nach vorne, greift Morcelli an und geht an ihm vorbei. Jetzt muss ich mit. Ganz dicht rücke ich auf. Schneller und schneller versucht Skah zu beschleunigen. Das Tempo ist unheimlich hoch. Bleib dran, Dieter, bleib dran” (Baumann, 1995, S. 34).

Wie genau man diese Fähigkeiten trainieren kann, werden Sie detailliert im Kapitel „Der Umgang mit Angst und Stress“ kennenlernen. Das Trainingsprogramm ist ein ähnliches, wie im Kapitel „Das Leipziger Stressbewältigungsprogramm“ dargestellt, lediglich die Selbstinstruktionsinhalte sind verschieden. Die verschiedenen Selbstinstruktionen, ihre Funktion und Beispiele finden Sie in der folgenden Tabelle:

Tab. 2. *Überblicksdarstellung von Selbstinstruktionen zur Willensschulung*

Kategorie	Beschreibung	Beispiel
Initiative Entschlossenheit	Soll helfen einen Entscheidungsfindungsprozess zu beenden und eine Entscheidung in die Tat umzusetzen. Dadurch soll auch ein Spannungszustand aufgelöst werden, der durch Unentschlossenheit weiter bestehen würde.	*„Ich bin ganz sicher, das ist die richtige Entscheidung. Hinter der nächsten Kurve greife ich an."*
Initiative Mut zum Risiko	Soll das Vertrauen in die eigenen Fähigkeiten stärken.	*„Keine Panik, auf geht's – jetzt!"*
Beharrlichkeit Geduld	Soll überhastetes Handeln und damit eine unnötige Energieaufwendung verhindern.	*„Ganz ruhig, es sind noch 20 km zu laufen – wir sehen uns wieder".*
Beharrlichkeit Standhaftigkeit	Soll eine positive Einstellung gegenüber einer sehr belastenden Situation erreichen.	*„Das Gefühl kennst Du doch aus dem Training. Die Schmerzen gehen auch wieder vorbei."*
Beharrlichkeit Kampfgeist	Soll eine abschließende Energiemobilisation erreichen.	*„Auf jetzt, der letzte Kilometer – kämpfe!"*
Beharrlichkeit Hartnäckigkeit	Soll es ermöglichen, ein sich gestecktes Ziel überdauernd im Zentrum der Konzentration zu halten.	*„Komm schon – noch 3 Kilometer, das wären auf der Bahn noch 7 1/2 Runden. Im Training läufst Du Dich über diese Distanz ein. Höchstens noch 15 min."*

7.7 Was tun, wenn ich keine Lust zum Training habe?

Ein weiterer wichtiger Hinweis über den „Willen" gibt uns der Psychologe Ralf Schwarzer. Er zeigt, dass Wille keine Eigenschaft an sich ist, sondern vielmehr durch einen Prozess charakterisiert ist. Dazu müssen wir einen kleinen Exkurs in die psychologische Theorie unternehmen, um diesen Prozess besser verstehen zu können. Diesen Prozess nennt Ralf Schwarzer in Anlehnung an Heinz Heckhausen (1989) den *volitionalen Prozess*. Was genau aber ist damit gemeint?

Ralf Schwarzer ist der Meinung, dass es sinnvoll ist, den Handlungsprozess in eine Motivationsphase und eine Volitionsphase zu untergliedern. In der Motivationsphase geht es um die Bildung einer sogenannten Zielintention („sich etwas vornehmen"). Er beschreibt dies bildlich, als fände ein innerer Kampf statt, bei dem sich widersprechende Wünsche und Bestrebungen um Durchsetzung ringen. Ein Sportler kämpft zum Beispiel mit sich selbst, ob er heute einmal zu Hause bleibt oder lieber doch wie geplant am Training teilnehmen möchte. Eine solche Prioritätensetzung geschieht angesichts von Wertvorstellungen (Wie wichtig ist mir meine Wettkampfvorbereitung?), Rahmenbedingungen (Welche Bedingungen herrschen heute?), Realisierungschancen (Wie ist meine körperliche Verfassung heute? Wie habe ich das Training gestern verkraftet? Kann ich das Training heute durchziehen?).

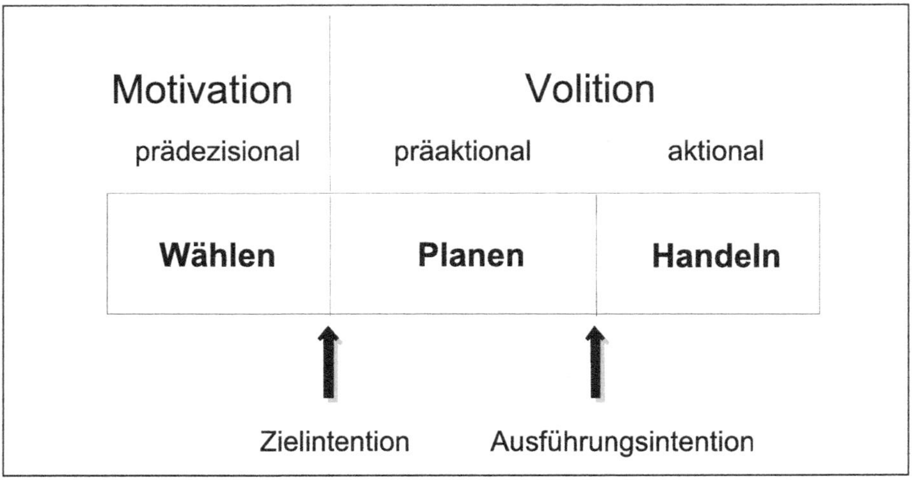

Abb. 14. Motivation und Volition (Schwarzer, 1993).

Im weiteren Verlauf setzt sich eine der beiden Optionen durch und wird damit zur Zielintention (d. h. entweder habe ich mich für das Training entschieden oder für den Biergarten). Diesem Prozess kann man somit die Funktion zuschreiben, Entscheidungskonflikte zu beenden und die damit verbundene Spannung zu verringern. Damit endet nach Schwarzer diese Phase.

Es bleibt jedoch weiterhin fraglich, ob daraus wirklich eine entsprechende Handlung entsteht. Und genau dieser Teilprozess ist Gegenstand der Volitionsphase. Hier geht es um die mögliche Realisierung der Intention. Im volitionalen Prozess ist die Umsetzung der Intention in eine Handlung das zentrale Problem. Ein weiterer Teilprozess beschäftigt sich im weiteren Verlauf mit der Aufrechterhaltung der initiierten Handlung. So sind nach Schwarzer (1993) die klassischen Motivationsvariablen Anstrengung und Ausdauer eigentlich Volitionsvariablen, wenn man sich seinem und damit dem neueren Sprachgebrauch anschließt. Die Volitionsphase wiederum lässt sich unterteilen in eine präaktionale und eine aktionale Phase: Dabei betont er, dass es vor der Handlung auf die Handlungsplanung und während der Handlung auf die Handlungskontrolle ankommt. Es reicht nicht, sich zu einer allgemeinen Entscheidung durchzuringen, man muss auch konkret werden und die resultierenden Handlungselemente im Detail vorausplanen. Mit der Zielintention kann ein Endzustand angestrebt werden oder ein globales Verhalten. So könnte eine Zielintention zum Beispiel die Qualifikation zur Europameisterschaft über die Kurzdistanz am Ende des Monats sein. Gleichzeitig möchte der Sportler evtl. auch die Chance wahrnehmen, am selben Tag mit der Mannschaft sehr gut abzuschneiden. Das Ausmaß, mit dem man sich hier engagiert, kann jedoch sehr unterschiedlich sein. Man mag sich zwar nach langem Kampf zu einer Absicht durchringen, muss deswegen aber noch nicht Feuer und Flamme dafür sein. Wenn der Sportler den Konflikt der beiden Wünsche durch eine Zielintention beendet, dann mag die Intentionsstärke niedrig sein, weil der Athlet noch eine Reihe anderer Selbstverpflichtungen oder Zielbindungen eingegangen ist. Sie mag aber auch sehr groß sein, weil dieses Thema den zentralen Gedankeninhalt vor einem Wunschhorizont darstellt. Die Intentionsstärke ist im Wesentlichen vom Grad der Erwünschtheit des Zieles abhängig und wirkt sich auf den weiteren volitionalen Prozess direkt aus. Die Intentionsstärke kann auch von anderen Faktoren abhängen, zum Beispiel von der Realisierungswahrscheinlichkeit. So hat die subjektiv höhere Wahrscheinlichkeit, ein gutes Mannschaftsergebnis zu erzielen als sich für die Europameisterschaften zu qualifizieren, direkten Einfluss auf die Zielintentionsstärke. Mag die Zielintention auch noch so stark sein, eine Garantie für das Zustandekommen der beabsichtigten Handlung ist dadurch aber immer noch nicht gegeben. Wir kennen alle das Phänomen! Manchmal geht alles wie von selbst, nachdem ein Entschluss erst einmal gefasst ist. Doch ein anderes Mal tun sich Barrieren auf, die eine Umsetzung erschweren. Man wartet vergeblich auf eine günstige Gelegenheit zur Initiierung der Handlung oder kann sich nicht entscheiden, wie man am besten vorgehen soll. Konflikte gibt es hier in der präaktionalen Volitionsphase. Soll man z. B. die Absicht, sich in der kommenden Saison deutlich zu verbessern und sich somit für die Europameisterschaften zu qualifizieren, dadurch verwirklichen, dass man sein bisheriges Belastungskonzept im Training umstellt (z. B. könnte man auf Blocktrainingskonzepte statt wie bisher auf klassische Trainingskonzepte zurückgreifen), oder achtet man mehr auf seine Ernährung? Soll man etwas gleichtun oder auf eine bessere Gelegenheit warten? Um einer übergeordneten Zielintention auf den Weg zu helfen, braucht man nach Schwarzer oft eine ganze Reihe von Ausführungsintentionen, die unter Berücksichtigung der Umstände vorschreiben, was, wann, wie getan werden soll. Solches Planen ist der Bildung von Zielintentionen logisch und zeitlich untergeordnet, doch kann man sich gut vorstellen, dass in manchen Fällen die Details der Realisierung schon antizipiert werden, bevor man überhaupt eine Absicht formuliert hat.

Nun fragt man sich, welche psychologischen Mechanismen dafür sorgen, dass Ausführungsintentionen das tatsächliche Handeln begünstigen? Einige Triathleten schreiben sich Zahlenreihen auf die Arme, um sich an ihre Ausführungsintentionen zu erinnern. Denn was man bis ins Detail durchdacht hat, daran lässt sich leichter erinnern. Man begegnet einer bestimmten Situation (Kilometerschild 30 auf dem Rad) und erinnert sich daran, dass man sich für eine bestimmte Handlungsinitiative (z. B. nur 1 Minute hinter Sascha, nun das Tempo leicht zu forcieren) vorbereitet hat. Wenn Auslösebedingungen und konkrete Verhaltensabläufe von vornherein mitbedacht werden, wird die Intention leichter aus dem Gedächtnis abgerufen, indem eine entsprechende Verbindung erzeugt wird, sobald man in die passende Situation gerät. Haben Sie beispielsweise das Problem eine Trainingseinheit anzugehen, obwohl Sie sich das vorgenommen haben, dann hilft es Ihnen garantiert weiter, wenn Sie sich überlegen, wie Sie Ihre Trainingseinheit in die Praxis umsetzen wollen. Sie können dabei beispielsweise genau planen, welche Strecke sie laufen oder fahren wollen, wann Sie an welcher auffälligen Stelle sein möchten! Wie Sie den heißgeliebten Hügel hinauflaufen oder hinauffahren und sich dabei überlegen, wie es sich anfühlt, oder wie sich warmer Regen während des Laufens auf Ihrer Haut anfühlt oder wie die Aussicht auf der Kuppe dieses Anstieges ist! Manchmal hilft es auch ganz einfach, sich einen Zeitpunkt zu setzen, an dem Sie trainieren wollen und sich den weiteren Abendverlauf nach Ihrer Trainingseinheit vorzustellen.

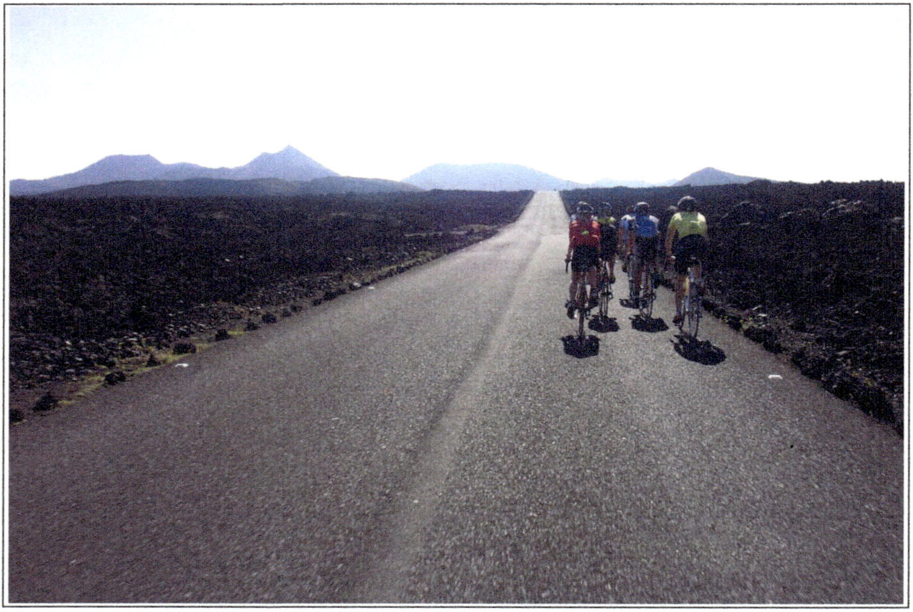

Bild 13. Motivation schaffen im Trainingslager (© Wolfgang Rentschler).

Wir haben gesehen, dass die Handlungsplanung einen positiven Effekt auf die Handlungsausführung haben kann. Planen ist jedoch noch nicht alles, was man tun kann und evtl. auch tun muss. Verdeutlichen wollen wir ein weiteres Vorgehen an der folgenden Abbildung, die ebenfalls von Henning Allmer stammt.

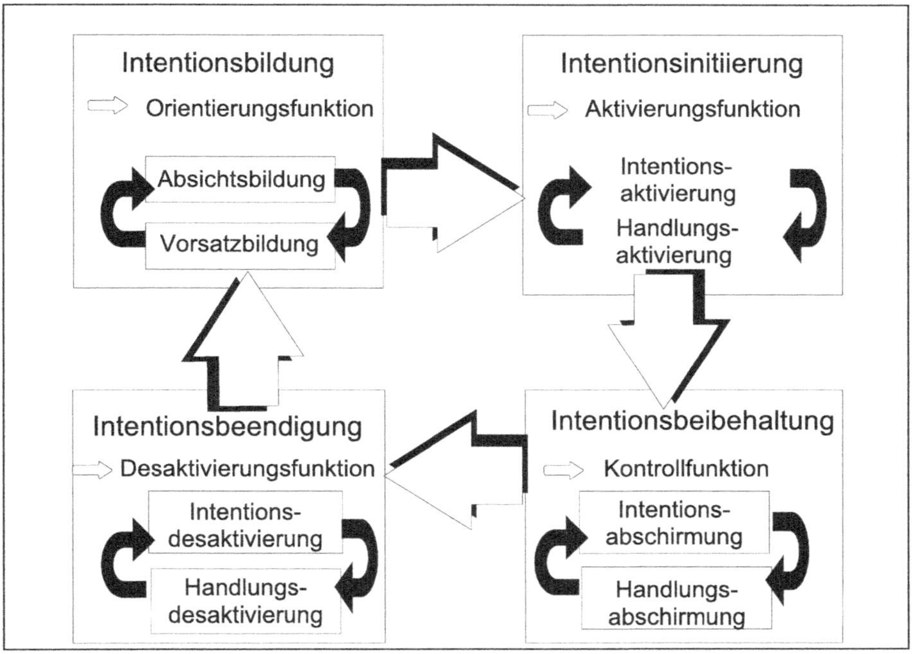

Abb. 15. Das volitionale Kreismodell nach Allmer (1991).

Dieses Kreismodell gibt im Prinzip den schon dargestellten volitionalen Prozess wieder. Wir sehen, dass den verschiedenen Phasen des volitionalen Prozesses verschiedene Funktionen zugeordnet sind. So hat die Phase der Intentionsbildung („sich etwas vornehmen") Orientierungsfunktion. Wichtig ist in dieser Phase die Absichts- und Vorsatzbildung. Dies entspricht dem eben schon erwähnten „Wollen" und „Planen". Ich als Läufer muss mir genau darüber im Klaren sein, was ich will und wie ich beabsichtige, das Gewollte zu erreichen. Ist diese Phase abgeschlossen, schließt sich die Phase der Intentionsinitiierung an. Diese Phase hat Aktivierungsfunktion! Hier geht es darum, das „Vorgenommene" anzugehen und in die Handlung (z. B. Training) umzusetzen. Es schließt sich die Phase der Intentionsbeibehaltung an, die überwiegend Kontrollfunktion hat. In dieser Phase geht es darum, das „Vorgenommene" gegenüber störenden Einflüssen abzuschirmen. Ein schönes Beispiel für diese Abschirmungsfunktion weiß wieder einmal Dieter Baumann zu berichten:

> „... Habe ich ihr nicht ausdrücklich erzählt, warum ich 1986 in Stuttgart schon im Vorlauf ausgeschieden bin. Damals hatte ich das Neckarstadion betreten und schon hallte es aus der Blaubeurer Kulisse: Hallo Dieter, mir sind alle do, i bin dr Sepp und i Gretl, mach's guat. Und ich winkte allen zurück, glücklich wie ein Kind, dem gerade das Christkind erschienen ist. Von Konzentration natürlich keine Spur mehr, das Rennen war schon passé, bevor es überhaupt begonnen hatte" (Baumann, 1995, S. 46).

An anderer Stelle schreibt er:

> „Jetzt bin ich in einer anderen Welt, in meinem Tunnel, er ist mein Schutz und Schirm, die Psychologen würden wahrscheinlich sagen, mein Uterus, in dessen Geborgenheit ich zurückflüchte. Hier ist mein zu Hause, hier gilt nur meine Welt, mein Film, mein Plan. Die Zuschauer existieren nicht mehr. Ob sie toben oder schweigen, pfeifen oder Beifall klatschen, ich nehme sie nicht wahr. Auch Isabelle ist weg. Ich würde lügen, wenn ich jetzt behaupten würde, ich würde an sie denken. Es gibt nur noch meine Gegner. Ich werde ihnen weglaufen, sagt mein Film. 500 Meter vor dem Ziel werde ich den Turbo zünden, mein Gehirn wird meinen Muskelmännern befehlen zu explodieren, sie werden mich drei, vier Meter nach vorne katapultieren. Das wird reichen“ (Baumann, 1995, S. 48).

Ist eine Intention dann erfolgreich in die Handlung umgesetzt, muss ich natürlich auch in der Lage sein, meine Handlung rechtzeitig abzubrechen, mich nicht länger damit zu beschäftigen und offen für neue Impulse zu sein. Somit hat diese Phase Desaktivierungsfunktion. Schauen wir uns dieses Modell einmal anhand eines Beispiels aus der täglichen Trainingspraxis an:

Sie befinden sich in der Situation, dass Sie ein hartes Tempotraining absolvieren wollen. Konditionell wären Sie dazu auch in der Lage. Sie kommen nach der Arbeit nach Hause und treffen dort einen Freund, der Sie und Ihre Familie besucht und den Sie schon lange nicht mehr gesehen haben. Ihr Freund schlägt vor, dass Sie alle den Abend in einem nahegelegenen Biergarten verbringen sollten und fordert Sie zum Mitkommen auf. Zunächst müssen Sie sich entscheiden, was Sie wollen. Es kommt zum Abwägen zwischen der Durchführung der Trainingseinheit und dem Gang in den Biergarten mit dem Freund, der ja immerhin nicht alle Tage da ist. Es werden verschiedene Handlungsalternativen durchdacht. Sie müssen sich also entscheiden. Egal, für welche Alternative Sie sich entscheiden, es ist wichtig, dass Sie folgende Phasen erfolgreich abschließen.

Gehen wir einmal davon aus, dass Sie sich nach langem Abwägen dazu durchgerungen haben, zum Training zu gehen. Es ist nun wichtig, dass Sie unmittelbar und ohne zu zögern Initiative (Intentions- und Handlungsaktivierung) übernehmen und Ihr Vorhaben in die Praxis umsetzen. Ziehen Sie sich möglichst sofort nach der Entscheidungsfindung um, packen Sie Ihre Sachen und verabreden Sie sich mit Ihrem Freund und Ihrer Familie in 90 min. Denken Sie nicht mehr lange über die Entscheidungsfindung nach. Handeln Sie sofort und ohne zu zögern. Sie sollten möglichst unmittelbar das Haus verlassen, auch wenn das schlechte Gewissen noch drückt. In der nun folgenden Phase im Training ist es sehr wichtig, dass Sie sich voll und ganz auf Ihr Training konzentrieren. Schirmen Sie sich von störenden Gedanken (schlechtem Gewissen) ab. Lenken Sie Ihre Aufmerksamkeit auf Ihren Trainingsplan und ziehen Sie Ihr Training durch. Suchen Sie die Nähe anderer Triathleten und trainieren Sie mit ihnen. Nach verrichteter Trainingsarbeit versuchen Sie sich nicht mehr allzu lange mit dem Training zu beschäftigen. Versuchen Sie erst einmal abzuschalten, duschen Sie und gehen Sie in aller Ruhe in den Biergarten.

Aufgabe:

Der bisher geschilderte Vorgang lässt sich auch gut auf die Entscheidungsfindung im Wettkampf übertragen. Ich schildere Ihnen jetzt ein Beispiel, und Sie entwickeln bitte im Kopf die Situation mit Hilfe unseres Modells weiter:

Beispiel: Soeben erfolgte der Start zum Ironman. Dieses Rennen haben Sie als Saisonhöhepunkt geplant. Sie wollen erstmals unter 10 Stunden bleiben. Sie kontrollieren die Zwischenzeit nach dem Schwimmen 60:02 min., bei km 90 auf dem Rad: 3:28 h. und bei km 135: 4:45 min. Sie bemerken, dass Sie zu schnell unterwegs sind.

Sie müssen eine Entscheidung treffen. Was geht Ihnen jetzt durch den Kopf?

Sie haben sich dazu entschlossen, Tempo raus zu nehmen. Worauf müssen Sie jetzt achten?

Nach 180 Radkilometern sind Sie wieder in Ihrem Zeitplan. Was ist nun zu tun?

7.8 Zusammenfassende Ratschläge zur Selbstmotivation

1. Es ist wichtig, dass Sie sich bedeutungsvolle, langfristige Ziele setzen!

Suchen Sie sich beispielsweise schon relativ früh Ihre Saisonhöhepunkte für die nächste Saison aus. Bestellen Sie sich ruhig Informationsmaterial über den Wettkampf selbst und über die Stadt, in der beispielsweise der Triathlon ausgetragen wird. Beschäftigen Sie sich schon früh gedanklich mit diesem Ereignis und bauen Sie so eine positive Spannung auf. Finden Sie eine Begründung, für die sich all Ihre zukünftigen Anstrengungen lohnen. Machen Sie sich bewusst: Alles beginnt hier und heute an diesem Punkt.

2. Realisieren Sie Ihr gestecktes Ziel über realistisch gesteckte, mittelfristige Zwischenziele!

Ihre Zwischenziele müssen genau wie Ihr Saisonhöhepunkt realistisch, herausfordernd und anregend sein. Wenn Sie beispielsweise als Saisonhöhepunkt den Ultratriathlon in Roth oder den Ironman in Frankfurt Mitte August anvisieren, dann planen Sie schon frühzeitig die Teilnahme an einigen anderen attraktiven Triathlons in Ihrer Umgebung. Legen Sie an diese Zwischenziele exakte Zeitvorgaben an, die im Rahmen Ihres derzeitigen Leistungsstands liegen, bzw. versuchen Sie Durchgangszeiten zu erreichen, wie Sie sie etwa zum Saisonhöhepunkt erreichen möchten.

3. Zur Zielsetzung gehört auch die Planung kurzfristiger, täglicher Ziele!

Wie Sie jetzt wissen, liegt der Schlüssel zur Selbstmotivation im erkennbaren Erfolg. Und dieser Erfolg ist tagtäglich erlebbar, wenn diese kurzfristigen Ziele sowie die mittel- und langfristigen Ziele herausfordernd, realistisch und anregend sind. Damit ist nicht gemeint, dass Sie während Ihres Trainings die Lauf- oder Radzeiten, wie auch die Schwimmzeiten über eine festgelegte Strecke ständig verbessern müssen, sondern betrachten Sie Ihre tagtägliche Aktivität als eine Besonderheit und wohltuend für Ihren gesamten Organismus. Belohnen Sie sich ruhig nach jeder Trainingseinheit mit irgendetwas, dass Sie gerne mögen.

4. Betrachten Sie in regelmäßigen Abständen den Weg zu Ihrem Ziel. Setzen Sie sich eine Frist, wann Sie dieses Ziel erreichen wollen!

Aus der psychologischen Forschung wissen wir, dass immer wiederholte und aufgeschriebene Ziele sehr viel verfestigter und stärker wirken als Ziele, die lediglich in unseren Gedanken existieren. Basteln Sie sich einen „Ereignisplan“, an dessen Ende Ihr Ziel steht. Tragen Sie dann Ihre Zwischenziele ein und fügen einen Termin hinzu, bis zu welchem Sie diese Zwischenziele erreicht haben wollen.

5. Führen Sie tagtäglich Protokoll über Ihre Erfolge!

Vergegenwärtigen Sie sich in Form von Diagrammen oder Tabellen den Verlauf Ihres Leistungsanstiegs. Schreiben Sie sich persönliche Bestzeiten über bestimmte Strecken auf und führen Sie sich diese gelegentlich vor Augen.

6. Halten Sie sich viel in der Gegenwart von hochmotivierten Triathleten auf! Meiden Sie Sportler, die unmotiviert sind!

Motivation kann so ansteckend sein wie eine Krankheit, genauso wie der Verlust an Motivation. Suchen Sie die Gegenwart von Triathleten Ihrer Leistungsstärke, die auch wie Sie auf ein persönliches Ziel hinarbeiten. Lassen Sie sich von ihrem Optimismus und ihrer Euphorie anstecken.

7. Betrachten Sie Ihren Sport als Spaß!

Machen Sie sich bewusst, warum Sie laufen. Freuen Sie sich am Spaß an der Bewegung, an der frischen Luft und genießen Sie die Natur. Machen Sie nicht den Fehler und werden verbissen. Haben Sie Spaß an der Sache! Sobald Sie Erfolg haben, werden sich Ihre Motivationsprobleme in Luft auflösen.

8. Zweifeln Sie nicht an einer einmal getroffenen Entscheidung!

Sollten Sie sich einmal zu einer bestimmten Entscheidung durchgerungen haben, zögern Sie nicht lange mit der Umsetzung dieser Intention in die Praxis. Verfolgen Sie Ihr Ziel hartnäckig, ausdauernd, zielstrebig und standhaft. Schirmen Sie Ihre

Intention von störenden Gedanken ab. Vergessen Sie nicht, sich rechtzeitig mit Zwischenzielen und neu zu erreichenden Zielen zu beschäftigen und sich diesen zu stellen.

7.9 Weiterführende Literatur

Beckmann, J. & Elbe, A.-M. (2009). *Handbuch sportpsychologischer Praxis: Mentales Training in den olympischen Sportarten.* Balingen: Spitta-Verlag.

Birrer, D. & Seiler, R. (2006). Motivationstraining. In M. Tietjens & B. Strauß (Hrsg.), *Handbuch Sportpsychologie* (S. 236-245). Schorndorf: Hofmann.

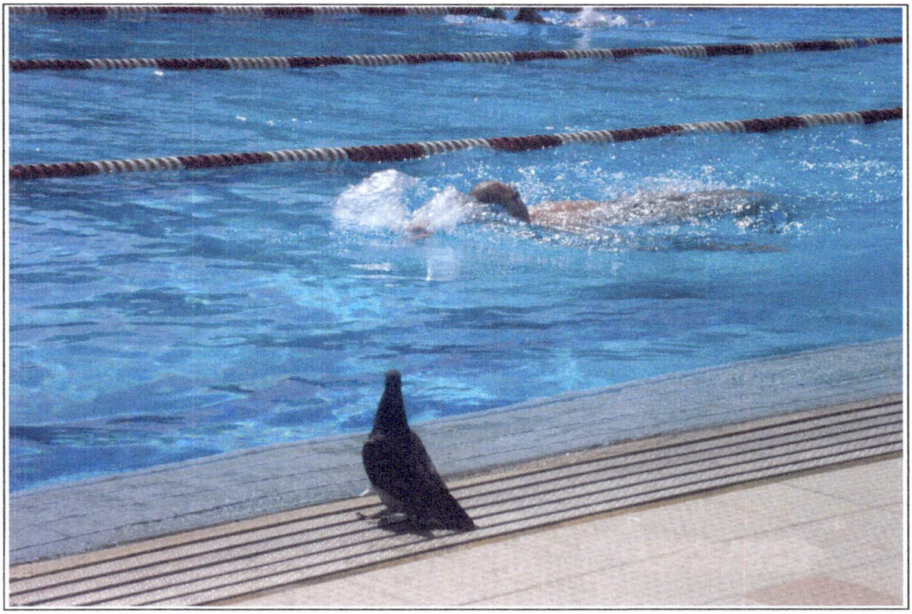

Bild 14. ... immer unter Beobachtung (© Wolfgang Rentschler).

8 Der Umgang mit Angst und Stress

Wir behandeln nun zwei psychologische Faktoren, die gerade im Wettkampf immer wieder dazu führen, dass Triathleten ihr physiologisches Potential nicht voll ausnutzen können. Wir kennen alle die Situationen vor einem wichtigen Wettkampf: die Nacht vor dem ersten Kurztriathlon oder Ironman; ein ständiges flaues Gefühl in der Magengegend; die Stunde in der Wechselzone am Kanal vor dem Start beim Ultratriathlon in Roth; die quälenden Gedanken: Habe ich mich genug vorbereitet? Waren die Umfänge hoch genug, damit ich das hier überstehen kann? Oder die Nacht vor den Deutschen Meisterschaften: Alpträume peinigen uns die ganze Nacht; wir haben große Probleme einzuschlafen; immer wieder erscheint vor unserem inneren Auge der XY, der uns schon so viele Niederlagen beigebracht hat und uns schon so oft noch auf der Zielgeraden abgefangen hat. Es gibt nicht viele Athleten, die mit solchen Situationen gut umgehen können. Den wenigen Athleten, die diese Fähigkeit besitzen, wird „Mentale Stärke" zugeschrieben. „Mentale Stärke" ist die Fähigkeit, mit einer belastenden Situation so umzugehen, dass die psychophysische Leistungsfähigkeit im Wettkampf nicht bzw. nur gering eingeschränkt ist.

8.1 Was bedeuten Angst und Stress im Wettkampf?

Die meisten Sportpsychologen sind sich darüber einig, dass Angst bzw. Stress im Wettkampf zu einer Leistungsminderung führen. Angst bzw. Stress blockieren unsere Kognitionen, also unsere Fähigkeit sich zu konzentrieren, wichtige, kritische Situationen im Wettkampf zu analysieren und zielgerichtet zu handeln. Welche Prozesse laufen dabei in unserem Kopf ab? Wenn ein Triathlet einmal so weit ist, dass er an einem Wettkampf teilnehmen möchte, dann hat er sich bis dahin meistens im Rahmen eines längerfristig angelegten Trainingsplans die nötigen physischen wie psychischen Fähigkeiten angeeignet, die nötig sind, um beispielsweise den ersten Kurztriathlon zu überstehen. Wir sprechen also von den Fähigkeiten eines Triathleten, inklusive den *Glauben* daran, dass diese Fähigkeiten genügen, um den Kurztriathlon durchzustehen. In der wissenschaftlichen Sportpsychologie sprechen wir im Allgemeinen von individuellen Leistungsvoraussetzungen. Auf der anderen Seite steht der Kurztriathlon oder Ironman mit all den möglichen Gefahren bzw. Risiken, die ein solcher Wettkampf in sich birgt. Ein Anfänger weiß dabei überhaupt nicht, was auf ihn zukommt. Selbst für alte Hasen ist ein Kurztriathlon oder Ironman immer wieder eine neue Herausforderung, weil man, je nachdem welches Ziel man hat, nicht weiß wie die Sache ausgeht. Wir sprechen hier von einer Anforderung bzw. einer Leistungsanforderung. Besteht nun ein Gleichgewicht zwischen der Bedrohung, die von der Leistungsanforderung ausgeht (dem Ungewissen eines Ironmans oder der unberechenbaren Größe „Bekannter Gegner" in einem Kurztriathlon) und den individuellen Leistungsvoraussetzungen (also dem Glauben an Ihre Fähigkeiten), wird der Wettkampf optimal für

Sie verlaufen. Möglicherweise verspüren Sie deshalb ein Kribbeln in der Magengegend vor Ihrem Start, welches offensichtliche Auswirkungen des Körpers auf diese psychophysische Belastung ist. Wichtig ist jedoch, dass Sie sich bewusst machen, einen gewissen Erregungszustand zu benötigen, um eine optimale Leistung zu erbringen (Abb. 16).

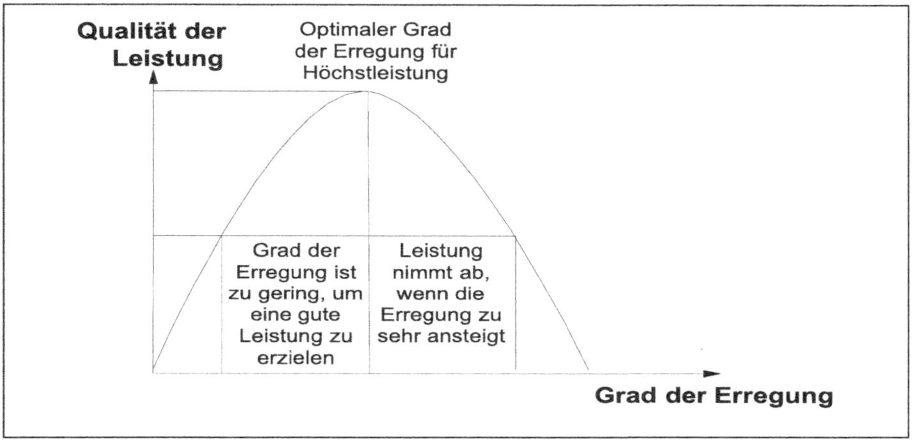

Abb. 16. Die Beziehung zwischen Qualität der Leistung und Erregungsniveau.

Verschiebt sich jedoch das Gleichgewicht in die eine oder andere Richtung, kann es zu *negativen Belastungswirkungen* wie z. B. Stress oder Angst kommen.

Stress bzw. Angst treten dann auf, wenn der Triathlet die belastende Situation als die eigenen Fähigkeiten überschreitend bewertet (Abb. 17).

Wie Sie sehen, entsteht die negative Belastungswirkung Stress nicht nur ausschließlich durch einen objektiv messbaren Stressor, sondern viel mehr über eine negative Einstellung zu diesem belastenden Ergebnis. Wir können zumeist nicht sehr viel an einem belastenden Stressor, wie etwa dem schlechten Wetter bzw. einem übermächtigen Gegner ändern. Aber wir können unsere Einstellung zu diesem Stressor bewusst wahrnehmen, überdenken und u. U. ändern. Im Übrigen treten negative Belastungswirkungen auch dann auf, wenn Ihre individuellen Leistungsvoraussetzungen deutlich gewichtiger sind als die Anforderung. Es kommt dann zu Zuständen, die Monotonie bzw. psychische Sättigung genannt werden und die sich ebenfalls leistungsmindernd auswirken können.

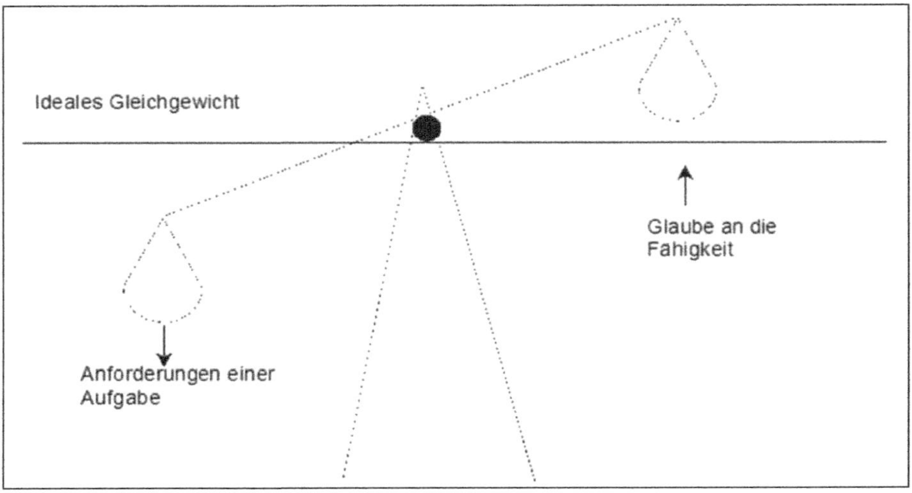

Abb. 17. Die Beziehung von individuellen Leistungsvoraussetzungen und Anforderungen einer Aufgabe, die zu Stress oder Angst führt.

Wie wir gesehen haben, sind wir in der Lage, kritische Situationen, die in einem Wettkampf auftreten können, zu bewältigen, indem wir uns über den Stressor bewusstwerden und unsere Einstellung über unsere Fähigkeiten überprüfen und gegebenenfalls verändern. Eine erfolgreiche Bewältigung einer stressenden Situation kann in vielen Fällen über Sieg oder Niederlage entscheiden. Halten wir uns doch einmal vor Augen, was in unserem Kopf vorgeht, wenn im Wettkampf eine bedrohende Situation (z. B. schwere Magenkrämpfe) auftritt (Abb. 18):

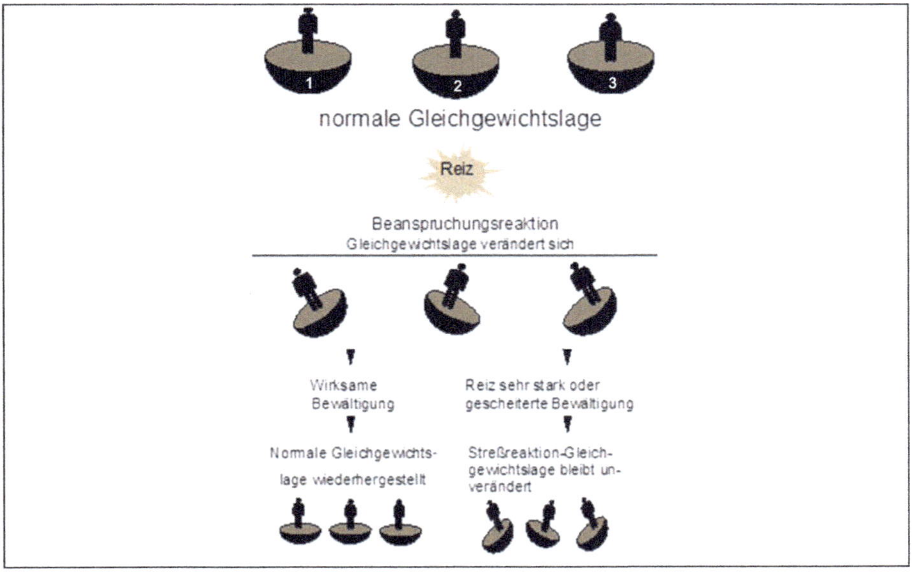

Abb. 18. Der Prozess der Stressbewältigung nach Schlicht (1989a, S. 11).
Hinweis: 1-körperlicher Zustand, 2-emotionaler Zustand, 3-kognitiver Zustand

Wir gehen zunächst davon aus, dass im Rennen alles so abläuft wie geplant. Unsere physiologischen Vorgänge verlaufen wie geplant. Das Tempo stimmt, wir sind im Zeitplan und unsere Wahrnehmung ist auf das Rennen und unsere Gegner gerichtet. Im Großen und Ganzen geht es uns gut, wir fühlen uns stark und kraftvoll. Wir fahren bei km 20 an einer Verpflegungsstation vorbei und nehmen ein Elektrolytgetränk, trinken es in kurzen Zügen aus und fahren beruhigt weiter. Kurz und gut: Unser körperlicher, kognitiver und emotionaler Zustand befindet sich im Gleichgewicht. Nach ca. 10 min. verspüren wir aufkommende Übelkeit. Eine kurze Situationsanalyse sagt uns, dass diese Übelkeit bestimmt von diesem Elektrolytgetränk kommt. Die Magenkrämpfe werden immer stärker, wir spüren, wie „etwas" sauer aufstößt. Die Konsequenz ist, dass wir Tempo herausnehmen müssen (körperlicher Zustand), dass wir uns darüber ärgern, anstatt Wasser einen Elektrolytbecher genommen zu haben (emotionaler Zustand), unsere Aufmerksamkeit ist auf die Krämpfe und nicht auf das Rennen gerichtet (kognitiver Zustand). Durch die Krämpfe sind wir demzufolge gezwungen, Tempo herauszunehmen, zusätzlich stört der aufkeimende Ärger unsere Aufmerksamkeit und unseren bis dahin optimalen Erregungszustand – die Situationswahrnehmung und somit das Gleichgewicht sind gestört.

Ist der Reiz nicht zu stark bzw. gelingt es uns, diese Situation wirksam zu bewältigen, dann können wir unseren psychophysischen Zustand wiederherstellen und unser Rennen in einem optimalen Zustand fortsetzen. Ist der Reiz zu stark bzw. gelingt uns eine Bewältigung nicht, können wir davon ausgehen, dass dies negative Konsequenzen auf den Rennausgang hat.

Wir kommen nun zu der Frage: „Was kann ich tun, um diesen Stressor möglichst wirksam zu bewältigen?" Hier können wir uns auf Ergebnisse nur sehr weniger Studien beziehen, die in der Sportpsychologie durchgeführt wurden.

Werfen wir zunächst einen Blick auf die Möglichkeiten der Stressbewältigung, wie sie die Sportpsychologie zurzeit vorschlägt, so z. B. die Progressive Muskelrelaxation nach Jacobsen und das Autogene Training. Diese Techniken werden von Sportpsychologen, die mit Hochleistungsathleten zusammenarbeiten, vermittelt und haben schon zu erstaunlich guten Resultaten geführt. Im Grunde gehören diese Techniken zum Basisrüstzeug eines jeden Sportlers im Hochleistungssport. Jedoch haben diese Techniken zwei Nachteile, die sich teilweise als entscheidend für leistungsorientierte Breitensportler bzw. Spitzensportler ohne qualifizierte Trainerbetreuung herausstellen. Autogenes Training und die Progressive Muskelrelaxation setzen ein intensives Programm zur Erlernung dieser Techniken voraus. Dazu benötigt man viel Zeit, einen kompetenten Lehrer und ein sensibles Auffassungsvermögen bzw. Körpergefühl, das sich mitunter nur sehr langsam entwickelt. Das Erlernen dieser Techniken ist eine Frage der Zeit und der Kosten. Der zweite Nachteil besteht darin, dass sich diese Techniken ausschließlich auf die Senkung des Erregungsniveaus auswirken. Dies ist sicherlich oft notwendig, da Stress und Angst im Allgemeinen das Erregungsniveau erhöhen. Sie behandeln damit aber lediglich die Symptome der Belastungswirkungen und greifen nicht an der Quelle des Übels an. Damit meinen wir eine zu negative Einstellung gegenüber dem Stressor bzw. den eigenen Leistungsvoraussetzungen. Schließlich ist die Anwendung von Autogenem Training bzw. Muskelrelaxation nur vor oder nach dem Wettkampf möglich. Bin ich erst einmal im Rennen, kann ich auf diese Techniken nicht mehr zurückgreifen. Welche Alternativen stehen mir ansonsten zur Verfügung? Die Antwort heißt „naive Bewältigungsstrategien".

8.2 Was sind naive Bewältigungsstrategien?

Im Prinzip verfügen wir alle über naive Bewältigungsstrategien. Dabei handelt es sich nicht um wissenschaftlich entwickelte und erprobte Stressbewältigungsprogramme, sondern um Techniken, wie wir sie Tag für Tag einsetzen.

Wir bezeichnen naive Strategien als die Techniken, die wir uns im Laufe unseres Lebens aufgrund spezifischer Erfahrungen angeeignet haben.

Sehr oft sind uns diese Techniken kaum bewusst, weil wir sie tagtäglich, beinahe automatisiert anwenden, und in vielen Fällen sind diese Strategien außerordentlich wirksam. Um diesen Sachverhalt besser verstehen zu können, schauen wir uns ein Beispiel an. Die Szenerie ist der Start eines Kurztriathlons, es handelt sich um die Landesmeisterschaften, und wir hören in das Selbstgespräch von Hans Hansen:

> „Also gleich geht's los. Schauen wir uns doch das Teilnehmerfeld mal genau an. Da ist ja Udo Müller, Jahrgang 63, also meine Altersklasse. Kann der mir gefährlich werden? Wohl kaum! Der ist zwar letztes Jahr deutlich unter 20 min. geschwommen, dieses Jahr habe ich aber noch nichts Tolles von ihm gehört. Ach, schau an, der lange Blonde in der zweiten Reihe. Der hat mich doch letzte Woche beim Volkstriathlon an der Talsperre Pöhl geschlagen. Heute eine Gefahr für mich? Schon möglich. Na ja, die Temperaturen letzte Woche waren ja ziemlich brutal, unerträgliche Hitze und Schwüle. Bei solch einem Wetter bin ich sowieso nicht so gut. Aber bei erträglicheren Temperaturen bin ich bestimmt besser als er. Und heute sind wir auf einer längeren Distanz, hier kommt meine Stärke im Schwimmen viel mehr zum Tragen. Außerdem habe ich in letzter Zeit weniger Intensität trainiert und mehr Umfang. Das hat sich natürlich auf der Volksdistanz eher schlecht ausgewirkt. Für die Kurzdistanz bin ich aber top drauf!"

Dieses Beispiel zeigt schon, was unter naiver Bewältigung zu verstehen ist. Hans Hansen will Landesmeister über die Kurzdistanz in seiner Altersklasse werden. Er hat hart dafür trainiert und gehört zu den Favoriten. Faktoren, die seine Zielerreichung bedrohen, sind Udo Müller und „der große Blonde". Diese „Reize" bedrohen sein körperliches, emotionales und kognitives Gleichgewicht (Abb. 18). Hans analysiert die Situation, macht sich die Stressoren bewusst und ändert einfach seine Einstellung gegenüber der möglichen Bedrohung. Die Leistungsfähigkeit von Udo Müller wird einfach heruntergespielt. In Bezug auf den „großen Blonden" ist die Situation schon etwas diffiziler. Der erscheint wirklich sehr stark und hat Hans vor kurzem geschlagen. Jedoch spielt Hans die Fähigkeiten von dem Blonden herunter, indem er sich auf seine eigenen Stärken besinnt und seine Trainingssystematik der vergangenen Woche in den Vordergrund stellt. Somit gelingt es ihm, gegenüber der Angst vor Misserfolg bzw. dem Stressor, einen durch Um- bzw. Neubewertung der Situation völlig anderen Standpunkt einzunehmen, der eine positive Bewältigung dieser möglichen Gegnerkontakte erlaubt.
Solche sogenannten naiven Bewältigungstechniken lassen sich in personenorientierte und umweltorientierte Bewältigungsstrategien unterteilen (Abb. 19).

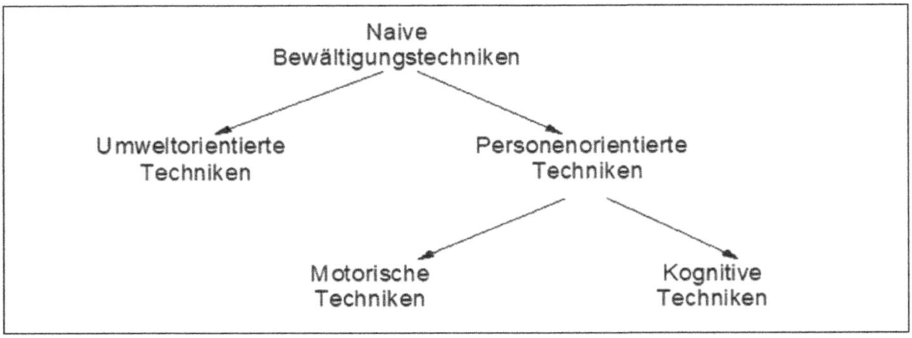

Abb. 19. Naive Bewältigungstechniken im Modell der sportspezifischen Stressbewältigung nach Nitsch und Hackforth (1979).

Umweltorientierte Stressbewältigung äußert sich beispielsweise in der Handlung des Aufsuchens einer beruhigenden oder stimulierenden Atmosphäre vor der wettkampfspezifischen Anforderung, um direkte Veränderungen der störenden bzw. ablenkenden Umweltbedingungen zu erreichen. Angewendet auf ein praktisches Beispiel aus dem Ausdauersport kann Oliver Stoll (Mitherausgeber der Buchreihe) eine Szene aus eigener Erfahrung schildern: Kurz vor dem Start zum Ironman Hawaii 1988 beobachtete er einen Triathleten, der sich anfangs ziemlich kopflos und verwirrt direkt im Startbereich aufhielt. Einige Minuten später sah er ihn wieder, wie er sich in einiger Entfernung (ca. 300 m entfernt vom Start) an den Straßenrand des Allii-Drives setzte, sich die Kopfhörer eines Walkmans einstöpselte und ca. 20 min. in sich und seine Welt versank. So entkam er den Anforderungen des Vorstartzustandes, dem chaotischen Durcheinander, den verschiedenen Fernsehstationen, die nichts Besseres zu tun hatten, als ihre Kameramänner bis zu den Knien ins Wasser zu schicken und die Triathleten zu interviewen. Und so etwas kann mitunter kurz vor einem solch wichtigen Ereignis sehr störend und stressig sein.
Bei personenorientierten Techniken handelt der Triathlet selbst. Er versucht beispielsweise eine innere Anspannung oder Belastung einer stresshaltigen Wettkampfsituation aktiv abzubauen, indem er sich selbst beruhigend zuredet. Dies haben wir ja schon an dem Beispiel des Hans Hansen geschildert. Personenorientierte Techniken sind weiterhin zu unterteilen in motorische bzw. in kognitive Techniken. Motorische Bewältigungstechniken äußern sich in der Verminderung der Spannung durch Bewegungs- bzw. Entspannungsaktivität, also auf muskulärer Ebene. Dies wird vor allen Dingen in Sportarten, wie z. B. Tischtennis deutlich. Hier kann ein Tänzeln beim Erwarten des gegnerischen Aufschlages genau diese Funktion erfüllen. Aber auch am Start von Volks- oder Straßenläufen ist ein solches Verhalten zu beobachten, das von Reportern häufig als „letzte Aufwärmübung“ interpretierte „von einem Bein auf das andere Gespringe“ bzw. kurze, ruckartige Dehnbewegungen, die funktional wohl kaum eine Wirkung mehr haben. Unter motorischen Techniken sind weiterhin „Auszeiten“ (z. B. beim Basketball) zu verstehen oder auch motorische Abreaktionen, wie z. B. das Treten gegen eine Werbebande oder das Wegwerfen eines Tennisschlägers. Die berühmte „Becker-Faust“ gehört ebenso zu diesen motorischen Bewältigungstechniken im Sinne einer motorischen Motivation. Die meisten naiven, personenorientierten, motorischen Bewältigungstechniken spielen jedoch im Triathlon nur eine untergeordnete Rolle.
In der folgenden Abbildung 20 soll Ihnen kurz ein Überblick über die verschiedenen Bewältigungsmöglichkeiten gegeben werden:

Personenorientierte Techniken

↙ ↘

Kognitive Techniken	**Motorische Techniken**
- Motivations-, Beruhigungs- und Konzentrationstechniken	- Tänzeln
- Informationssuche und Einsatz taktischer Mittel	- Auszeit
- Umbewertungstechnik	- Motorische Abreaktion
- Ablenkungstechnik	- Motorische Motivationstechnik
- Verbale Aktion	- Simulation einer Bewegung
- Selbstdarstellungstechnik	- Motorische Relaxation
- Selbstwirksamkeitserwartung	- Atemtechnik
- Autogene Muskelrelaxation	
- Externe Handlungsregulation	
- Mentales Training	

Abb. 20. Überblicksdarstellung der identifizierten Bewältigungstechniken im Tischtennis nach Straub und Hindel (1993, S. 19).

Personenorientierte kognitive Bewältigungsstrategien hingegen spielen im Triathlon eine zentrale Rolle. Wie aus der obigen Abbildung 20 zu entnehmen ist, sind das Strategien, wie z. B. Motivations-, Beruhigungs- und Ablenkungstechniken in Form von Selbstinstruktionen. Beispiele für diese Strategien sind verbale Aktionen („Au Mann, siehst du heute aber schlecht aus!") oder etwa die bewusste Suche nach Information und dem Einsatz taktischer Mittel („Wieviel Plätze muss ich jetzt gutmachen, um die Qualifikation zu schaffen?" und „Kurz vor Ende der Geraden ziehe ich an ihm vorbei und komme dann vor ihm in den Zielkanal!"). Hierzu gehören insbesondere auch Selbstdarstellungstechniken, z. B. das Auswählen bestimmter Kleidung oder das Rasieren der Beine, um besonders gut ausgebildete Muskulatur zu exponieren.

Eine Übersicht über die naiven, kognitiven Bewältigungstechniken, die für den Triathlon in Frage kommen, finden Sie in Tabelle 3:

Tab. 3. *Überblicksdarstellung der kognitiven, naiven Bewältigungstechniken im Triathlon (Ziemainz, 1997)*

Technik	Definition	Beispiel
Motivations-techniken	Treten oft in der Form von positiven Selbstinstruktionen auf und haben den Zweck, eine erhöhte Aktivierung des Sportlers zu erreichen sowie sein Selbstwertgefühl zu stärken.	Beispiele: *„Auf jetzt – noch 2 km, du schaffst deine Zeit!"* oder *„Noch 1000 m, jetzt durchbeißen, du schaffst es noch!"*
Beruhigungs-techniken	Soll die Aktivierung in einer kritischen Situation herabsetzen und negative Emotionen sowie Nervosität kontrollieren.	Beispiel: *„Bleib ganz ruhig, es sind noch 3 km Radzufahren, nur nicht nervös machen lassen."*
Konzentrations-techniken	Haben den Sinn, die Aufmerksamkeit und die Konzentration auf das laufende Renngeschehen zu lenken.	Beispiel: *„Versuche jetzt, dich auf deinen Laufstil zu konzentrieren, ziehe deinen Schritt länger, bleibe locker in den Schultern und beobachte weiter den Rennverlauf."*
Informationssuche u. Einsatz taktischer Mittel	Beziehen sich zumeist auf die Vergegenwärtigung vorher geplanter Zwischenzeiten und auf die Planung des Rennverlaufes und der eigenen Position im Läuferfeld. Diese sind entweder vorher mit dem Trainer abgesprochen oder entstanden individuell im Vorfeld des Rennens.	Beispiele: *„Ich kontrolliere die Zwischenzeit und vergleiche diese mit meiner Marschroute"* oder *„Ich laufe jetzt an XY vorbei, um dann die Lücke wieder zuzumachen, damit ich nicht den Anschluss an die Spitze verliere."*
Umbewertungs-techniken	Kommen vor, wenn der Sportler während des Rennens erkennt, dass er sein vorgenommenes Ziel (Bestzeit/Platzierung) nicht erreichen kann. Dabei werden negative Situationsaspekte durch eine erneute Widerspiegelung in ein positives Licht gerückt bzw. umgedeutet.	Beispiele: *„Eine Bestzeit ist nicht mehr drin aber Hauptsache es ist unter 2:15h, das ist auch schon eine sehr gute Zeit"* oder *„Die XY ist zu stark heute, der Titel ist weg, vielleicht schaffe ich aber noch eine Platzierung auf dem Treppchen."*
Ablenkungs-techniken	Zeichnen sich dadurch aus, dass die Aufmerksamkeit und die Konzentration von der belastenden Situation weggelenkt werden und/oder auf völlig andere Inhalte bezogen werden. Diese Strategien werden auch als „dissoziative Kognitionen" bezeichnet.	Beispiele: *„An dem Punkt habe ich an alles andere gedacht als an das Rennen. Da waren meine Freundin, mein Job und der Urlaub, aber nicht mehr das Rennen"* oder *„Das Rennen habe ich überhaupt nicht mehr wahrgenommen, ich hab nur noch an die heiße Dusche danach gedacht."*
Abreaktion	Ist zu erkennen an Aggressions- oder Wutausbrüchen, die allerdings nicht unbedingt verbal artikuliert werden, sondern teilweise nur kognitiv erfolgen. Diese Abreaktionstechniken beziehen sich zumeist auf den Gegner.	Beispiele: *„Als ich an dem XY vorbeigezogen bin, hat der mich einfach nicht wieder einscheren lassen, da war ich echt sauer; am liebsten hätte ich ihm eine mitgegeben"* oder *„Der XY, das ist so ein Intimfeind von mir. Wenn ich den sehe, dann geht mir der Hut hoch. Den musste ich heute einfach schlagen."*
Resignation	Der Sportler entzieht sich endgültig der belastenden Situation, indem er aufgibt und aus dem Rennen aussteigt oder das Rennen nur noch locker – ohne sich psychophysisch zu belasten – zu Ende läuft.	Beispiele: *„Da habe ich gedacht, das hat doch alles keinen Zweck mehr, nach der Kurve geh ich raus," oder „Das war alles so mies heute, da war mir alles egal, es half nur eins – aussteigen."*
Keine Bewältigung	Es kann auch vorkommen, dass keine Technik angewandt wird. Dies geschieht insbesondere dann, wenn entweder keine geeignete Bewältigungstechnik zur Verfügung steht oder der Sportler aussichtslos hinten liegt.	Beispiel: *„Ich habe nicht mehr gekämpft, ich bin einfach nur noch locker weitergelaufen, so dass es nicht mehr weh getan hat."*

8.3 Bewältigungsregeln über Selbstinstruktionen lernen

Im deutschsprachigen Raum gibt es nur wenige Studien, die sich mit der naiven Bewältigung kritischer Situationen im Wettkampf und einem anschließenden sportlichen Erfolg auseinandergesetzt haben. Dies sind zum einen die Psychologen Dr. Christoph Hindel und Prof. Dr. Heinz-Walter Krohne (Universität Mainz), die diese Problematik im Tischtennis untersuchten. Eine zweite Studie wurde von Prof. Dr. Wolfgang Schlicht und seinen Mitarbeitern (damals Universität Kiel) im Triathlon durchgeführt. Unsere Forschungsgruppe (früher Universität Leipzig/TU Chemnitz, nun Universität Halle-Wittenberg/Universität Erlangen) untersuchte die Bewältigung kritischer Situationen und damit verbundenen sportlichen Erfolg für den Langstreckenlauf und im Triathlon. Daraus lassen sich Regeln zum Bewältigungsverhalten formulieren, die dann in Form eines „naiven Stressbewältigungstrainings" trainiert und angewendet werden können.

Als eine allgemeine Bewältigungsregel lässt sich formulieren:
Nutze eher aktiv orientierte Bewältigungsstrategien, wenn die bedrohende Situation subjektiv kontrollierbar erscheint. Damit besteht die Möglichkeit, die bedrohende Situation unmittelbar zu verändern bzw. zu eliminieren, welche auch als problemorientierte Bewältigungsstrategien gekennzeichnet sind.

Schauen wir uns diese Bewältigungsregel anhand eines praktischen Beispiels an: Eine Triathletin passiert die 10 km-Marke beim Lauf einer Mitteldistanz in 46,12 Minuten. Ihr Ziel ist es, den Halbmarathon im Rahmen der Mitteldiatanz unter 1:45 Stunden zu laufen. Zum jetzigen Zeitpunkt fühlt sie sich noch locker, weiß jedoch über ihre Schwächen auf den letzten 10 km. Außerdem ist ihr bewusst, dass sie zu wenige lange Trainingsläufe in der Vorbereitung absolviert hat. Somit ist die Erreichung ihres Zieles noch möglich, jedoch aufgrund der Umstände mangelnden Trainings, sowie der generellen Schwäche auf der zweiten Streckenhälfte, massiv bedroht. Wenig sinnvoll wäre hier schon eine frühzeitige Resignation, das Tempo aus Angst vor einem möglichen Einbruch herauszunehmen und somit das Problem zu lösen. Die Enttäuschung im Ziel würde sie wie ein Schlag treffen. Viel sinnvoller wäre an dieser Stelle, unsere Triathletin würde eine genaue Situationsanalyse vornehmen, daraufhin ihren exakten Kilometerschnitt berechnen und diesen dann ständig überprüfen. Mitunter helfen hier oft Selbstinstruktionen, die die eigenen Stärken hervorheben, wie auch das Bewusstmachen eigener Erfolge aus der Vergangenheit. Dies lenkt nicht nur von eventuell auftretenden Ermüdungserscheinungen ab, sondern stärkt auch den Glauben an sich und seine Fähigkeiten. Diese Selbstinstruktionen können in Form von Gedanken durchgeführt werden. Wirkungsvoller sind jedoch laut und deutlich ausgesprochene Selbstinstruktionen. Durch den Einsatz dieser Techniken (Suche nach Information, Einsatz taktischer Mittel sowie positive Selbstinstruktion) hat unsere Triathletin die Möglichkeit, den Stressor („Einhalten des Zeitplans") ständig zu kontrollieren und mitunter durch Tempoverschärfungen (auf den letzten

Kilometern, falls die Muskulatur und der Stoffwechsel es zulassen) gänzlich zu beseitigen.

Greife auf eher passiv orientierte Bewältigungsstrategien zurück, wenn die Situation subjektiv wenig kontrollierbar erscheint! Damit lässt sich zwar nicht der Stressor verändern, jedoch gelingt es somit zumeist negative Emotionen zu regulieren, die dann zusammen mit der kritischen Situation auftreten. Deswegen sprechen wir hier von emotionszentrierten Bewältigungsstrategien.

Auch zu dieser Bewältigungsregel möchten wir ein kleines Beispiel schildern und auf die eben erzählte Situation zurückgreifen. Beim Marathonlauf im Rahmen eines Ironmans ist es bei km 26 dann doch soweit. Die „Wand“ schlägt erbarmungslos zu. Die Beine schmerzen, das Tempo kann kaum mehr gehalten werden. Der Tempoeinbruch ist deutlich von der Uhr abzulesen (bis km 21 ein 4:45er Schnitt, ab km 26 nur noch 5:45 min./km). Es kommen Krampfansätze in den Oberschenkeln dazu und unsere Triathletin ist einfach platt. Hier wären Aktivierungstechniken (positive Selbstinstruktion) völlig fehl am Platz. Diese Instruktionen bewirken nichts mehr, sie zeigen einem nur das eigene Versagen auf, und nichts ist frustrierender als sich selbst anzufeuern, wenn nichts mehr geht. Ein bekannter Triathlet weiß zu berichten: „Wenn ich so richtig platt bin und nichts geht mehr, und die Zuschauer feuern mich an und brüllen mir zu, wie gut ich doch noch aussehe, könnte ich echt aggressiv werden“. In diesem Fall ist es sehr viel wichtiger, die ganze Situation um zu bewerten und in ein anderes Licht zu rücken, indem man evtl. einfach das ursprünglich anvisierte Ziel spontan verwirft und sich auf eine Marathonzeit um die 3:45 h konzentriert. Außerdem hilft es kurzfristig das eigene Versagen „external zu attribuieren“. Dies bedeutet, dass man die Schuld am Versagen zunächst nicht sich selbst zuschreibt, sondern anderen, äußeren Faktoren, die eben nicht kontrollierbar sind. Somit gelingt es oft, zunächst einmal eigene negative Emotionen zu regulieren, d. h. in positive umzuwandeln und somit unter Umständen das eigene psychophysische Gleichgewicht wiederherzustellen. Vorsicht jedoch: Sollte das anvisierte Ziel nicht erreicht werden, so ist spätestens einen Tag nach dem Wettkampf eine realistische Ursachenanalyse notwendig, um daraus Konsequenzen für die zukünftige Vorbereitung abzuleiten.

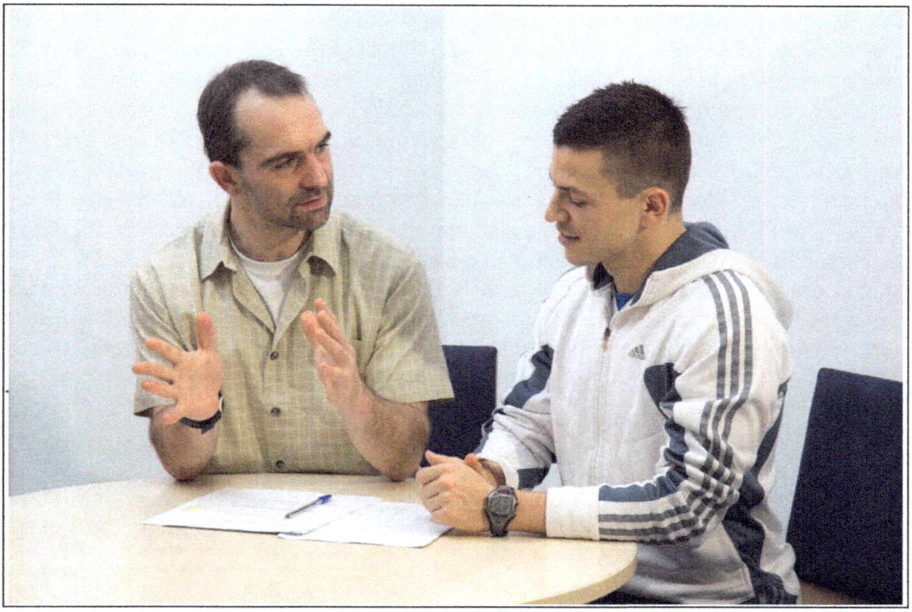

Bild 15. Gespräch zwischen Athlet und Sportpsychologe zu Stress und Stressbewältigung (© Erich Malter).

8.4 Das Leipziger Stressbewältigungstraining

Im vergangenen Kapitel haben wir versucht, Ihnen zu verdeutlichen, welche „Macht" geistige Bilder, Vorstellungskraft und Selbstinstruktionen auf die Fähigkeit haben, mit kritischen Situationen im Wettkampf umzugehen. Aus den Untersuchungen in den 1990ziger Jahren haben wir nun ein Programm entwickelt, dass es Ihnen ermöglichen soll, kritische Situationen wahrzunehmen und zu bewerten sowie Bewältigungsstrategien zu lernen und effektiv anzuwenden. Da wir dieses Programm in unserem damaligen Institut der Universität Leipzig entwickelt haben, nennen wir es das Leipziger Stressbewältigungsprogramm (vgl. Ziemainz, 1999).

8.4.1 Das Stressbewältigungstraining im Überblick

Die zentrale Interventionsmethode zur Entwicklung eines Stressbewältigungstrainings für Triathleten, bietet das Training zur *kognitiven Neu- oder Umbewertung.* Ziel dieses Trainings ist es, durch Lernerfahrungen Stresssituationen bewusst wahrnehmen zu können, sowie Stressreaktionen über den angemessenen Einsatz von Bewältigungsstrategien kontrollieren zu können. Somit kann die Stresstoleranz erhöht werden. Das Leipziger Stressbewältigungs-programm lässt sich in drei grundlegende Phasen unterteilen:

Die *Informationsphase* als erster Schritt dient dazu, dem Sportler das Entstehen und Erleben von kritischen Situationen und den Einsatz von Copingstrategien (Bewältigungsstrategien) in einem Wettkampf bewusst zu machen bzw. zu erklären. Dabei kann auf die Methode der Videoselbstkonfrontation zurückgegriffen werden. Aufgezeichnete Wettkämpfe werden dabei gemeinsam von Athlet und Trainer, bezogen auf wettkampfrelevante, kritische Situationen, analysiert und ausgewertet. Zweckdienlich können hier zusätzliche Aufzeichnungen zu den sonstigen Trainingsdokumentationen (Tagebücher) sein, die sich speziell mit dem Einsatz von Bewältigungsstrategien in Training und Wettkampf beschäftigen.
In der darauffolgenden *Übungsphase* werden verschiedene alternative Bewältigungsstrategien (insbesondere Selbstanweisungen) erlernt. Diese Selbstinstruktionen können in Visualisierungs- und Konfrontationsübungen geübt werden. Hierbei sollen im Geiste Wettkämpfe nacherlebt werden und in bestimmten Situationen effektive und adäquate Strategien eingesetzt werden. Es können auch verschiedene Wettkampfvideos vorgespielt werden, in denen es zu kritischen Situationen kommt. Dabei soll der Sportler per Selbstinstruktion eine effektive Copingstrategie laut zu sich und dem Trainer sagen (z. B.: Bei Zwischenzeit km 5 (Lauf) sage ich mir „Laufe jetzt die zweite Runde in gleichem Tempo, dann kannst Du den abschließenden 10 km Lauf unter 40 Minuten absolvieren!“).
In der *Anwendungsphase* sollten diese Fertigkeiten dann in wettkampfähnlichen, stressreichen Situationen angewandt werden. Dabei können Vorbereitungswettkämpfe auf Saisonhöhepunkte bzw. Standortbestimmungen oder einfache Trainingswettkämpfe genutzt werden.
Diese dreiphasige Rahmenkonzeption kann auf zwei unterschiedliche Trainingsbausteine angewendet werden und soll im Folgenden detailliert dargestellt werden. In diesen Bausteinen sind psychologische Trainingsverfahren wie „Problemlösetraining“, „Trainingsverfahren zur kognitiven Neu- oder Umbewertung“ sowie „Relaxationsverfahren zur Erregungsregulierung“ in einem sogenannten Multikomponentenverfahren[5] zusammengefasst.

8.4.2 Der erste Teil: Das Kognitions-Relaxationstraining

Der erste Baustein wird als Kognitions-Relaxationstraining bezeichnet. Das beinhaltet zum einen Anteile, die sich mit der kognitiven Bewertung von belastenden Stressoren auseinandersetzt und zum anderen Entspannungsübungen, die dem Athleten helfen sollen, seine Erregung zu kontrollieren. Aus diesem Grund ist es wichtig, zunächst ein Entspannungsverfahren zu erlernen. Hier bieten sich das Autogene Training nach Schultz oder die Progressive Muskelrelaxation nach Jacobsen an.

5 Mehrere Verfahren werden zu einem Verfahren zusammengeführt!

Mit diesem „Baustein“ sollen die kognitiven Stressprozesse verändert werden. Dieser Block ist der wichtigste und zeitlich aufwendigste Teil des Stressbewältigungsprogramms und gehört zur Übungsphase. Diese Phase umfasst folgende Bereiche:

- Erlernen von Entspannung;
- Identifizierung von mit Stress verbundenen Kognitionen;
- Konstruktion von alternativen Kognitionen;
- Auswahl von konkreten Selbstinstruktionen für die Vorbereitung auf die Konfrontation mit einer stressreichen Situation sowie die Auseinandersetzung mit der Erregung bzw. das Überdenken der Bewertung dieser Situation;

Visualisierung einer stressreichen Situation (a. kontrollierbar, b. wenig kontrollierbar). Eine subjektiv kontrollierbare Situation ist z. B.: „Ein Gegner zieht an mir vorbei, ich könnte jedoch dagegenhalten“. Eine eher unkontrollierbare Situation ist z. B. „brütende Hitze während des Wettkampfes“;

- Visualisierung einer stressreichen Situation, auf die dann mit Entspannung und effektiven/adäquaten Selbstinstruktionen reagiert wird.

Am Beispiel der ersten Sitzung soll das Ganze noch einmal verdeutlicht werden:

In der ersten Sitzung: Begrüßung der Teilnehmer; Vorstellung des Trainingsleiters und Selbstvorstellung jedes einzelnen Trainingsteilnehmers. Im weiteren Verlauf soll jeder Trainingsteilnehmer erklären, warum er an dem Training teilnimmt und über seine Erwartungen und Ziele hinsichtlich des Bewältigungstrainings berichten. Der Trainingsleiter kommentiert jede der Aussagen in wenigen Sätzen. Es erfolgt eine kurze Einführung in die Struktur und Organisation des Trainings. Der Trainingsleiter erläutert kurz den Verlauf des gesamten Programms. Dabei werden die Gesamtlänge des Trainings, die Sitzungstermine und die Dauer einer Sitzung besprochen. Der Trainingsleiter fordert alle Teilnehmer zu einer kontinuierlichen Mitarbeit auf. Hierbei werden auf die Wichtigkeit des Mitwirkens an Diskussionen, das Führen eines Stresstagebuches und das selbständige Trainieren von erlernten Entspannungsverfahren hingewiesen. Es folgt ein Überblick über die in den folgenden Sitzungen relevanten Probleme:

> „Ich möchte Ihnen jetzt einen Überblick über den Ablauf der heutigen Sitzung geben. Wir werden uns nun einige Situationen aus Ihrem letzten Wettkampf, den wir aufgezeichnet haben, gemeinsam anschauen, was in diesen Situationen genau passiert ist, wie Sie sich verhalten haben und was Sie dabei gedacht und gefühlt haben. Daran lässt sich verdeutlichen, was Stress im Wettkampf bedeutet, welche Funktionen stressreiche Situationen haben, aus welchen Teilen Stress besteht und wie Sie darauf Einfluss nehmen können“.

Es werden sich gemeinsam Szenen aus einem kürzlich absolvierten Wettkampf angeschaut. Danach sollen die Trainingsteilnehmer die Augen schließen und sich die soeben gesehenen Szenen noch einmal vorstellen. Besonderes Augenmerk soll dabei auf die körperlichen Reaktionen und auf die Gedanken und Gefühle in dieser Situation gelegt werden. Es folgt eine Sammlung von verschiedenen Situationen und

Reaktionen der Teilnehmer. In einem zweiten Schritt werden Informationen über das zugrundeliegende Modell der Entstehung von Stress und der Stressbewältigung vermittelt. Dabei erläutert der Trainingsleiter den Trainingsteilnehmern das Stressmodell:

> „Das Auftreten von kritischen Situationen im Wettkampf und den daraus entstehenden negativen Emotionen ist ein völlig normales Ereignis. Auftretende kritische Situationen können sowohl positiv als auch negativ bewertet werden. Es gibt verschiedene Möglichkeiten die Bewertungen zu beeinflussen".

Es folgt eine detaillierte Erläuterung über emotionszentrierte und problemorientierte Bewältigungsstrategien und wann ihr Einsatz effektiv und adäquat ist. Weiterhin wird auf den positiven Einfluss des Einsatzes von Entspannungstechniken zur Erregungskontrolle hingewiesen. In einem dritten Schritt wird eine Entspannungsübung durchgeführt. Der Übungsleiter schildert die verschiedenen Möglichkeiten, Erregung zu regulieren.

Die Sitzungen 2 und 3 können alternativ in den normalen Trainingsablauf eingebaut werden. Hierbei kann z. B. während einer Tempotrainingseinheit ein „Trainingswettkampf" (z. B. Swim and run) inszeniert werden, indem möglichst gleichstarke Triathleten aufeinandertreffen. Ziel für jeden Triathleten soll es sein, diesen Trainingswettkampf zu gewinnen. Der Trainingswettkampf wird vom Trainingsleiter aufgezeichnet. Direkt im Anschluss werden die Triathleten mit diesem Wettkampf konfrontiert. Die aufgetretenen kritischen Situationen werden gemeinsam analysiert. Der Trainingsteilnehmer soll seine Situation noch einmal kurz verbal schildern und angeben, was ihm in dieser Situation durch den Kopf ging. Diese Gedanken werden dann (unter Umständen mit Hilfe von Tonbandaufzeichnungen) festgehalten. Sinnvoll sind an dieser Stelle auch Zeitlupendarstellungen und eine konkrete Fragestellung nach der Bedeutung des Ereignisses für die Situation und den Wettkampf insgesamt sowie nach den Emotionen des Triathleten. Nach der Situationsanalyse wird an den Trainingsteilnehmer folgende Frage gestellt: „Versuchen Sie sich jetzt noch einmal in diese Situation hineinzuversetzen. Wie könnte man noch mit dieser Situation umgehen?" Die anderen Trainingsteilnehmer werden mit in die Diskussion einbezogen, um weitere Gedanken zu finden. Anschließend sollen sich alle Trainingsteilnehmer wettkampftypische, kritische Situationen, die subjektiv wenig kontrollierbar sind und ihren bisherigen Umgang damit vorstellen. Dazu sollen sie sich kurz entspannen und sich danach ganz konkret in eine solche Situation hineinversetzen. Anstatt der früheren Anwendung einer eher problemorientierten Selbstinstruktion (z. B.: „..., versuche ich mich daran zu erinnern, wie ich das letzte Mal mit ihm fertig geworden bin!"), soll sich der Teilnehmer nun vorstellen, wie er die Situation einfach umbewertet (z. B.: „..., dann lass ich ihn eben jetzt laufen, in spätestens 2 km sehen wir uns schon wieder!"). Nach der Durchführung einer Entspannungsübung werden die einzelnen Trainingsteilnehmer befragt, wie sie mit dieser Übung zurechtgekommen sind. Es folgt ein nochmaliges Durchführen einer solchen Visualisierungsübung mit anschließender Entspannung.

8.4.3 Der zweite Teil: Das Problemlösetraining

In den nächsten drei Sitzungen dominiert der zweite Baustein, den wir als Problemlösetraining bezeichnen. Ziel ist es, dass die Teilnehmer auftretende kritische Situationen nicht lediglich als schicksalhaft und den Ausgang vom Glück abhängig bewerten, sondern dass sie diese Situationen als Problem auffassen, welches sie durch Bewertungsprozesse maßgeblich beeinflussen können. Wird eine Situation erst einmal als Problem aufgefasst, das nach einer Lösung verlangt, können mentale Blockierungen aufgehoben werden. In diesem Block sollen die Trainingsteilnehmer lernen:

- kritische Situationen und Bewältigungsstrategien eigenständig zu benennen;
- effektives und adäquates Bewältigen zu definieren und Ziele zu benennen;
- mögliche Lösungen zu entwickeln;
- Lösungsmöglichkeiten zu reflektieren und kritisch zu bewerten;
- sich für die beste annehmbare Lösung zu entscheiden;
- Wege zur Umsetzung in die Wettkampfpraxis auszuarbeiten;
- die Wirksamkeit der angewandten Strategien zu überprüfen.

Beispielhaft zu diesem Komplex die jeweiligen Abschnitte der Trainingssitzungen:

Sitzung 4: In einem ersten Schritt wird eine bestimmte kritische Situation zunächst verbal geschildert und anschließend per Video angeschaut (z. B.: Triathlet XY befindet sich in einer Spitzengruppe, plötzlich forciert die Gruppe das Tempo und der Triathlet verliert den Anschluss). Jeder Trainingsteilnehmer soll sich nun diese Situation vergegenwärtigen und sich an eine ähnliche Situation erinnern, die er schon mehrfach erlebt hat. Hierzu kann er auf sein „Stresstagebuch" zurückgreifen. Wichtig ist, dass er sich diese Situation sehr konkret vorstellt. Er soll dabei die Augen schließen und in der Vorstellung durchgehen, wie die Auseinandersetzung mit dieser Situation verlaufen ist. Hierbei spielt insbesondere die Bewertung der aufgetretenen kritischen Situation bezüglich Bedrohlichkeit eine zentrale Rolle. Danach erfolgt eine Sammlung der verschiedenen Bewältigungsmöglichkeiten für a) subjektiv kontrollierbare Situationen und b) wenig bis gar nicht kontrollierbare Situationen, und eine anschließende Diskussion über eine sinnvolle, effektiv-adäquate Bewältigung dieser Situationen in der Trainingsgruppe.

Sitzungen 5 und 6: Alle Trainingsteilnehmer bekommen zunächst die Anweisung, sich selbständig zu entspannen. Ein Teilnehmer soll dann kritische Situationen aus einem kürzlich absolvierten Wettkampf schildern. Eine zentrale Rolle spielt hier wiederum eine konkrete Darstellung der subjektiven Situationskontrolle. Die anderen Trainingsteilnehmer sollen dann Lösungsmöglichkeiten für diese Situationen anbieten und diskutieren. Der Trainingsleiter fasst die Vorschläge zusammen und erläutert sie noch einmal in Verbindung mit den Bewältigungsempfehlungen für subjektiv kontrollierbare bzw. wenig kontrollierbare Situationen. Danach spielt er allen Trainingsteilnehmern Szenen aus vergangenen Wettkämpfen vor. Die Trainingsteilnehmer sollen nun spontan die Situation, bezogen auf ihre subjektive Kontrollierbarkeit, beschreiben und anschließend einen Lösungsvorschlag formulieren. Dieser wird in der Gruppe diskutiert und analysiert. Abschließend werden die Teilnehmer befragt, wie sie mit der Übung zurechtgekommen sind. Es erfolgt eine erneute Durchführung mit der Schilderung eines anderen Teilnehmers.

8.4.4 Zusammenfassung

Mit diesem Stressbewältigungsprogramm arbeiten wir schon seit einigen Jahren und haben bisher gute Rückmeldungen von den teilnehmenden Sportlern erhalten. Es sollte in diesem Kapitel deutlich werden, dass die Entstehung von Stress weitestgehend mit der subjektiven Bewertung einer Situation zusammenhängt. Weiterhin zählen die Abschätzung der eigenen Leistungsfähigkeit und insbesondere der Bewertung der eigenen Bewältigungsressourcen dazu. Mit Bewältigungsressourcen sind die Vielfalt der verschiedenen Selbstinstruktionstechniken sowie die Fähigkeit die eigene subjektive Bewertung zu beeinflussen, gemeint. Mit dem hier vorgestellten Stressbewältigungsprogramm sollten Sie in der Lage sein, genau diese Fähigkeiten zu erlangen.

8.5 Weiterführende Literatur

Stoll, O., Pfeffer, I. & Alfermann, D. (2010). *Lehrbuch Sportpsychologie.* Bern: Huber.

Weinberg, R. S. & Gould, D. (2007). *Foundations of Sport and Exercise Psychology.* Champain, IL: Human Kinetics.

Ziemainz, H. (1999). *Handlungskontrolle und Stressintervention im Triathlon.* Aachen: Meyer & Meyer.

9 Über Selbstbeobachtung hin zur Selbstkontrolle

Wenn Sie das bis hierhin Gelesene nochmals rekapitulieren, so fällt Ihnen einiges bestimmt sofort auf. Zum einen haben Sie Wissen über Sachverhalte erlangt, die Sie bisher vielleicht eher unbewusst angewendet haben. Für unseren Sport und unseren Umgang mit kritischen Situationen ist es allerdings sehr wichtig, dass wir uns über sehr viele Prozesse bewusstwerden müssen, um sie richtig wahrzunehmen und zu analysieren. Einen solchen Prozess des Bewusstmachens erreicht man am günstigsten über eine intensive Selbstbeobachtung. Wie schon Jim Loehr schreibt:

> „Der Beste zu werden, der Sie sein können – das erfordert eine besondere Balance des Geistigen mit dem Psychischen. Die Verbindung zwischen unserem physischen Körper und unseren emotionalen Gefühlszuständen ist derart eng, dass sie kaum voneinander zu trennen sind" (Loehr, 1991, S. 182).

Wir wissen jedoch, dass wir unseren Körper unter Kontrolle halten, wenn es uns gelingt, unsere Gefühlswelt zu kontrollieren. Genauso ist es natürlich auch umgekehrt. Wenn es uns gelingt, unseren Körper zu kontrollieren, wirkt sich dies auch auf die Kontrollierbarkeit unserer Gefühlswelt aus. Der zweite wichtige Faktor ist somit die Selbstkontrolle. In Abbildung 21 soll der dynamische Prozess zwischen Selbstbeobachtung und Selbstkontrolle grafisch dargestellt werden. Die wesentlichen Komponenten unserer Psyche werden zusammengefasst in unseren Emotionen (Stress, Angst, Ärger), Kognitionen (Sehen, Riechen, Denken, Entscheiden) und unserer Motivation (persönliche Einstellungen und Willensaktivitäten). Diese Komponenten bedingen sich natürlich gegenseitig. Ein positiver motivationaler Zustand wirkt sich sicher positiv auf die Stressbewältigungsfähigkeiten oder den Willen aus. Diese Komponenten können aus ihrem Gleichgewicht gebracht werden, wenn sie unter Leistungsdruck geraten. Nun kann das Individuum über die Fähigkeit der Kontrollierbarkeit das Gleichgewicht wiederherstellen und dies kann sich gleichzeitig positiv auf die Selbstbeobachtung auswirken. Selbstkontrolle kann über den Einsatz der hier vorgestellten mentalen Trainingsformen entwickelt und optimiert werden (Abb. 21).

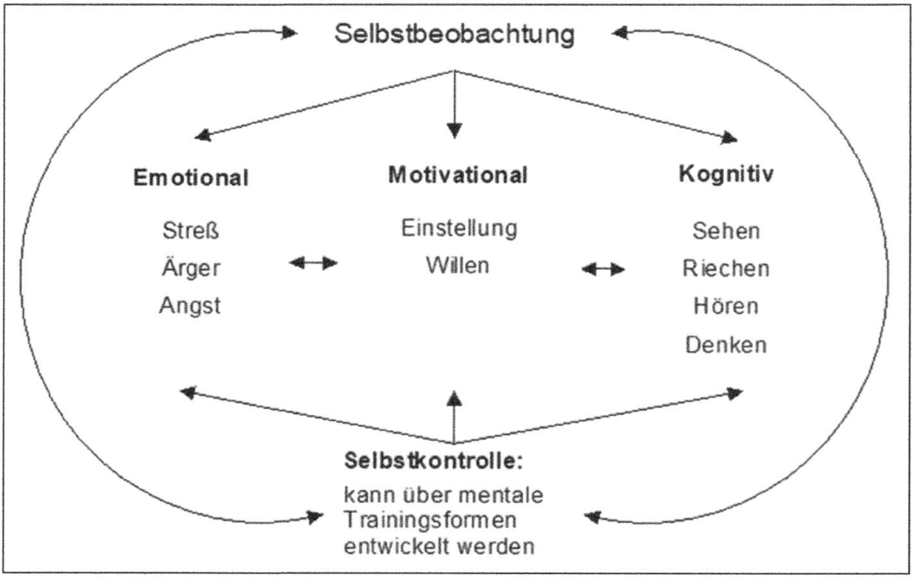

Abb. 21. Dynamisches Modell von Selbstbeobachtung und Selbstkontrolle.

Jim Loehr (1991) beschreibt 11 Trainingsbereiche, die sich mit psychischen Leistungsfaktoren befassen. Dabei stellt jeder Bereich eine Methode dar, mit denen wir direkt auf unseren Körper einwirken können, um so eine bessere mentale und emotionale Kontrollfähigkeit zu erlangen. Diese elf Trainingsbereiche sollen im Folgenden sportartspezifisch für den Triathlon dargestellt werden.

1. Die Augen

Im Wettkampf ist es wichtig, dass Sie in der Lage sind, Ihre Augen und somit Ihre optische Wahrnehmung zu kontrollieren. Wir wissen aus psychologischen Untersuchungen, dass bei einer starken visuellen Konzentration auf einen relevanten Faktor die Wahrscheinlichkeit einer hohen geistigen und emotionalen Konzentrationsfähigkeit ansteigt. Versuchen Sie also im Wettkampf Ihre Augen und Ihre Blicke auf relevante Situationen zu fixieren. Vermeiden Sie es, Ihre Blicke ziellos umherschweifen zu lassen. Versuchen Sie zu spüren, wie kontrolliert Ihr Blick ist, wenn Sie subjektiv das Gefühl haben, dass Ihre Leistungsfähigkeit gut ist. Aber nicht nur während des Wettkampfes spielt die Blickkontrolle eine große Rolle. Versuchen Sie ebenso im Training Ihre Blicke zu kontrollieren. Versuchen Sie beispielsweise den Anfang einer Steigung zu fixieren, die Sie gleichmäßig im Tempo hinauffahren wollen, oder fixieren Sie einen Schwimmer vor Ihnen und orientieren Sie sich an seinem Tempo.

Das Prinzip ist immer das gleiche: Halten Sie Ihren Blick zu jeder Zeit kontrolliert.

2. Rituale

Ausdauersportler und speziell Triathleten werden oft wegen ihrer ritualisierten Handlungen belächelt. Dazu gehören die „Wechselplatzeinrichtungs-Rituale" vor dem Start wie die Systematik, mit der sie ihre Wettkampfkleidung anlegen, aber auch Verletzungsvorbeugehandlungen betreiben, z. B. das Einreiben der Achselhöhlen und Nackengegend mit Baby-Öl oder Vaseline, um dem Wundreiben durch den Neoprenanzug vorzubeugen. Es gibt noch weit mehr ritualisierte Handlungen. Bekannte Sportpsychologen wie etwa Jim Loehr sagen dazu: „Je mehr Sie zu Ritualen neigen, desto besser". Über ritualisierte Handlungen sind viele Athleten in der Lage, sich in einen extrem guten Konzentrationszustand zu versetzen bzw. dem Druck von außen standzuhalten. Das wiederum hilft ihnen, eine tiefere Muskelspannung zu erreichen und dadurch natürlicher und ungezwungener nach außen zu erscheinen. Rituale helfen ihnen außerdem, ihre Handlungen besser zu kontrollieren, da ritualisierte Handlungen sie davor bewahren, gleich ungestüm los zu hasten. Überprüfen Sie Ihre persönlichen Rituale. Bleiben Sie ruhig dabei, vor dem Wettkampf die bunten Schnürsenkel einzuziehen oder Ihr besonderes Startnummernband aus Ihrer Tasche zu holen.

Achten Sie darauf, dass sie Ihre Rituale präzise durchführen – besonders dann, wenn Sie unter Druck stehen.

3. Optimales Tempo

Schulen Sie sich darin, Ihr bestes und optimales Tempo zu finden. Konstanz und ein guter Rhythmus sind eine Grundlage für Erfolg. Können Sie Ihr Tempo kontrollieren, so gelingt es Ihnen besser, Ihre Gefühlswelt und Ihre Konzentrationsfähigkeit zu kontrollieren. Wenn Sie sich ärgern und diesen Ärger zulassen, kann es Ihnen passieren, dass Sie schneller werden und überziehen. Haben Sie Angst und fühlen sich als Verlierer, werden Sie sicherlich Tempo herausnehmen und sich „dahinschleppen".

Halten Sie also Ihr Tempo unter Kontrolle, besonders in schwierigen Situationen.

4. Atmung

Eine wirkungsvolle Methode Ihre Emotionen zu kontrollieren, ist die Kontrolle der Atmung. Sie kennen sicherlich die befreiende Wirkung eines tiefen Durchatmens in einer schwierigen Situation. Überwachen Sie während Ihres Wettkampfes ständig Ihre Atmung, und überzeugen Sie sich davon, ob Sie den richtigen Atemrhythmus aufrechterhalten. *Auch für diese Methode gilt:*

Wenden Sie diese möglichst dann an, wenn Sie in Schwierigkeiten geraten.

5. Zeigen Sie Ihre positive Kraft

Keine Kraft hilft mehr als die Möglichkeit, die eigene zu spüren. Wenn Sie in der Lage sind, Ihren eigenen Willen und Ihre Leistungsbereitschaft zu spüren und dieses Gefühl über Ihren Körper nach außen zu vermitteln, dann haben Sie einen großen Vorteil gegenüber anderen. Wenn man Ihnen ansieht, wie viel Energie und Entschlossenheit in Ihnen steckt, dann wird es Ihnen sicherlich auch leichter fallen, dies zu spüren. *Sie können Entschlossenheit und Tatendrang über ihren ganzen Körper nach außen vermitteln, z. B. über Ihre Art Radzufahren und/oder zu laufen, über Ihre Körperhaltung und vor allem über Ihr Gesicht.* Gelingt Ihnen dies nicht, dann täuschen Sie es eben vor. Das kann oft der entscheidende Moment sein.

6. Vermitteln Sie Entspanntheit

Nicht nur Entschlossenheit und Tatendrang symbolisieren positive Energie nach außen. Sie müssen gleichzeitig Ihre Souveränität und Gelassenheit nach außen hin demonstrieren können. Dies gilt insbesondere für schwierige Situationen. Wenn Sie den Eindruck machen, als seien Sie verkrampft, dann sind Sie es in aller Regel auch. Versuchen Sie an sich und Ihrem Verhalten zu arbeiten und zeigen Sie sich völlig entspannt und souverän nach außen hin, auch wenn Sie es nicht sind. Täuschen Sie es ruhig vor.

Wenn es Ihnen gelingt, Ihren Gegnern Glauben zu machen, dass Sie völlig ruhig und gelassen sind, sind Sie auf dem besten Weg, es auch wirklich zu sein.

7. Bewältigen Sie Fehler

Nobody is perfect. Niemals verläuft ein Wettkampf wirklich fehlerlos. Immer wieder machen wir, wenn auch nicht gerade gravierende, Fehler. Wenn es positiv für uns läuft, dann reagieren wir emotional kaum auf kleine Fehler. Läuft es jedoch nicht so optimal, wie wir uns das Rennen vorgestellt haben, dann reagieren wir in aller Regel mit Ärger oder Angst, also mit negativen Emotionen. Versuchen Sie im Wettkampf mit Fehlern so umzugehen, wie Sie es tun würden, wenn alles nahezu perfekt laufen würde.

Kontrollieren Sie Ihre negativen Emotionen oder versuchen Sie diese über positive Selbstinstruktionen um zu bewerten.

8. Demonstrieren Sie das Bild eines überzeugten Kämpfers

Sie kennen sicherlich diese Situation vor dem Wettkampf, wenn Sie Ihre Konkurrenten beobachten, belanglose Gespräche mit Ihnen führen, nur um etwas über Ihre Stärken oder evtl. Schwächen herauszubekommen. Manchmal geht es Ihnen nach einem solchen Gespräch furchtbar schlecht. Sie fühlen sich schwach und klein, Ihnen fehlt jegliches Selbstvertrauen und Sie fühlen sich wie ein Versager. Täuschen Sie einfach Ihre Umwelt. Demonstrieren Sie sich stark und selbstbewusst. Zeigen Sie nach außen das Image eines Champions.

Achten Sie darauf, dass Sie aufrecht gehen und Ihre Schultern gerade und breit halten. Versuchen Sie Ihr Selbstvertrauen auch über Ihre Mimik nach außen zu bringen.

9. Der Umgang mit negativen Selbstgesprächen

Negative Selbstgespräche sind Gift für einen Wettkampf, speziell in schwierigen Situationen. Sie erzeugen negative Emotionen und damit negative Energie. Nicht immer gelingt es Ihnen, negative Selbstgespräche zu stoppen. Sie können aber versuchen, so wenig wie möglich Selbstgespräche zu führen.

Wenn Sie aber Selbstgespräche im Wettkampf führen halten Sie diese kurz und versuchen Sie diese in positive Bahnen zu lenken.

10. Vermitteln Sie eine positive Einstellung

Vermitteln Sie nach außen immer Ihre positive Einstellung zu Ihrem Sport und Ihrem Wettkampf. Lassen Sie alle wissen, dass jeder Wettkampf für Sie eine große Herausforderung ist.

Nehmen Sie nach außen hin das Bild von einem „positiv Denkenden" an und kontrollieren Sie Ihr Selbstbild, egal was auf Sie zukommen mag.

11. Zeigen Sie Ihren Gegnern: „Ich liebe den Kampf!"

Wichtig ist jedoch, dass Sie eine Situation nicht nur als Herausforderung bewerten, sondern Sie jederzeit bereit dazu sind, auch um Ihren Erfolg zu kämpfen. Es genügt also nicht nur eine Aufgabe lediglich zu mögen und sie als Herausforderung anzusehen. Sie müssen bereit sein, Ihre ganze Kraft zu mobilisieren, um Ihr (realistisches) Ziel zu erreichen.

Zeigen Sie Ihren Gegnern, dass Sie genau diesen Kampf lieben.

Anschließend an diese Erläuterungen der 11 Trainingsbereiche zeigen wir Ihnen eine Möglichkeit auf, die es Ihnen erleichtert, sich selbst und Ihre Kontrollfähigkeit, bezogen auf die einzelnen psychischen Trainingsbereiche, zu beobachten und zu bewerten (Abb. 22). Füllen Sie diese Übersicht immer wieder nach jedem Wettkampf aus, damit Sie jederzeit über Ihren Zustand informiert und sich dessen bewusst sind. Vergleichen Sie, ob Ihre Selbstbeobachtung nach und nach zu mehr Kontrollvermögen führt, indem sich Ihre Werte in Richtung „ausgezeichnet" bewegen.

Selbstkontrolle nach dem Wettkampf (kritische Leistungsfaktoren)						
Während des Wettkampfs	ausgezeichnet				schlecht	
1. Augen kontrolliert	1	2	3	4	5	6
2. Rituale	1	2	3	4	5	6
3. Optimales Tempo	1	2	3	4	5	6
4. Atmung	1	2	3	4	5	6
5. Starke positive Kraft	1	2	3	4	5	6
6. Entspanntheit und Gelassenheit	1	2	3	4	5	6
7. Fehlerbewältigung	1	2	3	4	5	6
8. Uberzeugtes Kämpferimage	1	2	3	4	5	6
9. Negative Selbstgespräche	1	2	3	4	5	6
10 Positive Einstellung vermittelt	1	2	3	4	5	6
11. Projizierung: „Ich liebe den Kampf!“	1	2	3	4	5	6

Abb. 22. Selbstkontrolle nach dem Wettkampf.

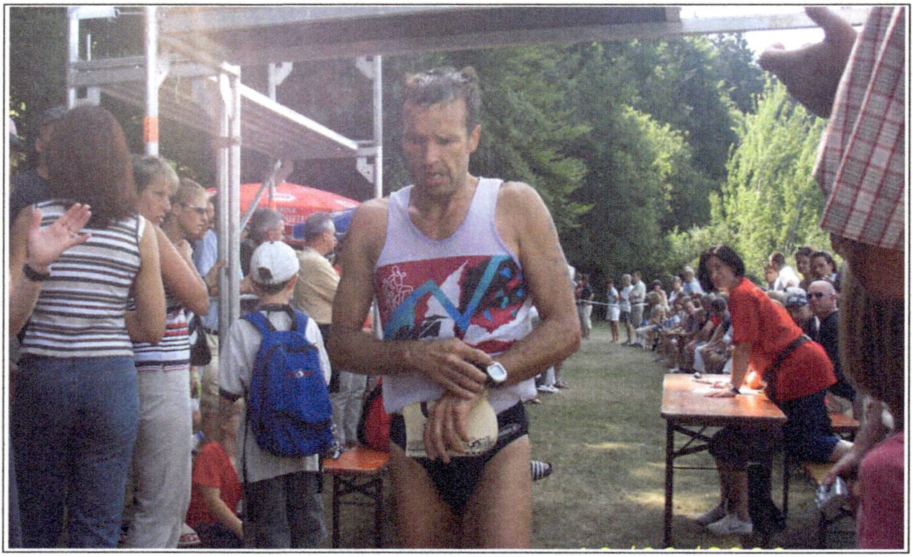

Bild 16. Selbstkontrolle nach dem Wettkampf (© Wolfgang Rentschler).

10 Direkte Vorbereitung auf den Wettkampf

Die direkte Vorbereitung auf den Wettkampf umfasst nicht nur den Zeitraum drei, vier Tage vor dem Tag X. Denn dort erst – als ein Beispiel – die Ausschreibung für den Wettkampf durchzulesen, kann fatale Folgen für den Athlet bzw. dessen Wettkampfergebnis haben (eventuell ist es dem Breitensportler eher egal, wenn er auf Grund solcher Vorgänge den Platz 98 anstatt 87 belegt, aber dem Profi oder auch Kadersportlern geht es um jede Platzierung und damit teilweise auch um den finanziellen Erfolg). D. h., das frühzeitige Maßnahmen der „Bedingungskontrolle" ergriffen werden müssen. Hierzu zählen bspw. organisatorische Faktoren, wie Anreise usw., aber auch personale Bedingungen. Letztere betreffen u. a. auch die Frage nach dem/den zu erwartenden Konkurrenten, was wiederum Auswirkungen auf die psychische Situation (Stressaufbau im Vorfeld) haben kann. Aber auch die materiellen Bedingungen stellen einen wesentlichen Faktor dar. Geht es auf der einen Seite darum, die Topographie der Wettkampfstrecken frühzeitig zu kennen, um das Training schon bald auf eine eventuell bergige Radstrecke abstimmen zu können, so spielt natürlich die Struktur der Wechselzone – vielleicht sind es auch zwei Wechselplätze – eine große Rolle. Das in der Zwischenzeit erarbeitete Ablaufschema lässt sich nun auf die konkreten Anforderungen der Wettkampfstätte anpassen. Das damit konkret gewordene Ablaufschema kann somit mittels Visualisierungstechniken frühzeitig verinnerlicht werden und einem erfolgreichen Wechsel- bzw. Wettkampfverhalten steht nichts mehr im Weg.
Bleibt noch die Zeit bis zum Wettkamphöhepunkt zu überbrücken. Diese wird erfüllt sein mit einem sauberen Trainingsaufbau, der genauso Grundlagentraining wie komplexe Trainingseinheiten enthalten wird. Aber es bleibt auch genügend Zeit, um nachzudenken! Nachzudenken über die zu erwartenden Gegner, die eigenen Chancen, die Streckenführung, die einem gerade nicht liegt oder ganz auf den eigenen Körper zugeschnitten ist. So werden Zweifler genügend Ansätze finden, um sich negativen Stress zu bereiten, aber der Selbstbewusste, der sich seines Könnens im Klaren ist, richtet sich an dieser Situation auf und münzt sie in positiven Stress um. Der Zweifler wird sich wohl eher sagen hören „dieser Wettkampf ist meine letzte Chance mich zu qualifizieren, hoffentlich schaff ich es", der Andere aber „dieser Wettkampf ist meine letzte Chance mich zu qualifizieren, ich werde mich gut vorbereiten, dann schaff ich es bestimmt".
Daher gilt es die im Jahresverlauf erlernten Techniken der Selbstregulation anzuwenden, seine Gedanken auf zurückliegende, harte Trainingseinheiten zu fokussieren und sich seiner Stärke bewusst zu werden.
Zur weiteren direkten Vorbereitung auf den Wettkampf gehört eine frühzeitige Anreise (vgl. auch Abb. 23) die dadurch erst gar keinen zeitlichen Stress aufkommen lässt. Zumindest für das Wettkampfhighlight des Jahres wird die Anreise zumindest am Vortag erfolgen. Dann können nicht nur die organisatorischen Belange, wie Startunterlagenabholung etc. in Ruhe erledigt werden. Nein, auch die Wettkampfstätten

können ausgiebig besichtigt und das im Heimtraining erstellte Ablaufschema auf die aktuellen Bedingungen angepasst werden. Dabei spielen Fragen wie „wird der Schwimmausstieg und die Strecke rutschig, wenn er nass wird?“, „sind nach dem Ausstieg auf dem Weg zum Wechselplatz enge Stellen vorhanden?“, „sollte ich bei engen oder ansteigenden Wegstücken nach dem Wechselbalken lieber ein Stück schieben und später aufsteigen?“, oder „erlauben es die ersten Meter nach dem Wechselbalken, dass die Radschuhe am Rad angezogen werden, oder ist der Anstieg so steil, dass es besser ist die Radschuhe schon an den Füssen zu haben?“ eine wichtige Rolle. Denn erst, wenn alle Eventualitäten abgeklärt sind, kann die Wechselzone vollends in ihren Details verinnerlicht und vor dem geistigen Auge durchlaufen werden.

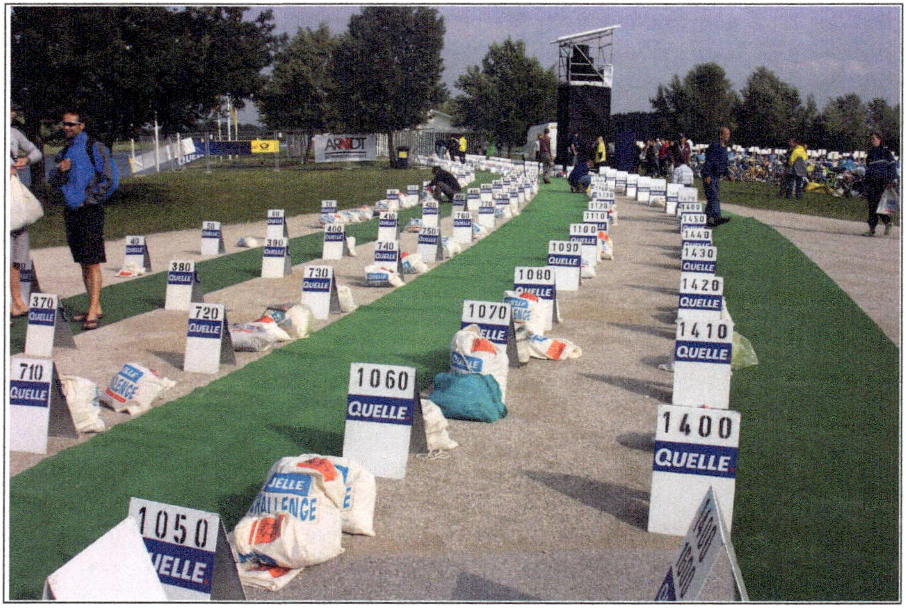

Bild 17. Ruhe vor dem Sturm (© Wolfgang Rentschler).

Der Wettkampftag! Morgens schon nervös und aufgeregt? Sicherlich geht es jedem Athleten so. Ein gewisser Vorstartzustand muss einfach sein, denn dieser ist im Allgemeinen eher förderlich für den Wettkampfablauf. Nur derjenige, der eher hypernervös ist, sollte die Techniken, die im Jahresverlauf innerhalb der Aktivationsregulation erlernt wurden, nun anwenden. Hier spielt es nun wahrlich keine Rolle, ob dies in Form von Autogenem Training, Atemübungen oder als Progressive Muskelrelaxation (PMR) erfolgt – nur nützen müssen die Übungen, damit man von seinem hohen

Erregungszustand auf ein optimales Aktivationsniveau kommt. Laut wissenschaftlichen Untersuchungen gibt es für jede Bewältigung einer Anforderung ein optimales Erregungsniveau.

Direkte Wettkampfvorbereitung

Im Vorfeld
- Frühzeitig Ausschreibung einholen
- Training an die Wettkampfgegebenheiten anpassen (flacher Radkurs...)

Wettkampfvortag(e)
- Die Strecken der Einzeldisziplinen anschauen
- Wechselzonen „verinnerlichen"
- Ablaufschema für die Wechselzone anpassen
- evtl. schon Radabgabe

Wettkampftag
- Abgabe der restlichen Wettkampfutensilien unter Beachtung der Eincheckzeiten
- nochmals Wechselzone(n) abgehen
- Einrichtung und Kennzeichnung! des eigenen Wechselplatzes
- Organisation der Stunde vor dem Wettkampf

Abb. 23. Direkte Vorbereitung auf den Wettkampf.

Dieses wird anhand einer umgekehrten U-Funktion (vgl. Abb. 16) dargestellt. So wird das Optimum des Erregungszustands für feinmotorische Bewegungen deutlich niedriger liegen als jenes, wenn es um Bewegungen mit etwa hohem Krafteinsatz geht. Damit wird aber auch deutlich, dass der umgekehrte Fall genauso eintreten kann – derjenige, der eher der phlegmatische Typ ist (der Vorstartzustand ist nicht oder kaum vorhanden), sollte sein Aktivationsniveau über Mobilisationstechniken auf einen höheren Erregungszustand bringen um den Wettkampf erfolgreich beginnen zu können.
Hier sind wir schon in der unmittelbaren Zeitspanne vor dem Wettkampfbeginn angelangt. Die letzte Stunde vor dem Start ist mit die wichtigste. Nicht nur die letzten organisatorischen Dinge sowie körperlichen Vorbereitungen werden vollzogen, auch die psychische Einstimmung erreicht ihren Höhepunkt. Der letzte Materialcheck („alles passt") beruhigt das Gemüt und verschafft ein zusätzliches Gefühl an Sicherheit. Die anschließende Herz-Kreislauf-Aktivierung mit vorbereitenden gymnastischen Elementen nimmt einen bestimmten Zeitrahmen in Anspruch und sollte nicht zu knapp bemessen sein, um erst gar keinen Stress aufkommen zu lassen. Derjenige, der schon nervös genug ist, wird sich danach einen ruhigen Platz, abseits von der Menge, suchen und die weiteren Vorbereitungen, wie zum Beispiel den Neopren anziehen, absolvieren. Der ruhigere Typ dagegen wird nach der Herz-Kreislaufaktivierung eher auf eine Dehngymnastik verzichten, da diese noch beruhigender wirken kann. Er wird sich eher mittels körperlicher Maßnahmen, vielleicht auch durch entsprechende Musik oder durch den Aufenthalt in der Menge weiter aktivieren. Während dieser Zeitspanne versuchen sich beide Athleten durch Selbstmotivierung („ich hab gut trainiert") und -instruktion („auf jetzt") auf den Wettkampf einzustimmen.

Nachdem der Neopren angezogen, die Bademütze und die Schwimmbrille aufgesetzt sind, erfolgt das Einschwimmen. Dieses ist nicht nur als körperliche Vorbereitung unabdingbar, sondern auch Faktoren wie Orientierungsfähigkeit, Wassergefühl usf. werden nochmals angesprochen und führen zusammen zu einer stabilen Situation.

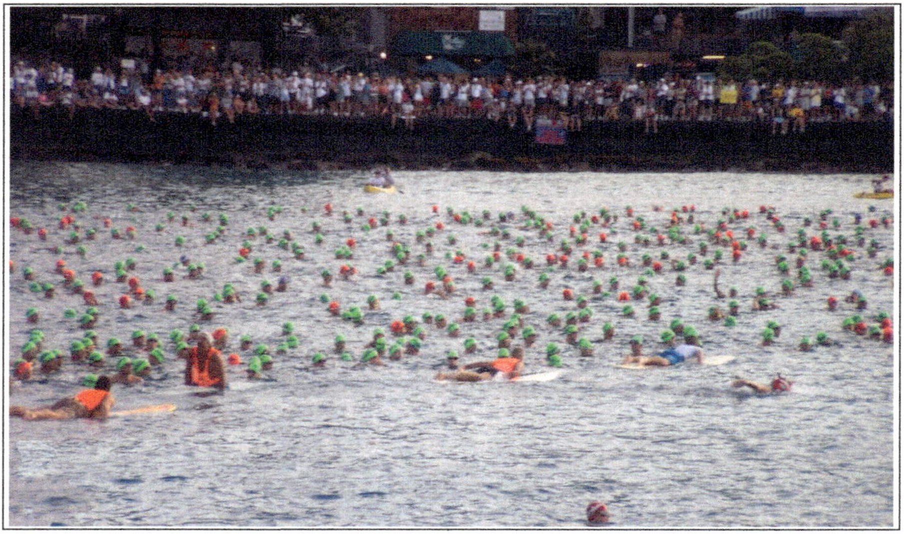

Bild 18. ... der Traum beginnt (© Wolfgang Rentschler).

Das rechtzeitige Einfinden vor der Startlinie – das Einschwimmen vor der Startlinie ist lt. Regelwerk bis drei Minuten vor dem Start erlaubt – kennzeichnet die letzte Phase vor dem Startsignal. In diesem Zeitraum versucht man die Kräfte zu sammeln, die Aufmerksamkeit auf das Wesentliche zu lenken, dennoch das Feld zu beobachten (eventueller Frühstart) und konzentriert auf das Startsignal zu warten.
Aus der Sicht der Sportpsychologie kann dieser Ablauf ebenfalls in ein Blockschema gebracht werden, wie es die Tabelle 4 zeigt.

Tab. 4. Die Stunde vor dem Wettkampf

Die Stunde vor dem Wettkampf		
Zeit (Minuten vor dem Start)	**Block**	**Aktion**
60 – 30	Organisations- und Aufwärm-block	Materialcheck Herz-Kreislaufaktivierung
30 – 25	Instruktionsblock	Trainer instruiert bzgl. Wechsel usf. und bestärkt den Athleten
25 – 15	Organisationsblock	Neopren anziehen Selbstgesprächsregulation
15 - 5	Einschwimmen	Körperliche Vorbereitung Orientierung, Wassergefühl herstellen
5 – 0	Vor dem Start	Aufmerksamkeitslenkung Konzentration auf das Startsignal

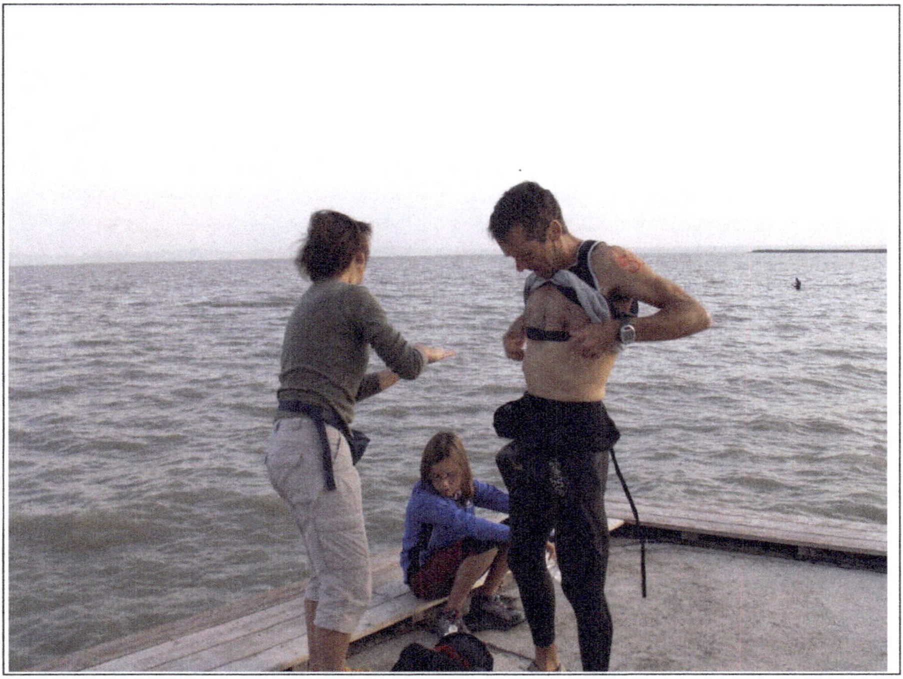

Bild 19. … individuelle Wettkampf-Vorbereitung (© Wolfgang Rentschler).

11 Disziplin-, Wechsel- und Koppeltraining unter mentalem Aspekt

Eine gute Grundlage im Sinne von Ausdauerfähigkeit ist die Basis für harte Trainingseinheiten und Wettkampferfolge. Reichen für das Training im Kurzbereich beispielsweise Laufeinheiten, welche die 90-Minuten-Marke nicht wesentlich überschreiten, aus, so sind diese für den Langtriathlon natürlich wesentlich länger und auch die Radausfahrten bewegen sich im Mehrere-Stunden-Bereich. Vier bis fünf Kilometer im Becken zu schwimmen bedeutet für viele schon das Maß der Dinge.
Wesentlich bei allen Trainingseinheiten – seien sie noch so kurz oder noch so lang – ist die Konzentration auf die Übungsausführung. Nur die stete Beschäftigung mit sich selbst, egal ob im Becken, im Wald oder auf dem Rad gewährleistet eine adäquate Rückmeldung. Derjenige, der nur die Kacheln am Beckenboden zählt, nur möglichst viel Meter machen möchte oder nur auf die Geschwindigkeitsanzeige schaut, der vernachlässigt bzw. verlernt es, auf die Rückmeldungen seines Körpers zu achten. Kein Training, das nicht spürt, wie die Handstellung ist und wo sich die Hand im Unterwasserzug befindet. Kein Training, das nicht Auskunft darüber gibt, wie die Beckenstellung oder die Armhaltung beim Laufen ist. Kein Training, das nicht empfindet, ob das Gegenbein beim Tretzyklus entlastet oder sogar aktiv mithilft. Nur der stetige Dialog mit sich selbst und seinem Körper gewährleistet eine optimale Weiterentwicklung auf der konditionellen Seite.
Sicherlich fällt es jedem schwer, nach drei oder vier Stunden bergiger Radstrecke noch an Technikabläufe oder ähnliches zu denken. Die Muskeln schmerzen, der Kopf ist „leer" und man möchte nur noch runter vom Rad. Aber dies wiederum sind Situationen, die einen auch im Wettkampf treffen. Deshalb muss auch in diesen Trainingseinheiten der „Eigendialog" gesucht werden – nicht unter dem Aspekt der kinästhetischen Rückmeldung, sondern unter dem sportpsychologischen Gesichtspunkt. Hier geht es dann beispielsweise um das Finden und Anwenden von Strategien der Selbstgesprächsregulation wie Relativierung („bei der letzten langen Tour ging's mir noch schlechter"), Selbstinstruktion („jetzt reiß Dich zusammen") oder auch Ablenkungs- bzw. Aufmerksamkeitslenkungsmechanismen („heute Abend wird mir das Essen besonders gut schmecken").
Aber nicht nur „schmerzhafte" Trainingseinheiten spielen eine Rolle im sportlichen Alltag. Derjenige, der bei Leistungstests brilliert und seine Sportkollegen im Training in Grund und Boden schwimmt, radelt oder läuft, aber im Wettkampf seine Leistung nicht umsetzen kann („Trainingsweltmeister"), hat nicht gelernt von sich und seiner Leistung überzeugt zu sein. Der Trainingsweltmeister verliert im Wettkampf zwar nicht seine körperlichen Fertigkeiten und Fähigkeiten, aber den Glauben an sich selbst. Hier greifen dann stressbeladene Trainingseinheiten, die das Wesen des

Wettkampfs widerspiegeln – die Einmaligkeit, die Nichtwiederholbarkeit! Die Techniken dazu gehen dann in die verschiedenen Varianten des Überzeugungstrainings, wie beispielsweise Prognosetraining, über.
Auch, besser vor allem, im Koppel- und Wechseltraining lassen sich Fertigkeiten des mentalen Trainings bestens anwenden. Aber zuerst die Behandlung der Frage „Wer war zuerst da, die Henne oder das Ei?". Diese Fragestellung wirft sich auf, wenn es um das Wechsel- bzw. Koppeltraining geht. Sicherlich ist es so, dass das Eine ohne das andere nicht existent ist. Im Koppeltraining, das den konditionellen Anteil der Disziplinübergänge darstellt, sind immer Teile des Wechselverhaltens (Kleidungswechsel usw.) enthalten. In einem Koppeltraining mit geringer Intensität wird das Wechselverhalten unter anderer Prämisse als in einer hochintensiven, kurzen Koppeleinheit ablaufen. Letztere macht ja auch nur Sinn, wenn nicht nur die Disziplinen schnell absolviert werden, sondern auch die Wechsel. Dies wiederum bedeutet aber, dass das Wechselverhalten zuerst langsam geübt werden muss, um dann über verschiedene Zwischenstufen zu einem automatisierten Handeln zu gelangen.

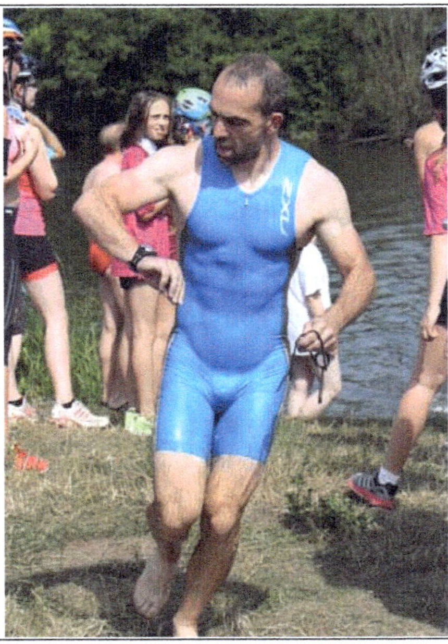

Bild 20. Lauf zur ersten Wechselzone (© Heiko Ziemainz).

Die Durchführung des Wechseltrainings kann grundsätzlich unter einfachen bzw. erschwerten Bedingungen erfolgen. Werden bei ersterem Punkt die Inhalte des Wechseltrainings (vgl. Abb. 24) isoliert und langsam geübt, so gilt es unter erschwerten Bedingungen die Elemente zu verbinden bzw. einen psychischen Druck aufzubauen.

Beispielsweise kann dies heißen, dass eine Übung in einem gewissen Zeitrahmen zu erfüllen ist, oder dass eine Übung richtig ausgeführt werden muss und keine zweite Wiederholung möglich ist.
Oder aber es kann mit Störfaktoren gearbeitet werden. Dies bedeutet, dass Trainer oder pausierende Athleten den Ausführenden an seinem konzentrierten Wechsel durch verbale Äußerungen (im Wettkampf Zuschauer, Kampfrichter...) oder auch durch Kreuzung von Laufwegen (im Wettkampf beispielsweise andere Athleten) in der Wechselzone versuchen zu behindern.

Inhalte des Wechseltrainings
- Ausziehen des Neoprens (während des Laufens, im Stand...)
- Schwimmen mit Top/Trikot in der Badehose und Anziehen während des Laufens
- Aufsteigeübungen auf das Fahrrad in Variationen (im Stand, in der Bewegung)
- Absteigeübungen vom Rad in Variationen (Schuhe am Rad bzw. an den Füßen)
- Anziehen der Radutensilien bei Nässe und Kälte
- Anziehen einer Überjacke vor dem Radfahren
- Verpflegung auf dem Rad (Wasserflasche...)
- Aufziehen/Absetzen des Helmes und der Brille
- Unterschiedliche Varianten der Anbringung der Startnummer
- Laufschuhe anziehen mit/ohne Hilfsmittel, im Sitzen/im Stehen
- usw.

Abb. 24. Inhalte des Wechseltrainings.

Da jede Wechselzone ihren eigenen Charakter hat, gilt es auch im Training verschiedene Muster durchzuspielen. Derjenige der stur an „seinem“ Wechselverhalten klebt, wird kein variables Handlungsmuster im Wettkampf zur Verfügung haben. Aber auch fast jährliche Änderungen im Regelwerk bedingen ein flexibles Vorgehen im Wechseltraining.
Dennoch sollte sich der Einzelne ein exemplarisches Ablaufschema in der Wechselzone erarbeiten, wie es die Abbildung 25 bzw. 26 zeigt. Dieses kann dann an die konkreten Anforderungen (Schwimmausstieg steil/flach; langer/kurzer Lauf zum Radstellplatz usw.) des jeweiligen Wettkampfes angepasst oder auch im Trainingsablauf durch verschiedene Varianten umgestaltet werden.
So, wie beim oben beschriebenen Verlauf des Wechseltrainings, geht es auch bei der Anwendung der Standardabläufe darum, diese mit allen möglichen Variationen und unter Normalbedingungen durchzuspielen. So sollte jeder Athlet beispielsweise die zwei Optionen beherrschen, mit den Radschuhen an den Füßen aufs Rad zu steigen, oder die Radschuhe am Rad zu haben und sich barfuß auf das Rad zu schwingen und während der Fahrt in die Schuhe zu gleiten. Ähnliches gilt für den Schwimmpart. Hier muss der Einzelne das Neoprenschwimmen – welches ein etwas anderes Technikmuster voraussetzt – beherrschen sowie das schnelle Ausziehen desselben. Aber gleichzeitig sollte er auch üben mit dem Top in der Badehose zu schwimmen und v.a. die Technik beherrschen sich das Top während des Laufens in die Wechselzone überstreifen zu können.

Schema Wechsel Schwimmen – Rad
- Verlassen des Wassers
- Brille und Bademütze abnehmen
- Startnummer bekannt geben, wenn kein Transponder- oder Chipeinsatz
- Lauf zum Wechselplatz und Neopren beginnen zu öffnen (Sportordnung!)
- Neopren vollends ausziehen und „verstauen"
- Brille auf, Helm auf, Schuhe anziehen (wenn nicht am Rad)
- Radaufnahme und Orientierung (Wechselzonenausgang; Gegner...)

Abb. 25. Ablaufschema Wechsel Schwimmen – Rad.

Erst wenn die unterschiedlichen Bedingungen der Ablaufschemata standardisiert sind, geht es im weiteren Schritt um die Anwendbarkeit unter variablen und erschwerten Bedingungen, d. h. unter Aufbau von Zeitstress bzw. psychischem Druck, so wie es beim Disziplintraining beschrieben ist. Neben den Parametern Zeitrahmen (den gesamten vorgegebenen Wechsel in einer bestimmten Zeit absolvieren), Störfaktoren (pausierende Athleten stören beim Wechsel) usf. müssen auch Situationen zum Einsatz kommen, die unvorhergesehenen Dinge passieren lassen. So könnte der Trainer den Ablaufplan des Athleten, der sich an einem ruhigen Ort konzentriert und das vorgegebene Schema nochmals vor dem inneren Auge ablaufen lässt bevor er zum Start geht, dergestalt durcheinander bringen, indem er Teile der Wechselzone verändert oder aber eine Änderung des Schemas dem Athleten mitteilt, der dann sofort starten muss.

Wechsel Rad – Lauf
- Vor Einfahrt in die Wechselzone aus den Radschuhen heraus (Schuhe bleiben am Rad)
- Absteigen vor dem Wechselbalken
- Rad zum Stellplatz schieben/tragen... und lt. Vorgabe (Ausrichter, Sportordnung) abstellen
- Helm und Brille? abnehmen
- Laufschuhe anziehen und eventuell andere Utensilien (Mütze...) aufnehmen
- Orientierung und zum Wechselzonenausgang laufen

Abb. 26. Ablaufschema Wechsel Rad – Lauf.

Jetzt noch flexibel und richtig zu handeln erfordert eine hohe Belastbarkeit des Athleten sowie unterschiedlichste Ablaufmuster, die auf Abruf bereitstehen müssen.

Anwendungsbeispiele befinden sich in Kapitel 13.

12 Gruppenzusammenhalt – Ein weiterer Baustein im Triathlonsport

In den vergangenen Jahren wurden im Rahmen von Ligawettkämpfen und/oder internationalen Meisterschaften eine Reihe neuer Wettkampfformate ausprobiert. Neben dem Ansinnen den Triathlonsport attraktiver zu machen wird damit eine weitere sportpsychologische Komponente angesprochen, die bisher keine große Bedeutung hatte: Gruppenzusammenhalt. Manch Leser/Leserin wird nun denken, was geht mich das an! Ich bin weder bei Ligawettkämpfen am Start noch werde ich bei internationalen Meisterschaften teilnehmen. Dem würden wir entgegnen:
Überlegen Sie einmal wie häufig Sie im Training mit anderen Triathleten zusammen sind und gemeinsam das Schwimmtraining absolvieren oder am Wochenende lange Radausfahrten bestreiten?
Sie werden feststellen: Häufig findet Training in Gruppen bzw. mit Trainingspartnern statt – also im Team! Somit haben Aspekte des Gruppenzusammenhalts bzw. Teamentwicklung durchaus ihre Berechtigung. Vorteil bei letzterem Beispiel ist, dass Sie sich die Personen, mit denen Sie trainieren meist selber aussuchen können!

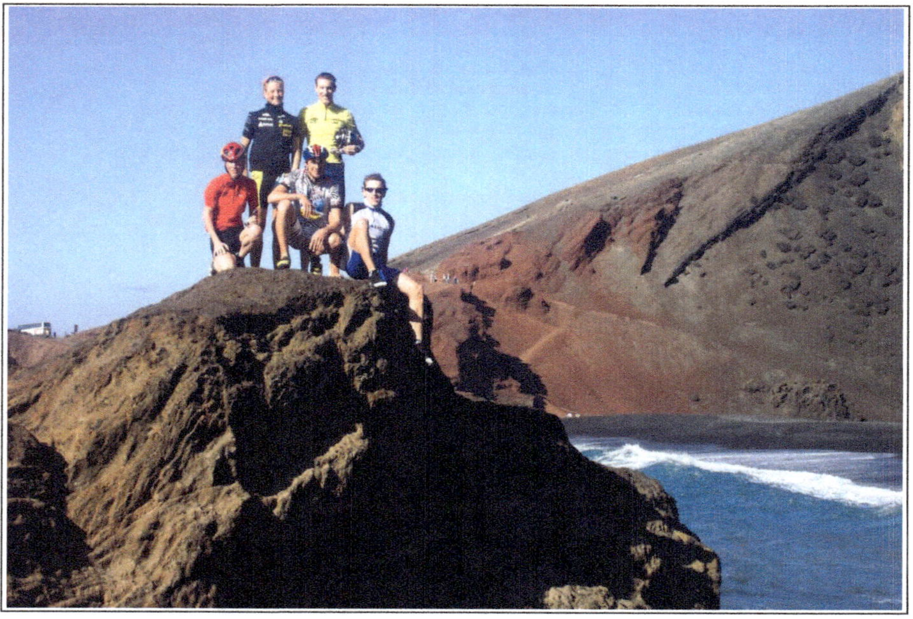

Bild 21. Stark im Team (© Wolfgang Rentschler).

Im Ligabetrieb oder bei Meisterschaften ist dies meist nicht der Fall! Hier kann es sein, das Athleten zusammenkommen, die sich nicht unbedingt gut verstehen. Wie kann hier ein guter Teamgeist bzw. Gruppenzusammenhalt geschaffen werden?
Bevor wir dieser Frage nachgehen soll zunächst die Frage beantwortet werden, ob ein guter Gruppenzusammenhalt überhaupt leistungsförderlich ist.
Es gibt eine Aussage von Sepp Herberger (Trainer der Fußballnationalmannschaft von 1954) die lautet: „Elf Freunde müsst Ihr sein!“ Dies macht deutlich, dass ein entsprechender Gruppenzusammenhalt, im wissenschaftlichen Kontext spricht man auch von Kohäsion, wichtig zu sein scheint, um erfolgreich zu sein. Kollege Jürgen Beckmann hat dies wie folgt skizziert:

> „... Individualsportler sind in der Regel Mitglieder von Mannschaften. Wie sehr man sich in die Mannschaft eingebunden fühlt, wie sehr diese als Team agiert, ist mitentscheidend für die Leistungsfähigkeit des einzelnen Sportlers...!“ (Beckmann & Elbe, 2009, S. 57).

Im wissenschaftlichen Kontext unterscheidet man weiterhin zwischen aufgabenbezogener und sozialbezogener Kohäsion. Ersteres fokussiert auf das zu erreichende Ziel und letzteres auf die gegenseitige Anziehung der Gruppenmitglieder (vgl. Beckmann & Elbe, 2009).
Für das Funktionieren (aufgabenbezogene Kohäsion) und die Harmonie (sozialbezogene Kohäsion) in einer Gruppe ist es zunächst einmal wichtig, dass sich die Mitglieder einer Gruppe untereinander kennen, sich gegenseitig einschätzen können und vertrauen.
Welche Maßnahmen können nun eingesetzt werden um die zuvor genannten Punkte innerhalb eines Teams, vor allem wenn ein Team sich neuformiert und/oder viele Ab- bzw. Neuzugänge zu verzeichnen sind, zu schulen.

12.1 Kennenlernen

Es gibt eine Vielzahl von Spielen zum gegenseitigen Kennenlernen. An dieser Stelle sollen nur einige stellvertretend dargestellt werden.

12.1.1 Gerichtet und Sortiert

Je nach Größe der Gruppe werden Untergruppen gebildet. Die Gruppe stellt sich dann in der richtigen Reihenfolge oder Sortierung auf. Nach dem Alter, nach der Größe, nach der Haarfarbe, der Augenfarbe, nach der Schuhgröße, sortiert nach Gewicht, alphabetisch nach dem Vornamen, anschließend nach dem Nachnamen. Hier ist auch eine Variante auf der Langbank möglich! Beim Sortieren darf nach Möglichkeit die Langbank nicht verlassen werden!

12.1.2 Schuhberge

Jeder der Gruppe zieht den rechten Schuh aus und legt diesen in die Mitte. Anschließend schnappt sich jeder, nach einem Signal, aus dem Haufen einen Schuh (nur nicht seinen eigenen) und versucht den Eigentümer ausfindig zu machen und diesem den Schuh anzuziehen.

12.1.3 Wade

Hinter einer Decke stehen mehrere Personen. Eine Person streckt die Wade unter dem Bettlacken/der Decke heraus. Die anderen Gruppenmitglieder müssen nun erraten um welche Person hinter der Decke/dem Bettlacken es sich handelt.
Darüber hinaus können die Teammitglieder sich gegenseitig vorstellen. Dies erfordert eine intensive Auseinandersetzung mit dem vorzustellenden Teammitglied. Man lernt so u. a. dessen besonderen Stärken kennen und schätzen.

12.2 Schätzen Lernen

Weitere Möglichkeiten, um ein Teammitglied und dessen Wichtigkeit für das Team schätzen zu lernen, können sein:

12.2.1 Hula-Kreis

Es werden Kleingruppen gebildet. Jede Gruppe fasst sich an den Händen und bildet einen Kreis. An einer Stelle wird nun ein Hula Hoop-Reifen über die Arme gelegt. Nun sollen alle nacheinander durch den Reifen steigen, ohne sich loszulassen. Drei Runden sind zu schaffen, wer ist erster?

12.2.2 Das Haus vom Nikolaus

Er werden Kleingruppen gebildet. Die Gruppen erhalten ein 10 Meter langes Seil. Jeder der Spieler fasst an einer Stelle das Seil an und darf dieses auch nicht mehr loslassen. So sollen die Gruppen nun das Haus vom Nikolaus mit dem Seil herstellen. Wer schafft es am schnellsten?

12.2.3 Knoten im Seil

Mit dem Seil geht es gleich weiter. Es wird zerschnitten, so dass 1 Meter lange Stücke entstehen. An diesen Stücken fassen sich nun alle an, es entsteht eine lange Kette aus Seilstücken und Menschen. Die Aufgabe besteht darin, in jedes Seil einen Knoten zu machen, ohne dass irgendjemand das Seil loslässt. Welche Gruppe schafft es am schnellsten?

12.2.4 Der große Eifall

Es werden Kleingruppen gebildet, die ein rohes Ei so verpacken sollen, dass es einen Fall aus 4 Metern Höhe übersteht, ohne Rührei zu werden. Dafür stehen unterschiedliche Materialien zur Verfügung (Müllbeutel, Tesakrepp, ein Luftballon, Toilettenpapier (10 Blatt und eine leere Rolle), 4 Schaschlikspieße, 3 DIN A4-Blätter, etwas Watte, 3 Meter Bindfaden). Für die Konstruktion haben die Gruppen 20 Minuten Zeit, dann kommt es zum großen Eifall.

12.3 Vertrauen

Für den Bereich Vertrauen gibt es ebenfalls eine Fülle von Spielformen. An dieser Stelle sind wiederum nur einige ausgewählte Möglichkeiten beschrieben:

12.3.1 Schlangenlauf

Alle stellen sich ohne Schuhe und ohne Socken hintereinander in einer Schlange auf. Nur der Erste hat die Augen offen der Rest geschlossen. Alle halten sich an den Schultern des Vorderen fest. Dann gehen alle dem Ersten hinterher. Der Erste geht durch verschiedene Untergründe (Kies, Gras, Sand, Wasserpfütze, ...) und alle anderen folgen ihm. Bei diesem Spiel müssen alle dem Ersten vertrauen.
Es ist auch die Variante mit nur 2 Personen möglich. Eine Person hat die Augen verbunden und lässt sich von einer anderen Person durch den Raum und/oder durchs Gelände führen.

12.3.2 Waldlauf

Man führt eine kleine Gruppe irgendwo in einen Wald, verbindet ihnen dort die Augen und verteilt sie ein wenig zwischen den Bäumen. Am Anfang darf noch nicht geredet werden. Nun müssen die anderen mit verbundenen Augen sich gegenseitig wiederfinden und zum Ausgangspunkt zurückfinden, indem man eine Kette bildet, bei dem sich jeder an den Händen hält und man sich eben gegenseitig fest vertraut.

12.3.3 Tunnelsprint (Vertrauenslauf)

Die Gruppe stellt sich zu einem Spalier auf. Nun strecken alle die Arme aus, so dass sich die Fingerspitzen gerade noch mit dem Gegenüber berühren. Jetzt sprintet ein Freiwilliger durch die gebildete Spaliergasse. Das Besondere: die beiden Reihen strecken ihre Hände aus und ziehen die Hände erst kurz bevor der Läufer kommt nach oben weg (wie eine Laolawelle). Danach kommt eine andere Person dran. Der Runner sollte sich nicht bücken und so schnell wie möglich laufen.
Aus unserer Sicht erste wichtige Maßnahmen zur Entwicklung eines guten Gruppenzusammenhalts. Diese reichen häufig schon aus, um den richtigen Weg einzuschlagen und die Athleten in die Trainingsgruppe entsprechend zu integrieren.
Grundsätzlich können die zuvor dargestellten Übungsformen auch in das Aufwärmprogramm oder Cool down eines Trainings integriert werden, so z. B. in die nachfolgend dargestellten Übungseinheiten bzw. Trainingsbeispiele!

12.4 Weiterführende Literatur

Baumann, S. (2002). *Mannschaftspsychologie.* Methoden und Techniken. Aachen: Meyer & Meyer.
Lau, A. & Schliermann, R. (2012). *Mentaltraining im Basketball und Rollstuhlbasketball.* Hamburg: Feldhaus.
Linz, L. (2004) *Erfolgreiches Teamcoaching.* Aachen: Meyer & Meyer.

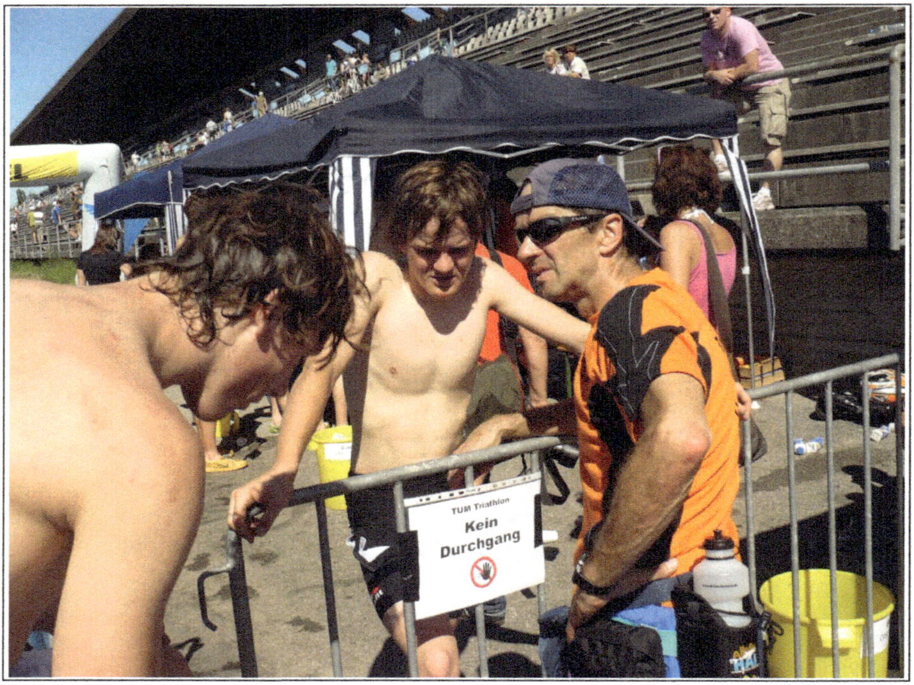

Bild 22. Analyse danach (© Wolfgang Rentschler).

13 Trainingsbeispiele

Da Triathlon eine Outdoor-Sportart ist, findet das Training zwar vorwiegend im Freien statt, aber vor allem im Wintertraining sind auch Einheiten in der Halle gefragt. Daher können die Beispiele entweder im freien Gelände oder auch in der Sporthalle absolviert werden. Ganzjährig lässt sich ein Wechsel- und Koppeltraining in einem Stadion durchführen. Dort herrschen standardisierte Bedingungen und der Trainer hat eine gute Übersicht, um steuernd einzugreifen.
Zu beachten ist, dass bei Anfängern bzw. Kindern zuerst langsam, dann erst unter Druckaufbau (Zeitfaktor...) trainiert wird. Weiterhin sollte zuerst jeder für sich üben, dann erst erfolgt die Anwendung als Wettbewerb bzw. in der Gruppe.

13.1 Aufwärmen

Für die nachfolgenden Trainingsbeispiele ist eine entsprechend Aufwärmarbeit nötig, welche auf den Hauptteil abzustimmen ist. Dies kann „herkömmlich", d. h. Herz-Kreislauf-Erwärmung durch beispielsweise lockeres Einlaufen, erfolgen.
Andererseits kann das Erwärmen auch schon den Aspekt der psychischen Vorbereitung mit integrieren.

13.1.1 Aufwärmen unter mentalen Aspekten

Die ersten der folgenden Beispiele betonen eher den konditionellen Aspekt der Aufwärmarbeit. Der Rest versucht unter anderem eine bestimmte Aufmerksamkeitslenkung zu provozieren.

13.1.2 „Rugby"

Grundidee: Zwei Teams spielen mit dem Rugby-Ei (es geht natürlich auch mit einem normalen Ball) gegeneinander. Zwei große Weichbodenmatten stellen das Ziel für den Touchdown dar. Als körperbetontes Spiel eignet sich Rugby hervorragend zur Schulung des Körpereinsatzes (Schwimmstart...).

Erweiterung: Es spielen nicht zwei Teams gegeneinander, sondern es sind gleichzeitig vier Teams auf dem Feld. Gruppe A spielt gegen B, C gegen D. Die Gruppen A und C – respektive B und D – verteidigen die gleichen Matten. Neben dem geforderten Körpereinsatz müssen die Sportler nun auch mit den komplexeren Anforderungen (Konzentration, Orientierung...) umgehen.
Rugby kann natürlich auch durch weitere körperbetonte Spiele wie Fußball oder Handball ersetzt werden (auch ist der Einsatz von Rollbrettern in einer Turnhalle denk- und machbar; damit wird nicht nur die Schwimmmuskulatur geschult, sondern es erfolgt auch schon die Gewöhnung an das Rollbrett, welches in unten beschriebenen Einheiten zum Einsatz kommt).

Variante „Vier-Felder-Spiel“: Auf dem Spielfeld befinden sich vier Matten. Es spielen vier Teams A, B, C, und D. Von außen wird vorgegeben, wer gegen wen spielt.

13.1.3 „Sitzbank“

Vier Langbänke, oder Ähnliches, werden sternförmig aufgestellt. Vier Teams nehmen auf den Bänken Platz. Laufgrundrichtung ist im Uhrzeigersinn. Der Trainer macht nun bestimmte Ansagen.

- „1“ bedeutet, dass alle Gruppen eine Bank weitermüssen. „2“ bedeutet, dass alle zwei Bänke weitermüssen;
- „außen“ meint, dass alle Gruppenmitglieder die Bänke außen umlaufen müssen, also nicht Überlaufen dürfen;
- „rück“ bedeutet letztlich, dass entgegen dem Uhrzeigersinn gelaufen werden muss;

Diejenige Gruppe, welche als Letztes wieder sitzt, muss z. B. 20 Liegestütze absolvieren

13.1.4 „Such den Schuh“

Die Schuhe aller Teilnehmer liegen in der Mitte des Platzes auf einem Haufen. Auf Kommando versucht jeder seine Schuhe so schnell als möglich anzuziehen. Als Zeichen, dass der Einzelne fertig ist, kann er z. B. die Hände über den Kopf halten.

Variationen: Ausgangssituation wie oben.

- Der Trainer kann auch nur einen Schuh (links/rechts) auswählen, der angezogen werden muss.
- Die Schuhe werden mit Farben „belegt“, z. B. ist der linke Schuh rot, der rechte blau, beide bekommen die Farbe schwarz zugewiesen. Der Trainer kann nun zwischen drei Möglichkeiten wählen. Dabei muss der Sportler nicht nur schnell sein, sondern muss auch noch die Farbe dem richtigen Schuh zuweisen.
- Der Schuhhaufen wird von den einzelnen Teilnehmern „verteilt“, d. h. jeder wirft irgendeinen Schuh irgendwo hin. Auf Kommando versucht der Sportler die vom Trainer gestellte Aufgabe (hier sind nun alle vorstehenden Möglichkeiten kombinierbar) zu erledigen.

13.1.5 „Zieh dich an“

In der Halle, im Stadion... gibt es drei Plätze: einen Schuhhaufen, eine Helmecke, ein Kleiderhaufen. Dort hat jeder Teilnehmer seine Utensilien deponiert. Auf Kommando laufen alle Teilnehmer zum entsprechend genannten Haufen und ziehen sich so schnell als möglich an.
Variationen: Ausgangssituation wie oben.

- Der Trainer gibt an, welche Station in welcher Reihenfolge anzulaufen ist.

- Der Trainer gibt eine Auswahlmöglichkeit vor, d. h. er nennt zwei Haufen, welche in einer bestimmten Reihenfolge angelaufen werden müssen. Variation: der Trainer lässt die Reihenfolge offen.
- Die einzelnen Haufen können mit Farben belegt werden.

13.1.6 „Stangenwald“

Es wird ein Parcours aus, zum Beispiel Slalomstangen, aufgebaut. Der Stangenwald ist unregelmäßig angeordnet. Die Aufgabe besteht darin, den Stangenwald ohne Berührung (schnell) zu durchlaufen. Das erste Mal geschieht ohne Aufgabenstellung. Beim zweiten Mal sollen sich die Sportler vor dem Durchlaufen den Weg durch den Stangenwald verinnerlichen. Variationen können sein:

- Während des Durchlaufens wird eine Jacke an- und ausgezogen.
- Ein Partner dirigiert den anderen, welcher „blind“ ist – vorzugsweise eine Augenbinde trägt – durch den Stangenwald.
- Der Stangenwald wird durch andere „Stangen“, wie zum Beispiel Pylonen, Kegel o. ä. ergänzt. Damit wird der Aufmerksamkeitsfocus erweitert.

13.2 Trainingsbeispiele für den Hauptteil

Ein Triathlonwettkampf wird nicht durch einen herausragenden Wechsel gewonnen – kann jedoch durch einen schlechten Wechsel verloren werden.
Daher spielen, vor allem im Nachwuchstraining, Wechsel- und Koppelverhalten einen nicht zu unterschätzenden Anteil am Training. Auch im Erwachsenentraining tut ab und an eine Auffrischung gut und dient der willkommenen Abwechslung.
Weiterhin kann ein konditionell ausgerichtetes Zirkeltraining mit Elementen aus dem Wechselverhalten kombiniert bzw. der Zirkelablauf z. B. mit Fragen erweitert werden, so dass auch hier interessante Variationen des klassischen Zirkels entstehen.

13.2.1 Zirkeltraining

„Wissenszirkel“

Ein Beispielzirkel könnte folgende Übungen kombinieren: Seilspringen – Liegestütz – eine Bauchübung (z. B. „Käfer“) – Seithüpfen beidbeinig – Medizinball prellen gegen die Wand – Pendellau.

Je nach Zielstellung wird das Verhältnis Belastungs-/Erholungszeit gewählt. Während der passiven Erholung für den Körper muss nun jedoch der Kopf arbeiten und pro Station eine Auswahlfrage beantworten (ein Fragenkatalog befindet sich im Anhang). Am Ende des Zirkels erfolgt die Auswertung. Jede richtige Antwort wird bewertet und zum aktiven Teilergebnis dazugezählt.

„Wechselzirkel“

Dieser Beispielzirkel beginnt mit einfachen Liegestützen an der kleinen Bank über beispielsweise 30 Sekunden (diese Zeit bleibt dann für alle Übungen gleich). Die Arme sind dabei auf dem kleinen Kasten aufgestützt und jede Brustberührung zählt. Danach wechselt der Athlet zu den Radschuhen, die er so oft wie möglich an und ausziehen muss, was einem Zyklus entspricht und einen Punkt ergibt. Die dritte Übung geht nun wieder zur konditionellen Seite über und fordert Kniehebeläufe auf einer Bodenmatte. Ist der Sportler hier fertig geht es bei der nächsten Übung darum, den Helm so oft wie möglich auf- bzw. abzuziehen. Ein Zyklus besteht nun darin, den Helm auf dem Kopf geschlossen bzw. den Boden touchiert zu haben. Zugseilziehen könnte nächster konditioneller Inhalt sein, um das abschließende Wechselverhalten damit zu trainieren, dass die Laufschuhe so schnell wie möglich an- bzw. auszuziehen sind. Abschluss eines Zirkeldurchlaufs kann ein Pendellauf sein.

Liegestütz → Radschuhe an/aus → Knieheblauf →
Helm auf/ab → Zugseil → Laufschuhe an/aus → Pendellauf

Durch die Vorgabe der Zeit und der Aufforderung, so viele korrekte Ausführungen wie möglich in der Zeiteinheit zu machen, lernt der Sportler unter Zeitdruck den Wechsel. Gleichzeitig stellen die vorhergehenden konditionellen Anteile gewissermaßen die Vorbelastung dar.

13.2.2 Wechselverhalten (Semispezifische Übungen)

Die nachfolgenden Inhalte schulen einfache Elemente des Wechselverhaltens. Der psychische „Druck“ wird durch den Vergleich bzw. die Staffelform gewonnen, was einem wettkampfähnlichen Verhalten entspricht.

Als Einzelwettbewerb

Wer kann seinen Helm im Stehen an schnellsten abziehen, auf den Boden legen und wieder aufziehen? Jeweils die schnellsten (wer klopft sich mit beiden Händen auf den geschlossenen Helm...) der Gruppen machen in einer Endausscheidung den Sieger aus. Mögliche Varianten:

- An einer Startlinie stehen die einzelnen Athleten auf gleicher Höhe. In kurzer Entfernung liegen ihre Radschuhe auf dem Boden. Auf Kommando laufen die Einzelnen zu ihren Radschuhen, ziehen sie an und wieder aus. Sieger ist, wer als erstes eine Linie überläuft bzw. in der Halle an der Wand abklatscht
- Wie vorher, aber die Radschuhe bleiben an, damit Lauf zu der Station mit den Laufschuhen, Radschuhe aus, Laufschuhe an und Sprint zu einem Endpunkt o. ä.
- Zum Schluss wird der Parcour um den Radhelm erweitert. D. h. der Athlet läuft als erstes zum Helm, zieht ihn auf, rennt zu seinen Radschuhen, zieht diese an,

läuft zu den Laufschuhen, nimmt den Helm ab und zieht die Radschuhe aus, die Laufschuhe an und sprintet zur Endmarkierung

Variante in Staffelform

Die Athleten der jeweiligen Kleingruppen stellen sich hintereinander auf, nachdem sie ihre Helme in vorgegebenen Abständen auf dem Boden abgelegt haben. Der Einzelne absolviert den „Helmparcour", d. h. er zieht den ersten Helm auf, schließt den Kinnriemen, setzt ihn ab und legt ihn wieder auf den Boden. Dann sprintet er zum nächsten Helm und wiederholt die Prozedur. Nachdem er alle Helme der Mitglieder der Kleingruppe „durch" hat, sprintet er zurück zur Gruppe und schlägt den Nächsten der Kleingruppe ab.

Übungen mit koordinativem Aspekt

Ausgangssituation: Jeder Sportler hat seinen eigenen Startbereich. Dort liegt er auf einem Rollbrett (um das Schwimmen zu simulieren können ebenso ein Zugseil/Theraband oder aber einfache Liegestütze zum Einsatz kommen) und hat eine Bademütze (Schirmmütze...) auf. Wie beim Triathlonwettkampf kann nun eine bestimmte Startzeitkarenz angesagt werden. Beim Kommando „rollen" die Athleten bis zu einer vorgegebenen Markierung. Dort nehmen sie die Bademütze ab, nehmen das Rollbrett auf und laufen zum Startpunkt zurück.

Weiterführung

Zum Ausgangspunkt wird eine zweite Station aufgebaut, wo sich ein Pedalo (im Freien können die Räder getauscht, der Sattel tiefgestellt/entfernt oder sogar Inliner benützt werden...) und der Radhelm befinden. Als „Radschuh" dient in der Halle ein zweites Sportschuhpaar. An dieser Station angekommen, wird das Rollbrett „geparkt", die Bademütze abgenommen, der Helm aufgezogen, die Schuhe angezogen und mit dem Pedalo bis zur Endlinie „gefahren"

An der dritten Station befinden sich nun die Laufschuhe. Der Laufweg zum Ziel sollte so lang sein, dass noch eine Aufgabe (Hindernis überwinden; Slalom laufen; Element aus der Laufschule) eingebaut werden kann. Denkbar ist auch der Einsatz von Scootern/Rollern als semispezifischer „Laufersatz"

Variationen in Partnerform

- Der eine Partner agiert als Kampfrichter und ahndet Regelverstöße.
- Mehrere Paare gegeneinander mit mehreren Durchgängen: Partner A absolviert den Parcours, läuft zu seinem Partner B zurück (dieser hat in der Zwischenzeit die Geräte wieder an die richtigen Stationen gebracht) und klatscht ab (Vorsicht: diese Variation ist intensiv, da keine passive Pause vorhanden ist).
- Wird der Parcours in Staffelform und mit mehreren Durchgängen absolviert, ergibt sich auch auf kleiner Fläche eine intensive Ausdauereinheit mit passiven Pausen, welche auch noch Spaß macht.

13.2.3 Spezifische Übungseinheiten

Beispiel Wechselverhalten (Auf- und Absteigen vom Rad)

Im Folgenden geht es um die verschiedenen Varianten der Handhabung der Radschuhe. Jeder Athlet wird sich letztlich für eine der beiden Varianten entscheiden (müssen). Wichtig ist aber, dass er beide Möglichkeiten beherrscht, um situationsbezogen reagieren zu können.
In diesem Beispiel kann der Einzelne vor den beiden Übungsvarianten 1 und 2 die verschiedenen Techniken der Visualisierung anwenden.

- Übungsvariante 1: Die Schuhe werden am Standort angezogen, es erfolgt der Lauf mit dem Rad zum Wechselbalken, danach wird dynamisch aufs Rad aufgestiegen, eine kleine Runde gefahren, vor dem Wechselbalken mit den Schuhen an den Füßen abgestiegen und zum Ausgangspunkt gelaufen.
- Übungsvariante 2: Die Schuhe sind schon am Rad angebracht. Nachdem der Wechselbalken passiert ist, erfolgt ein dynamischer Aufstieg. Nun können die Schuhe auf den ersten Metern angezogen werden oder aber die Aufgabenstellung lautet, dass erst ein Sprint („Anschluss" an die Gruppe herstellen) mit den Füßen auf den Schuhen zu erfolgen hat, bevor dieselben angezogen werden. Vor dem Wechselbalken bzw. dem Abstieg müssen die Schuhe ausgezogen werden und verbleiben am Rad. Danach erfolgt der Lauf zum Wechselplatz.
- Individuelle Anwendung: Der Wechselgarten mit Radstandplatz, Wechselbalken usf. wird um die Einlaufzone, die vom Schwimmen kommt, sowie um den Wechselzonenausgang, der auf die Laufstrecke führt, erweitert. Nachdem dies erledigt ist, bekommt der Athlet genügend Zeit sich die Wechselzone anzuschauen und zu „verinnerlichen". Auch sollte er nochmals in Gedanken die verschiedenen Handgriffe, den Radauf und -abstieg durchspielen und sich für eine Variante entscheiden, sofern sie nicht durch den Trainer vorgegeben ist. Auf Kommando zieht der Athlet beispielsweise eine bestimmte Zeit Zugseil – als „Ersatz" für die Vorbelastung durch das Schwimmen – und sprintet dann in die Wechselzone. Dort absolviert er den Wechsel, den er sich vorher „zurechtgelegt" hat, fährt eine Stadionrunde Rad im Wettkampftempo, steigt vor dem Wechselbalken ab, schiebt sein Rad an den Stellplatz und wechselt zum Lauf. Nach der Einzelbesprechung kann diese Variante im „Zweikampf" oder in der Kleingruppe durchgeführt werden.

Beispiel Wechselverhalten und Koppeltraining

Nachfolgende Trainingseinheit lässt sich besonders gut in einem überschaubaren Areal, wie einem Stadion mit einer 400 m-Rundbahn ausführen. Im Beispiel werden in der ersten Ausführungsform bewusst mehrere Stationen aufgebaut und nicht nur ein zentraler Wechselplatz.

- Stationsbetrieb: An Station 1 absolviert der Athlet Liegestützen, läuft zu Station 2, setzt dort seinen Helm auf, rennt zu seinen Radschuhen bei Station 3 und zieht diese an, läuft weiter zum Rad, fährt eine Runde auf der Bahn, zieht dabei seine Schuhe am Rad aus, deponiert sein Rad wieder an Station 4 und läuft zu seinem Laufschuhen an der vorletzten Station. Nachdem er diese angezogen hat, sprintet er zur Ziellinie.

- Prognose: Nachdem jeder Athlet einen Durchgang absolviert hat, kommt die nächste Aufgabenstellung. Er gibt seine Prognose ab, in welcher Zeit er diesen Wechselgartenparcours durchlaufen wird. Dann erhält er eine gewisse Zeit zur Vorbereitung, in der er sein Material nochmals richten sowie sich in eine ruhige Ecke zurückziehen kann, um die Wechselzone und die Wechselvorgänge nochmals vor dem geistigen Auge Revue passieren zu lassen. Nach dem Durchgang wird die abweichende Zeit von der Prognose festgestellt. Eine Abweichung von zum Beispiel je drei Sekunden nach oben oder unten ist erlaubt. Jede weitere Abweichung von dieser Sollzeit wird dahin geahndet, dass dieser Athlet im nachfolgenden „Wettkampf“ bei der Startaufstellung beispielsweise zehn Meter nach denen starten darf, die mit ihrer Prognose richtig lagen.
- „Wettkampf“: Als letzte Variante erfolgt dann das Wechsel- und Koppeltraining unter wettkampfnahen Bedingungen, vorzugsweise in der Kleingruppe. Eine Wechselzone analog einem Wettkampf wird eingerichtet, die Radstrecke (ein oder mehrere Male um die Rundbahn) wird festgelegt, ebenso die Laufstrecke und der Startpunkt. Die Startaufstellung erfolgt, wie im vorhergehenden Durchgang ermittelt. Wiederum erhalten die Athleten einen bestimmten Zeitraum zur Vorbereitung. Eine kleine Zeitspanne vorher, die idealer Weise ungefähr drei Minuten vor dem Startkommando liegt, fordert der Trainer die Athleten auf ihre Startplätze einzunehmen. Der Count-down wird nicht mehr angesagt, sondern das Kommando erfolgt urplötzlich und der „Wettkampf“ beginnt. Dabei fungieren die Pausierenden als Kampfrichter (Einhalten der Regeln...), als Störfaktoren (Zuschauer...) usf.

13.3 Stundenbeispiele

Sowohl das Auf- als auch das Abwärmen sollten auf den Hauptteil abgestimmt sein. Daher im Folgenden einige Beispiele, wie eine Trainingseinheit zusammengestellt werden könnte.

Hauptteil: ruhiges Wechseltraining

Aufwärmen	intensiv, z. B. Rugby
Hauptteil	Wechseltraining, z. B. Auf-/Absteigen vom Rad in seinen Varianten
Ausklang	„Elefantenfußball" (Fußball mit dem Pezziball)

Hauptteil: intensiv (konditioneller Anspruch)

Aufwärmen	Eher ruhig, z. B. „Such den Schuh"
Hauptteil	Wissenszirkel
Ausklang	Entspannend, z. B. Bauchatmung

Hauptteil: intensiv, spezifisch

Aufwärmen	Eher ruhig, z. B. „Zieh dich um"
Hauptteil	Koppeltraining z. B. mit „Prognoseaspekt"
Ausklang	Entspannend, z. B. Progressive Muskelrelaxation

13.4 Weiterführende Literatur

DTU (2018). *Triathlon im Schulsport.* Frankfurt: Eigendruck.

Hartnack, F. (2013). *Triathlon für Kinder.* Hamburg: Verlag Dr. Kovac.

Vogel, F., Wirth, C. & Ziemainz, H. (2014). Triathlon: Lehrplankonform im Schulunterricht – Teil 1. *SportPraxis.* Nr. 7+8, S. 39-44.

Vogel, F., Wirth, C. & Ziemainz, H. (2014). Triathlon: Lehrplankonform im Schulunterricht – Teil 2. *SportPraxis.* Nr. 9+10, S. 20-25.

14 Schlusswort

Ein Ziel dieses Buches war es, Ihnen zunächst die Scheu vor dem Fach Psychologie zu nehmen. Weiterhin haben wir versucht, Ihnen einige Möglichkeiten aufzuzeigen, wie Sie „mentale Trainingsformen“ speziell in Ihrer Sportart Triathlon anwenden können. Viele von den hier vorgestellten Verfahren lassen sich problemlos in das tägliche Training einbauen. Gerade Aspekte der Willensschulung und das Erlernen von Stressbewältigungsstrategien können in das „normale Training“ integriert werden. Wir möchten noch einmal betonen:

Wenn Sie „mental“ trainieren, dann trainieren Sie systematisch und langfristig in entspannter Atmosphäre. Lassen Sie diese Trainingsformen nicht zu „Eintagsfliegen“ werden, da sie ansonsten nicht zu Ihrer Leistungsoptimierung beitragen können.

Sollten Sie Anmerkungen oder Fragen haben, dann schreiben Sie uns. Wir freuen uns immer über konstruktive Kritik:

Literatur

Alfermann, D. & Stoll, O. (2013). *Sportpsychologie in 12 Lektionen*. Aachen: Meyer & Meyer.

Baumann, D. (1995). *Ich laufe keinem hinterher*. Köln: Kiepenheuer & Witsch.

Baumann, S. (2002). *Mannschaftspsychologie*. Methoden und Techniken. Aachen: Meyer & Meyer.

Beckmann, J. & Elbe, A.-M. (2009). *Handbuch sportpsychologischer Praxis*: Mentales Training in den olympischen Sportarten. Balingen: Spitta-Verlag.

Beckmann-Waldenmayer, D. & Beckmann, J. (2012). *Handbuch sportpsychologischer Praxis*: Mentales Training in den olympischen Sportarten. Balingen: Spitta-Verlag.

Brewer, B.W. (Eds.). (2009). *Sport Psychology*. Oxford: Blackwell.

Birrer, D. & Seiler, R. (2006). Motivationstraining. In M. Tietjens & B. Strauß (Hrsg.), *Handbuch Sportpsychologie* (S. 236-245). Schorndorf: Hofmann.

Draksal, M. (2003). *Praktische Sportpsychologie*. Leipzig: Draksal.

DTU (Deutsche Triathlon Union) (2003). *Nachwuchstrainingskonzept der Deutschen Triathlon Union*. Frankfurt/Main: Eigendruck.

DTU (Deutsche Triathlon Union) (2014). *Nachwuchstrainingskonzept der Deutschen Triathlon Union*. Frankfurt/Main: Eigendruck.

DTU (Deutsche Triathlon Union) (2018). *Triathlon im Schulsport*. Frankfurt: Eigendruck.

Eberspächer, H. (1993). *Sportpsychologie* (2. Aufl.). Reinbeck: Rowolth.

Eberspächer, H. (1995). *Mentale Trainingsformen in der Praxis*. Ein Handbuch für Trainer und Sportler. Oberhaching: Sportinform Verlag.

Eberspächer, H. (2019). *Mentales Training – Das Handbuch für Trainer und Sportler*. Grünwald: Copress

Eberspächer, H. & Hermann, H. D. (1994). Psychologisches Aufbautraining nach Sportverletzungen. München: BLV.

Gabler, H., Janssen, J. P. & Nitsch, J. R. (1990). *Gutachten „Psychologisches Training" in der Praxis des Leistungssports*. Bundesinstitut für Sportwissenschaft. Tübingen, Köln: Sport und Buch Strauss.

Grau, U., Möller, J. & Rohweder, N. (1990). *Erfolgreiche Strategien zur Problemlösung im Sport. Trainerbibliothek*, Band 26. Deutscher Sportbund, Bundesausschuss Leistungssport. Münster: Phillipka Verlag.

Hartnack, F. (2013). *Triathlon für Kinder*. Hamburg: Verlag Dr. Kovac.

Heckhausen, H. (1989). *Motivation und Handeln*. Berlin: Springer.

Hohmann, A., Lames, M. & Letzelter, M. (2002). *Einführung in die Trainingswissenschaft*. Wiebelsheim: Limpert.

Jacobsen, E. (2011). *Entspannung als Therapie*. Progressive Relaxation in Theorie und Praxis. Stuttgart: Klett.

Kunath, P. & Schellenberger, H. (Hrsg.). (1991). *Tätigkeitsorientierte Sportpsychologie. Frankfurt/M.: Verlag Harri Deutsch.*

Lau, A. & Schliermann, R. (2012). *Mentaltraining im Basketball und Rollstuhlbasketball*. Hamburg: Feldhaus.

Linz, L. (2004) *Erfolgreiches Teamcoaching*. Aachen: Meyer & Meyer.

Loehr, J. E. (1991). *Persönliche Bestform durch Mental-Training für Sport, Beruf und Ausbildung*. 2. Aufl., München: BLV-Verlagsgesellschaft.

Loehr, J. E. (2001). *Die neue mentale Stärke*. München: BLV-Verlagsgesellschaft.

Lutz, H. (2017). *Life Kinetik: Bewegung macht Hirn*. Reinbek: Rowohlt.

Matthesius, R. (1995). Persönlichkeit und Handlungsregulation – kognitive, emotional-motivationale und volitive Grundlagen. In D. Harre, G. Schnabel & A. Borde (Hrsg.), *Trainingswissenschaft* (S. 66-76). Berlin: Sportverlag.

Mayer, J. & Herrmann, H.-D. (2015). *Mentales Training*. Berlin: Springer.

Morgan, W. P. (1978). *The mind of the marathoner*. Psychology Today, 12, (April), p. 38-49.

Nitsch, J. R. & Hackforth, D. (1979). *Naive Techniken der Psychoregulation*. In Gabler, H., Eberspächer, H., Hahn, E., Kern, J. & Schilling, G. (Hrsg.), *Praxis der Psychologie im Leistungssport* (S. 299-311). Berlin: Bartels & Warnitz.

Nideffer, R. M. (1976). *The inner Athlete*. Mind plus Muscle for Winning. New York: Crowell.

Orlick, T. (1980). *In pursuit of Excellence.* Illinois: Human Kinetics.
Porter, K. & Foster, J. (1988). *Mentales Training: Der moderne Weg zur sportlichen Leistung.* München: BLV-Verlagsgesellschaft.
Rasche, F. (2011). Sportpsychologie im Triathlon. Hamburg: spomedis.
Schlicht, W. & Strauß, B. (2003). *Sozialpsychologie des Sports.* Göttingen: Hogrefe.
Schwarzer, R. (1993). *Streß, Angst und Handlungsregulation.* Stuttgart: Kohlhammer.
Schubert, F. (1981). *Psychologie zwischen Start und Ziel.* Berlin: Sportverlag.
Schuck, H. (1994). *Psychoregulative Beeinflussung der Willensaktivität.* In J. R. Nitsch & R. Seiler (Hrsg.), *Psychologisches Training. Bewegung und Sport, Psychologische Grundlagen und Wirkungen* (Bd. 3., S. 173-180). Academia: St. Augustin.
Schultz, J. H. (2002). *Das Autogene Training*: konzentrative Entspannung. Stuttgart: Thieme.
Seiler, R. & Stock A. (1994). *Handbuch Psychotraining im Sport.* Reinbeck: Rowohlt.
Seufert, K., Ziemainz, H. & Stoll, O. (2020). Mentale Trainingsformen im Schwimmen. Hamburg: Feldhaus.
Stoll, O., Pfeffer, I. & Alfermann, D. (2010). *Lehrbuch Sportpsychologie.* Bern: Huber.
Stoll, O. & Ziemainz, H. (2012). *Laufen psychotherapeutisch nutzen.* Berlin: Springer.
Volpert, W. (1977). *Optimierung von Trainingsprogrammen.* Lollar/Lahn: Andreas Achenbach.
Terry, P. (1989). *Mental zum Sieg.* Ängste erkennen, Motivation steuern, sportliche Leistung steigern. München: BLV-Verlagsgesellschaft.
Tietjens, M. & Strauß, B. (Hrsg.). (2006). *Handbuch Sportpsychologie.* Schorndorf: Hofmann.
Petermann, F. (Hrsg.). (2020). *Entspannungsverfahren.* Das Praxishandbuch. Weinheim: Beltz.
Vogel, F., Wirth, C. & Ziemainz, H. (2014). Triathlon: Lehrplankonform im Schulunterricht – Teil 1. *SportPraxis*, Nr. 7+8, S. 39-44.
Vogel, F., Wirth, C. & Ziemainz, H. (2014). Triathlon: Lehrplankonform im Schulunterricht – Teil 2. *SportPraxis,* Nr. 9+10, S. 20-25.
Weinberg, R. S. & Gould, D. (2007). *Foundations of Sport and Exercise Psychology.* Champain, IL: Human Kinetics.
Ziemainz, H. (1999). *Handlungskontrolle und Streßintervention im Triathlon.* Aachen: Meyer & Meyer.
Ziemainz, H. (1999). *Der Einsatz psychologischer Trainingsverfahren zur Vorbereitung auf den triathlonspezifischen Disziplinwechsel.* Leipziger Sportwissenschaftliche Beiträge XL, 1/99, S. 100-113.
Ziemainz, H. & Rentschler, W. (2002). *Mentale Trainingsformen im Triathlon.* Butzbach. Afra-Verlag.
Ziemainz, H., Stoll, O. & Adler, K. (2003). *Evaluation Mentalen Trainings im triathlonspezifischen Disziplinwechsel im Jugend- und Juniorenbereich.* Leistungssport, *33*(2), 20-22.
Ziemainz, H., Schmidt, U. & Stoll, O. (2000). *Psychologie in Ausdauersportarten.* Butzbach: Afra-Verlag.

Die Autoren

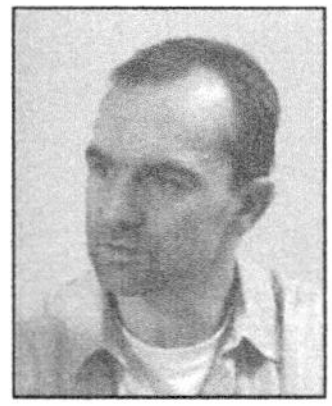

Heiko Ziemainz, PD Dr. phil., M. A., ist Sportwissenschaftler, promovierte an der Sportwissenschaftlichen Fakultät der Universität Leipzig. Er arbeitet seit Anfang 2001 am Department für Sportwissenschaft und Sport der Friedrich-Alexander-Universität Erlangen-Nürnberg. Dort ist er im Arbeitsbereich Public Health und Bewegung u. a. für den Bereich Sportpsychologie verantwortlich.
Seine Arbeitsschwerpunkte sind anwendungsorientierte Sportpsychologie in der Praxis des Leistungssports, Psychologisches Training im (Hoch-)Leistungssport und Psychologie in Ausdauersportarten. Er absolvierte mehrere Marathonläufe und ist mehrfacher IRONMAN-Finisher.

Kontakt

PD Dr. Heiko Ziemainz
Friedrich-Alexander-Universität Erlangen-Nürnberg
Department für Sportwissenschaft und Sport
Gebbertstr. 123b
91058 Erlangen
E-Mail: heiko.ziemainz@fau.de

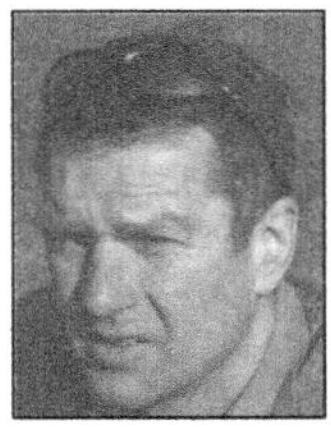

Wolfgang Rentschler, Sportlehrer und Diplomtrainer Triathlon, studierte an der Universität Stuttgart Sport und Chemie für das höhere Lehramt. Er absolvierte schon 1988 die erste bundesweite Trainerausbildung im Triathlon. Von 1991 bis 2005 war er für einen Landesverband als hauptberuflicher Landestrainer im Triathlon tätig. Im Jahr 2000 beendete er als erster auf Bundesebene die Ausbildung zum staatlich anerkannten Diplomtrainer Triathlon des Deutschen Sportbundes an der Trainerakademie in Köln. Weiterbildungen im erlebnispädagogischen Bereich runden das Bild ab. Seinen ersten Triathlon absolvierte er 1984 und blieb bis heute dem Wettkampfsport treu.
Aktuell betreut er als Coach nicht nur ambitionierte Breiten- und Leistungssportler, sondern ist auch im Verein und auf Schulebene im Triathlon tätig.

Kontakt

Wolfgang Rentschler
Fichtenstr. 20
88339 Bad Waldsee/M.
E-Mail: rentschler@fit4tri.de

Schriftenreihen

Schriften der Deutschen Vereinigung für Sportwissenschaft

Herausgeber: **Deutsche Vereinigung für Sportwissenschaft** ISSN 1430-2225 ISBN 978-3-88030-...

Die noch lieferbaren Bände 1 bis 179 der Schriftenreihe werden für dvs-Mitglieder durch die dvs-Geschäftsstelle, Postfach 73 02 29, D-22122 Hamburg, ausgeliefert. Nicht-dvs-Mitglieder bestellen bitte im Buchhandel oder direkt beim Czwalina Verlag, Postfach 73 02 40, D-22122 Hamburg, www.edition-czwalina.de.

Band 180 **Nagel u.a. (Hrsg.): Sozialisation und Sport im Lebensverlauf.** 2008. 132 S. ISBN ... 511-6.
Band 181 **Lühnenschloß & Wastl (Hrsg.): Quo vadis olympische Leichtathletik?** 2008. 216 S. ISBN ... 512-3.
Band 182 **Woll u.a. (Hrsg.): Sportspielkulturen erfolgreich gestalten.** 2008. 236 S. ISBN ... 513-0.
Band 183 **Igel & Baca (Hrsg.): Update eLearning.** 2009. 160 S. ISBN ... 514-7.
Band 184 **Schlesinger: Emotionen im Kontext sportbezogener Marketing-Events.** Forum Sportwissenschaft, 18. 2008. 264 S. ISBN ... 515-4.
Band 185 **Frick (Hrsg.): Fußball in Schule und Verein – Eine Herausforderung für Forschung und Lehre.** Beiträge und Analysen zum Fußballsport, 15. 2009. 200 S. ISBN ... 519-2.
Band 186 **Bös u.a.: Deutscher Motorik-Test 6-18 (DMT 6-18).** 2016. 2. Auflage. 96 S. ISBN ... 643-4.
Band 187 **Bruns & Buss (Hrsg.): Sportgeschichte erforschen und vermitteln.** 2009. 208 S. ISBN ... 526-0.
Band 189 **Lames u.a. (Hrsg.): Gegenstand und Anwendungsfelder der Sportinformatik.** 2009. 212 S. ISBN ... 527-7.
Band 190 **Brandl-Bredenbeck & Stefani (Hrsg.): Schulen in Bewegung - Schulsport in Bewegung.** 2009. 264 S. ISBN ... 528-4.
Band 191 **Krüger, Neuber, Brach & Reinhart (Hrsg.): Bildungspotenziale im Sport.** 19. Sportwissenschaftlicher Hochschultag. 2009. 392 S. ISBN ... 533-8.
Band 192 **Hottenrott, Hoos & Esperer (Hrsg.): Herzfrequenzvariabilität: Risikodiagnostik, Stressanalyse, Belastungssteuerung.** 2009. 238 S. ISBN ... 534-5.
Band 193 **Naul & Wick (Hrsg.): 20 Jahre dvs-Kommission Fußball – Herausforderung für den Fußballsport in Schule und Sportverein.** Beiträge und Analysen zum Fußballsport, 16. 2009. 224 S. ISBN ... 536-9.
Band 194 **Beckmann & Wastl (Hrsg.): Perspektiven für die Leichtathletik.** 2009. 136 S. ISBN ... 538-3.
Band 195 **Kolbert, Müller & Roscher (Hrsg.): Bewegung – Bildung – Gesundheit.** 2009. 120 S. ISBN ... 539-0.
Band 196 **Betz & Hottenrott (Hrsg.): Training und Gesundheit bei Kindern und Jugendlichen.** Gelebte Sportwissenschaft, 3. 2010. 256 S. ISBN ... 540-6.
Band 197 **Wank & Heger (Hrsg.): Biomechanik – Grundlagenforschung und Anwendung.** 2010. 280 S. ISBN ... 547-5.
Band 198 **Wiemeyer, Baca & Lames (Hrsg.): Sportinformatik – gestern, heute, morgen.** Gelebte Sportwissenschaft, 4. 2010. 192 S. ISBN ... 548-2.
Band 199 **Schmidt: Bewegungsmustererkennung anhand des Basketball-Freiwurfes.** Forum Sportwissenschaft, 19. 2010. 216 S. ISBN ... 549-9.
Band 200 **Frei & Körner (Hrsg.): Ungewissheit – Sportpädagogische Felder im Wandel.** 2010. 332 S. ISBN ... 550-5.
Band 201 **Amesberger, Finkenzeller & Würth (Hrsg.): Psychophysiologie im Sport.** 2010. 216 S. ISBN ... 551-2.
Band 202 **Krüger (Hrsg.): Johann Christoph Friedrich GutsMuths (1759-1839) und die philanthropische Bewegung in Deutschland.** 2010. 160 S. ISBN ... 552-9.
Band 203 **Mayer: Verletzungsmanagement im Spitzensport.** Forum Sportwissenschaft, 20. 2010. 432 S. ISBN ... 554-3.
Band 204 **Mattes & Wollesen (Hrsg.): Bewegung und Leistung – Sport, Gesundheit & Alter.** 2010. 168 S. ISBN ... 555-0.
Band 205 **Ziemainz & Pitsch (Hrsg.): Perspektiven des Raums im Sport.** 2010. 152 S. ISBN ... 556-7.
Band 206 **Höner, Schreiner & Schultz (Hrsg.): Aus- und Fortbildungskonzepte im Fußball.** 2010. 248 S. ISBN ... 557-4.
Band 207 **Voss (Hrsg.): Geschlecht im Bildungsgang - Orte formellen und informellen Lernens von Geschlecht im Sport.** 2011. 136 S. ISBN ... 560-4.
Band 208 **Sohnsmeyer: Virtuelles Spiel und realer Sport – Über Transferpotenziale digitaler Sportspiele am Beispiel von Tischtennis.** Forum Sportwissenschaft, 21. 2011. 248 S. ISBN ... 564-2
Band 209 **Niermann: Vom Wollen und Handeln. Selbststeuerung, sportliche Aktivität und gesundheitsrelevantes Verhalten.** Forum Sportwissenschaft, 22. 2011. 240 S. ISBN ... 565-9.
Band 210 **Ohlert & Kleinert (Hrsg.): SPORT VEREINT – Psychologie und Bewegung in Gesellschaft.** 2011. 200 S. ISBN ... 566-6.
Band 211 **Gröben, Kastrup & Müller (Hrsg.): Sportpädagogik als Erfahrungswissenschaft.** 2011. 400 S. ISBN ... 567-3.
Band 212 **Borkenhagen, Hafner, Heim & Neumann (Hrsg.): Kinder- und Jugendsport zwischen Gegenwarts- und Zukunftorientierung.** 2011. 92 S. ISBN ... 568-0.
Band 213 **Klenk: Ziel-Interessen-Divergenzen in freiwilligen Sportorganisationen.** Forum Sportwissenschaft, 23. 2011. 280 S. ISBN ... 569-7.
Band 214 **Hottenrott, Hoos & Esperer (Hrsg.): Herzfrequenzvariabilität: Gesundheitsförderung – Trainingssteuerung – Biofeedback.** 2011. 232 S. ISBN ... 570-3.
Band 215 **Hottenrott, Stoll & Wollny (Hrsg.): Kreativität – Innovation – Leistung.** 20. Sportwissenschaftlicher Hochschultag. 2011. 352 S. ISBN ... 571-0.
Band 216 **Menze-Sonneck & Heinen (Hrsg.): Aktuelle Themen der Turnentwicklung.** 2011. 92 S. ISBN ... 578-9.
Band 217 **Link & Wiemeyer (Hrsg.): Sportinformatik trifft Sporttechnologie.** 2011. 276 S. ISBN ... 579-6.
Band 218 **Bähr, Erhorn, Krieger & Wibowo (Hrsg.): Geschlecht und bewegungsbezogene Bildung(sforschung).** 2011. 140 S. ISBN ... 580-2.
Band 219 **Siebert & Blickhan (Hrsg.): Biomechanik – vom Muskelmodell bis zur angewandten Bewegungswissenschaft.** 2011. 320 S. ISBN ... 581-9.
Band 220 **Kuhn, Lange, Leffler & Liebl (Hrsg.): Kampfkunst und Kampfsport in Forschung und Lehre 2011.** 2011. 208 S. ISBN ... 582-6.
Band 221 **Wegner, Brückner & Kratzenstein (Hrsg.): Sportpsychologische Kompetenz und Verantwortung.** 2012. 160 S. ISBN ... 585-7.
Band 222 **Jansen, Baumgart, Hoppe & Freiwald (Hrsg.): Trainingswissenschaftliche, geschlechtsspezifische und medizinische Aspekte des Hochleistungsfußballs.** 2012. 244 S. ISBN ... 586-4.
Band 223 **Wastl & Killing (Hrsg.): Leichtathletik – Strukturen, Aufgaben, Qualifikationen.** 2012. 220 S. ISBN ... 587-1.
Band 224 **Eckert & Wagner (Hrsg.): Ressource Bewegung – Herausforderungen für Gesundheit- und Sportsystem sowie Wissenschaft.** 2012. 108 S. ISBN ... 590-1.
Band 225 **Kähler & Ziemainz (Hrsg.): Sporträume neu denken und entwickeln.** 2012. 280 S. ISBN ... 591-8.
Band 226 **Ziert: Stressphase Sportreferendariat?! Eine qualitative Studie zu Belastungen und ihrer Bewältigung.** Forum Sportwissenschaft, 24. 2012. 228 S. ISBN ... 593-2.
Band 227 **Happ & Zajonc (Hrsg.): Kampfkunst und Kampfsport in Lehre und Forschung 2012.** 2013. 276 S. ISBN ... 596-3.
Band 228 **Stoll, Lau & Moczall (Hrsg.): Angewandte Sportpsychologie.** 2013. 200 S. ISBN ... 597-0.
Band 229 **Demetriou: Health Promotion in Physical Education.** 2013. 212 S. ISBN ... 601-4.
Band 230 **Mess, Gruber & Woll (Hrsg.): Sportwissenschaft grenzenlos?!** 21. Sportwissenschaftlicher Hochschultag. 2013. 400 S. ISBN ... 602-1.
Band 231 **Pott-Klindworth & Pilz (Hrsg.): Turnen – Eine Bewegungskultur im Wandel.** 2013. 116 S. ISBN ... 604-5.
Band 232 **Ernst, Gawrisch, Kröger, Miethling & Oesterhelt (Hrsg.): Schul-Sport im Lebenslauf.** 2014. 208 S. ISBN ... 608-3.
Band 233 **Hottenrott, Gronwald & Schmidt (Hrsg.): Herzfrequenzvariabilität: Grundlagen – Methoden – Anwendungen.** 2014. 152 S. ISBN ... 609-0.
Band 234 **Frank, Nixdorf, Ehrlenspiel, Geipel, Mornell & Beckmann (Hrsg.): Performing Under Pressure.** 2014. 248 S. ISBN ... 610-6.